Famille et identité
dans le roman québécois du XXe siècle

Yuho Chang

Famille et identité
dans le roman québécois
du XXe siècle

SEPTENTRION

Pour effectuer une recherche libre par mot-clé à l'intérieur de cet ouvrage, rendez-vous sur notre site Internet au www.septentrion.qc.ca

Les éditions du Septentrion remercient le Conseil des Arts du Canada et la Société de développement des entreprises culturelles du Québec (SODEC) pour le soutien accordé à leur programme d'édition, ainsi que le gouvernement du Québec pour son Programme de crédit d'impôt pour l'édition de livres. Nous reconnaissons également l'aide financière du gouvernement du Canada par l'entremise du Programme d'aide au développement de l'industrie de l'édition (PADIÉ) pour nos activités d'édition.

Révision : Céline Comtois

Correction d'épreuves : Carole Corno

Mise en pages : Folio infographie

Maquette de couverture : Pierre-Louis Cauchon

Si vous désirez être tenu au courant des publications
des ÉDITIONS DU SEPTENTRION
vous pouvez nous écrire par courrier,
par courriel à sept@septentrion.qc.ca,
par télécopieur au 418 527-4978
ou consulter notre catalogue sur Internet :
www.septentrion.qc.ca

Dépôt légal :
Bibliothèque et Archives
nationales du Québec, 2009
ISBN papier : 978-2-89448-595-8
ISBN pdf : 978-2-89664-551-0

Diffusion au Canada :
Diffusion Dimedia
539, boul. Lebeau
Saint-Laurent (Québec)
H4N 1S2

Ventes en Europe :
Distribution du Nouveau Monde
30, rue Gay-Lussac
75005 Paris

ASSOCIATION NATIONALE DES ÉDITEURS DE LIVRES

Membre de l'Association nationale des éditeurs de livres

Avant-propos

À la fin du XXe siècle, l'humanité est entrée dans une nouvelle ère d'intégration économique et culturelle grâce à la mondialisation et aux progrès réalisés en informatique et en technologie de communication. Les pays en développement auront ainsi plus de chance d'accélérer leur modernisation et d'accéder à la modernité. Pourtant, la modernisation n'est pas gratuite pour eux. Science et technologie arrivent en compagnie de modes de vie et de valeurs des pays exportateurs. La modernisation entraînera à coup sûr de profonds changements dans la vie quotidienne, dans les mentalités des gens et dans les institutions sociales. Le choc des civilisations est inévitable, mais pourrait stimuler le développement de la culture nationale tout en provoquant, à un moment donné, certains dérèglements comportementaux. On ne peut refuser de manger par crainte d'avoir le hoquet. De même, on ne peut se défendre d'introduire la science et la technologie avancées et des investissements, de peur d'être envahi par des cultures étrangères.

Les êtres humains sont conditionnés par leur milieu de vie, cloisonnés en sociétés ou communautés dans des situations politiques, économiques, culturelles et géographiques différentes. Ils sont tellement attachés aux biens matériels et intellectuels légués par leurs ancêtres qu'ils sont super-sensibles à la moindre perte ou aliénation. C'est pourquoi l'évolution de l'identité culturelle se présente parfois comme un processus douloureux. Pourtant, personne ne peut résister à la séduction de la modernité. Ainsi, la présence d'esprit et la tolérance sont indispensables dans la sauvegarde de l'intégrité de la culture nationale. Autrement, on risque de s'enfoncer dans le bourbier du conservatisme. Aucun peuple ne refuse de suivre le courant du développement mondial. L'exemple d'un pays qui a accédé à la modernité en un laps de temps relativement court serait édifiant pour les pays en voie de développement.

Or, en Amérique du Nord, le Québec, de dimension physique relativement moindre et d'histoire nettement moins longue, présente un intérêt particulier pour l'étude de l'évolution sociétale. Voisine des États-Unis et numériquement minoritaire au sein du Canada, la population québécoise se trouve encerclée et harcelée par la civilisation américano-anglo-saxonne. Linguistiquement, comme un îlot dans un océan anglophone, le Québec se bat pour sauvegarder son identité culturelle, sans pour autant négliger de suivre la vague de modernité. Les Québécois ont mené une lutte acharnée pour conserver leur droit à la différence et pour faire entendre une voix distincte dans un monde où les puissances politiques et économiques tendent à imposer leur culture là où elles réussissent à s'introduire. Comme Gilles Lefebvre l'a dit, « l'aventure du Québec – vaste territoire à petite population dans l'ensemble géographique et socioéconomique du continent nord-américain – pourrait constituer une base de comparaison, sinon un type d'exemple, pour les peuples de la terre qui cherchent encore une solution aux problèmes de leur survivance et de l'intégrité de leur existence face aux agressions des géants de la politique et de l'économie, et qui sont aujourd'hui les maîtres de l'outil et des techniques, de même que les manipulateurs de l'esprit et de l'opinion[1]. »

La présente étude essaie de faire un bilan des expériences sur le plan identitaire acquises durant le XXe siècle par la société québécoise lors de sa modernisation. Nous croyons que cette étude serait révélatrice pour les pays qui, engagés dans le processus de modernisation, ont besoin de référents, positifs ou négatifs.

Cette étude pourrait servir aussi de raccourci pour faire connaître la société québécoise aux néo-Québécois de toutes origines, qui représentent un dixième de la population du Québec, et aux citoyens canadiens d'autres provinces.

Lors de la dernière décennie du XXe siècle, de nombreux événements auraient modifié la vision des Québécois et Québécoises, orienté leurs préoccupations et laissé des empreintes dans leur vie quotidienne et dans leurs relations interpersonnelles au sein de la famille et en milieu de travail. Le manque de recul du temps ne nous permettrait pas d'analyser les événements et de discerner l'évolution différentielle de l'identité québécoise durant ces dix dernières années. Ainsi, la présente étude s'est arrêtée à la fin des années

---

1. Gilles Lefebvre, « Identité culturelle et révolution technologique », dans *Dialogue pour l'identité culturelle*, Paris, Anthropos, 1982, p. 142.

1980. Par ailleurs, l'identité culturelle, une fois acquise par ses porteurs et porteuses, aura une certaine stabilité et se présente comme un continuum, en dépit de son évolution dans le temps.

Je tiens à remercier Mme Andrée Fortin, qui m'a guidé avec beaucoup de patience dans le présent travail, ainsi que M. Pierre Saint-Arnaud, qui m'a aidé de ses précieux conseils. Mes remerciements vont aussi à l'ACDI et à l'Université Laval, qui m'ont accordé leur aide financière. Je suis reconnaissant à M. Alain Bouchard d'avoir cru en ce livre et à M. André Gaulin d'avoir fait une lecture attentive de mon manuscrit, ce qui m'a aidé à modifier certaines de mes affirmations qui auraient pu être controversées. Merci enfin à M. Maximilien Laroche, qui a préfacé ce livre, et à M. Denis Vaugeois, qui a fait preuve d'ouverture d'esprit en acceptant d'éditer une voix immigrante.

YUHO CHANG

Préface

Comment présenter le Québec, son histoire et sa culture à celui qui foule, pour la première fois, le sol québécois, en particulier quand il s'agit de quelqu'un qui partirait d'un arrière-plan culturel autre qu'euro-étasunien?

Yuho Chang a choisi, dans cette perspective, la meilleure introduction possible au Québec. En effet, la littérature ne met pas seulement en scène des individus. Elle est un microcosme où une société se représente par la plume de ses écrivains. Elle traduit, d'une certaine façon, la réalité du Québec, mais on peut y lire aussi l'histoire du rêve québécois.

Dans ce livre, l'auteur adopte à l'égard de la littérature québécoise une approche qui combine la double perspective de la sociologie et de l'anthropologie en retenant le thème de la famille. Par ce mot, il faut entendre bien plus que la cellule de base de la société. «La famille, nous dit Yuho Chang, nous paraît d'une importance particulière, non seulement parce qu'elle tient à la nature de l'être humain, mais aussi parce qu'elle est à la fois le point de départ et le point d'appui d'une société donnée.» Elle est le lieu où se cristallisent des valeurs sociales, religieuses, économiques et culturelles. Elle aide à comprendre les attitudes et les perceptions des individus mais nous permet également d'interpréter leurs pratiques sociales. Elle nous offre le moyen d'observer l'évolution d'un groupe et nous donne la possibilité de saisir son image interne. Et quand des groupes différents sont en présence, c'est par la famille que nous pouvons comparer l'image externe de chaque groupe.

Cette étude touche donc à de nombreux problèmes qui se posent au sein de la famille et qui vont de l'autorité parentale à la chute de la natalité, de l'éclatement de la violence conjugale à l'éducation des enfants de famille monoparentale ou reconstituée. Mais parler de la famille, c'est en fait parler de démographie. Ce qui nous amène, par un autre biais, à la question de l'immigration. Ainsi cette étude, comme le souligne avec raison l'auteur, «pourrait servir aussi de raccourci pour faire connaître la société québécoise aux néo-Québécois de toutes origines, qui représentent un dixième de la population du Québec». Et j'ajouterais qu'elle pourrait servir aux Québécois francophones eux-mêmes en leur fournissant l'occasion de se voir dans les yeux de ceux qui cohabitent avec eux.

Le problème de l'identité culturelle se situe au croisement des images interne et externe d'un groupe. Car, nous dit Yuho Chang, si l'on définit cette identité comme l'image que chaque peuple se fait de lui-même, «cette image ne peut être appréhendée qu'en comparaison avec celles des autres. Il n'y aurait pas de distinction sans comparaison.» L'histoire des familles que nous raconte le roman québécois nous fait ainsi voir que, si aujourd'hui le Québec est terre d'accueil d'immigrants, elle fut jadis la terre que quittaient les Québécois qui émigraient soit aux États-Unis soit dans l'Ouest canadien ou partaient coloniser le nord du Québec. *Maria Chapdelaine* et *Trente arpents*, pour ne citer que ces deux romans célèbres, nous le rappellent. Le Québécois d'aujourd'hui n'est donc pas si éloigné ou différent du Québécois d'hier, et l'un et l'autre, en se rejoignant, peuvent comprendre le néo-Québécois venu de terres lointaines.

L'identité n'est particulière que dans le réaménagement des éléments communs à nous tous. Autrement dit, il y a une universalité de l'institution familiale qui permet de comprendre que de nombreux problèmes, comme celui de l'effritement des valeurs traditionnelles ou du conflit des générations, sont partagés par tous les peuples, puisque le choc de la modernité se ressent partout. Faisant face aux mêmes risques, nous avons besoin de partager nos solutions diverses.

Cette étude de la famille québécoise au XXe siècle témoigne de la nécessité d'une mise en commun de savoirs. Yuho Chang s'inscrit dans la foulée de ce pionnier de la sociologie littéraire au Québec qu'a été Jean-Charles Falardeau dont il prolonge les travaux. On constate cependant qu'il les renouvelle en leur ajoutant une vision comparatiste.

MAXIMILIEN LAROCHE
Professeur retraité
Département des littératures
Faculté des Lettres
Université Laval
Québec, Canada

Introduction

> La sociologie [...] prend pour thème les transformations qui affectent l'intégration sociale et résultent de l'émergence du système étatique moderne ainsi que d'un système économique différencié, régulé par le marché. La sociologie devient la science des crises par excellence, une science qui essentiellement s'occupe de la formation des systèmes sociaux modernes et des aspects anomiques liés à la décomposition des systèmes traditionnels.
>
> Jürgen HABERMAS, *Théorie de l'agir communicationnel*, tome I : *Rationalité de l'agir et rationalisation de la société*, Paris, Fayard, 1987, p. 20.

Qui sont les Québécoises et les Québécois ? D'où sont-ils venus ? Que sont-ils devenus au cours du XXe siècle, période où le Québec est passé d'une société agricole à une société postindustrielle ? Comment ont-ils évolué durant la modernisation sociétale, sur le plan de la mentalité, des valeurs, des comportements ? Quelles crises ont-ils traversé ? Sont-ils encore comme ils étaient au début du siècle dernier ? Autant de questions qui nous interpellent. C'est pourquoi l'objectif de cette étude est de trouver des réponses grâce à l'identité culturelle de ces Nords-Américains francophones qui se déclarent un peuple ou une nation[1]. Presque la moitié d'entre eux réclament en effet un État souverain, tandis que les autres préfèrent rester dans le cadre d'un fédéralisme amélioré qui non seulement reconnaît la distinction de la société québécoise,

---

1. Quand nous avons terminé la rédaction du manuscrit, le premier ministre conservateur, Stephen Harper, a fait adopter à la Chambre des communes le lundi 27 novembre 2006, par 266 voix contre 16, la motion reconnaissant que les Québécois forment une nation au sein d'un Canada uni.

mais assure aussi certains droits permettant la conservation et le développement d'une société francophone.

D'origine chinoise, serions-nous mal placé pour étudier l'identité culturelle
de la société québécoise qui nous a adopté? Nous ne le croyons pas parce que
nous nous en tenons à la définition que nous avons faite de l'identité culturelle.
Dans notre article *Identités culturelles et culture nationale²*, nous avons écrit:

> [...] nous définissons l'identité culturelle comme une image que chaque peuple
> se fait de lui-même par rapport à l'Autre. Or d'une part, c'est une image que
> chaque peuple a de lui-même, image sous laquelle il entend être reconnu [...]
> Mais c'est le regard qu'un peuple porte sur lui-même. Nous disons que c'est une
> vision interne, ou une image interne. D'autre part, cette image ne peut être
> appréhendée qu'en comparaison avec celles des autres. Il n'y aurait pas de dis-
> tinction sans comparaison. De plus, l'image interne d'un peuple ne correspond
> pas nécessairement à celle que l'Autre se fait de lui. Quand on dit: *le Français
> est moins ordonné et discipliné que l'Allemand*, ce ne seraient peut-être pas les
> images que le Français et l'Allemand veulent que les Orientaux se fassent d'eux.
> Nous disons que c'est une vision externe, ou une image externe. Si l'on voulait
> connaître l'identité culturelle telle qu'elle est, il faudrait prendre en considéra-
> tion ces deux aspects de l'image d'un peuple.

Sans aucun doute, *l'homme est appréciable quand il se connaît lui-même*,
comme dit le proverbe chinois. Peut-on vraiment avoir la sagesse de se
connaître soi-même? Nous n'en sommes pas sûr. Que ce soit pour un individu, pour un groupe humain ou pour un peuple, il sera très difficile, sinon
impossible, de se connaître sans entrer en contact, sans se comparer avec
d'autres individus, d'autres groupes humains ou d'autres peuples. Sans
contact, pas de comparaison. Sans comparaison, pas de distinction. Une
vision externe est nécessaire à une meilleure connaissance de soi.

La famille, point de mire

L'image d'un peuple est une construction culturelle à facettes multiples. Par
quel bout la prendre? Nous choisissons l'étude de la famille québécoise
comme point de mire. Il y a plusieurs raisons pour justifier ce choix.

D'abord, c'est la fonction de la famille qui nous a décidé. Avant toute
autre institution sociale, la famille étendue ou restreinte sert à l'enfant de
lieu de socialisation. Selon Tavistock, la socialisation est «le processus

---

2. Dans Yuho Chang, *Identités culturelles et intégration des immigrés*, Sainte-Foy, Institut de
recherche et de formation interculturelles de Québec, 2004, p. 12.

d'acquisition des attitudes et de l'habilité qui sont nécessaires pour jouer un rôle social déterminé[3]. » En d'autres termes, la socialisation est le processus d'acquisition de l'identité culturelle. C'est dans la famille que l'enfant a pris conscience de son identité. C'est encore dans la famille que la personnalité de l'enfant s'est développée et se stabilisera lorsqu'il sera devenu adulte. Ceci posé, le rôle de l'école, l'influence de l'environnement social et les fréquentations ne sont évidemment pas exclus dans la prise de conscience et dans la formation de l'identité culturelle. Mais «la première et fondamentale conception de l'identité est "fils de", le "abou" et "ben" sémites (le "béni Yisrael" des Hébreux)[4]». Ce sont avant tout aux parents, et même aux ancêtres, qu'on s'identifie, puisqu'il y a un lien de sang entre les identifiants.

Ensuite, la famille nous paraît d'une importance particulière, non seulement parce qu'elle tient à la nature de l'être humain, mais aussi parce qu'elle est à la fois le point de départ et le point d'appui d'une société donnée.

En affirmant que la famille est le point de départ de la société, on ne risque pas d'être contesté. La famille est le point d'appui de la société traditionnelle, oui, mais est-elle celui de la société moderne ? Nous hésitons à l'affirmer face à la taille rétrécie, à l'éclatement et à la crise de la famille depuis la fin de la Deuxième Guerre mondiale. Ces réserves sont encouragées par les statistiques ou par la simple observation empirique. Mais on ne doit pas oublier le fait que l'institution familiale est un produit de la culture. La structure familiale se modifie avec la culture qui elle-même évolue. Il est vrai que dans des sociétés industrialisées, la taille et les fonctions de la famille ont changé, on ne s'y comporte plus de la même manière qu'autrefois. L'état actuel de la famille dans les sociétés postindustrielles doit s'expliquer par de profonds changements survenus dans les modes de production, de consommation, de communication, dus aux progrès scientifiques et technologiques. La modernisation de la société génère la nouvelle structure familiale, ou plus exactement, la culture moderne permet à la famille de se présenter sous diverses formes. La famille évolue et s'adapte aux nouveaux modes de production, de consommation et de communication. Son changement n'annonce pas sa disparition[5] mais montre seulement sa souplesse d'adaptation. Peut-être disparaîtra-t-elle un jour, la famille conjugale telle qu'elle existe

3. Philippe Mayer (édit.), *Socialization, the Approche from Social Anthropologie*, Londres, Tavistock, 1970, p. XIII. Cité par Andrée Michel dans *Sociologie de la famille et du mariage*, Paris, Presses universitaires de France, 1978, p. 99.
4. Edgar Morin, *Sociologie*, Paris, Fayard, 1984, p. 132.
5. David Cooper, *Mort de la famille*, Paris, Seuil, 1972.

encore aujourd'hui. Mais dans l'étape du développement actuel où se trouve l'humanité, la famille est loin de disparaître.

Sur le plan productif, la famille urbaine n'est plus une unité de base, mais elle ne s'est pas entièrement détachée des activités productives[6]; elle est le lieu de repos quotidien où la population active récupère ses forces physiques après une journée de fatigue pour assurer un bon rendement du travail le lendemain. Grâce aux progrès de la technologie en informatique et aux nouveaux moyens de télécommunication, on pourra effectuer la gestion et la production depuis la maison. La famille pourra bien réintégrer le système productif et le circuit du marché.

Sur le plan distributif, pour une société industrielle où le slogan *production en masse, consommation de masse* bat son plein, la famille est considérée comme le centre de consommation. Le salaire minimum, le pouvoir d'achat, l'écoulement de produits, l'orientation et la planification de la production, l'aide sociale, les allocations familiales, le crédit d'impôt pour enfants, la pension et la sécurité de la vieillesse, les impôts sur les revenus... tout se calcule en fonction du nombre de personnes à charge de la famille, paramètre fondamental.

Sur le plan affectif, selon Yves de Gentil-Baichis, les sondages effectués en France montrent qu'une large majorité des femmes estiment que la plus belle réussite qu'elles puissent connaître est celle de leur vie familiale. La famille pour les jeunes français apparaît comme le lieu privilégié du bonheur. Les trois quarts d'entre eux pensent se marier et la réussite familiale vient largement en tête de leurs raisons de vivre. En France, on revendique même la réduction de la durée du temps de travail afin de passer plus de temps chez soi, pour mieux participer à la vie familiale. Donc, la famille fait l'objet d'un investissement affectif considérable. On attend beaucoup d'elle: qu'elle soit le havre de paix, le cocon où l'on sera protégé de tous les coups de la vie. Dans une société où les rapports humains sont souvent abstraits et fonctionnels, on va demander à la famille d'essuyer toutes les larmes et de faire oublier les échecs[7].

Il en est de même des jeunes québécois. Selon une enquête effectuée à Montréal auprès des étudiants des écoles Jeanne-Mance et Émile-Nelligan,

---

6. Selon Dorothy Smith, professeure au département de sociologie de l'Université de la Colombie-Britannique au Canada, la famille n'a jamais perdu sa fonction productive: même si elle ne produit pas directement pour le marché, la famille contemporaine est toujours productive d'une quantité énorme de services domestiques, principalement effectués par les femmes. Cette production a été systématiquement occultée parce qu'elle n'entre pas dans le système de l'échange monétaire. Voir Andrée Michel, *op. cit.*, p. 90-91.

7. Yves de Gentil-Baichis, *La famille en effervescence*, Paris, Centurion, 1981, p. 19.

85,4 % des jeunes interrogés ont opté pour la réponse positive à la question de savoir si la famille est « le fun » ou « plate ». 85,6 % expriment l'intention de se marier et d'avoir des enfants et 92,7 % d'entre eux souhaitent avoir deux enfants et plus, quels que soient leur sexe, leur âge ou leur origine ethnique. Renée Joyal, analyste des données obtenues par cette enquête, présume que cette perspective semble synonyme de bonheur et de réussite. La majorité des jeunes sont fidèles au modèle familial traditionnel. Leur projet de mariage et de « famille nombreuse » démontre la persistance des valeurs traditionnelles malgré « la présence certaine de valeurs alternatives[8] ». De plus, de nombreux sociologues de la famille ont remarqué que les réseaux familiaux se reconstituent dans les grandes villes. En cas de besoin, on a recours à la solidarité parentale, on appelle la famille à la rescousse quand celle-ci est disponible et réside dans un quartier pas très éloigné.

Ainsi, nous pouvons affirmer sans exagération que la famille reste encore un point d'appui de la société moderne malgré ses formes variées. La famille continue à jouer un rôle non négligeable, en tant qu'institution sociale, dans le bon fonctionnement de la société.

Enfin, pour connaître une société et son identité culturelle, l'étude de son institution familiale constitue un raccourci, car elle est aussi un point de convergence. On peut y trouver tout ce qui soutient l'édifice social : la croyance religieuse, l'appartenance politique, les valeurs qui régissent les comportements et les relations interpersonnelles, le style de vie, la situation économique et sociale, l'imaginaire qui attache les membres à leur famille et à la mère patrie, la langue qui est le « lieu premier de l'enracinement humain », comme l'a dit Jacques Grand'maison[9], alors que la famille est le lieu premier de l'enracinement de la langue.

Bref, l'image d'un peuple peut s'apercevoir dans l'image de la famille.

C'est dans la famille que l'on observe le mieux les relations sociales entre les individus qui sont en interaction quotidienne. En outre, les relations sociales les plus directes, les plus intimes, les plus quotidiennes sont, pour la plupart des individus, les relations entre époux et épouse, parents et enfants, frères et sœurs.

Voilà une autre raison pour laquelle nous choisissons la famille comme point de mire pour connaître la société québécoise et son identité culturelle.

---

8. Renée Joyal, *Famille et rôles sexuels : paroles d'adolescents*, Montréal, Éditions Convergence, hors série, 1986.
9. Jacques Grand'maison, « Plus qu'un outil… une force historique constituante », dans *Douze essais sur l'avenir du français au Québec*, Montréal, Conseil de la langue française, 1984, p. 108.

La famille est le point central de cette étude, mais nous ne faisons pas la sociologie de la famille. Il n'y a pas de différence entre la sociologie de la famille et notre étude quant aux faits familiaux à appréhender et aux comportements à analyser. Mais la sociologie de la famille est une étude qui se veut exhaustive, alors que notre étude se contente d'être partielle et descriptive.

Rien d'étonnant si nous abordons dans les chapitres suivants la structure et les fonctions de la famille, la mentalité et les valeurs, le choix du conjoint et le mariage, les conflits des générations, l'influence de l'Église, l'impact de la modernisation sur le comportement et l'évolution de la famille… Mais nous les scrutons sous l'optique identitaire.

La méthodologie

Cette étude est basée sur des données fournies par un corpus de romans québécois publiés entre 1938 et 1987 et qui couvrent une période allant du début à la fin du XXe siècle. Le choix de cette approche provient d'une tentative de se servir de l'image créée par les auteurs québécois et revue par l'auteur de ces lignes pour mettre en lumière l'identité culturelle du Québécois. Le roman, univers fictif, fait partie de l'imaginaire qui constitue par lui-même un des éléments de l'identité[10]. Ainsi, le roman peut-il rendre service à notre étude? La réponse est positive.

La vie réelle et la création littéraire

L'écrivain, comme n'importe quel mortel, vit dans une société à une époque historique déterminée. Il a son statut social, tributaire d'une classe sociale. Ses expériences personnelles sont nécessairement limitées par l'époque et la société où il vit. Le milieu physique et social lui inspire des idées et la réalité empirique lui donne envie de créer quelque chose de littéraire. Comme Marx l'a dit, c'est la vie qui détermine la conscience[11] et non le contraire. Par ailleurs, la conscience relève de la superstructure. Le roman en tant que produit de l'imagination l'est également. C'est en ce sens que l'on dit que le romancier est le témoin de son époque.

Cependant, le roman n'est pas une simple copie de la réalité vécue. C'est ce que confirme Francine Noël, auteure du roman *Maryse* en ces termes:

---

10. Voir Yuho Chang, *op. cit.*, p. 37-39.

11. Marx et Engels écrivent dans *L'Idéologie allemande*: «Ce n'est pas la conscience qui détermine la vie, mais la vie qui détermine la conscience», Paris, Éditions sociales, 1972, p. 51.

« On a beau faire de la fiction, c'est toujours de la vie qu'on parle ! Mais cela n'a pas grand-chose à voir avec l'anecdote *vécue*[12]. »

En effet, l'écrivain ne subit pas passivement la vie. Le triage et la transformation des matières premières que recèle la vie quotidienne présupposent la perception personnelle, la vision du monde, l'imagination, le goût esthétique et le talent du créateur. Construire un univers esthétique et imaginaire, c'est aussi une invention.

> Le romancier invente des êtres et les lance dans des aventures humaines. Il pousse jusqu'à leurs limites des destinées dont il a trouvé des indices dans son expérience. Il rend explicite ce qu'il a vécu comme latent ; il décrit comme vraisemblable ce qu'il a pressenti comme possible ; il offre comme organisé ce qu'il a observé comme diffus. Il a sous les yeux le spectacle de vies qui, comme le dit Jules Romains, « ne vont nulle part », de passions étouffées, de communications tronquées. De ces suggestions éparses, sporadiques, que lui propose la réalité, il compose, comme avec des thèmes donnés, une structure symphonique qui s'imposera à la fois comme l'écho d'une expérience obscurément familière et comme la révélation d'un inconnu[13].

L'univers romanesque ainsi créé nous est à la fois familier et inconnu et, en général, se présente plus condensé, plus substantiel, plus représentatif et, partant, possède un caractère plus universel que la réalité empirique.

Il en est de même pour le rapport entre l'image d'un peuple dans la vie réelle et celle qu'il a dans une création littéraire.

Une approche sociologique traditionnelle

Pour nous conformer à notre objectif, c'est la sociologie des contenus qui nous convient le mieux malgré ses limites. Jean-Charles Falardeau a d'ailleurs suivie, dans ses essais sur la littérature québécoise, la sociologie littéraire, dit-on, traditionnelle, qui essaie d'établir des relations entre le contenu de l'œuvre et la conscience collective.

On sait bien que le roman, en tant que produit d'imagination, n'est qu'une illustration éclairante et précieuse de la réalité quotidienne, et non un document historique. Cependant, l'écrivain peut y apporter également des renseignements de grande valeur. C'est en ce sens que Marx a dit qu'il avait appris sur la société de la France dans les œuvres de Balzac beaucoup

---

12. Maurice Lemire et Aurélien Boivin (dir.), *Dictionnaire des œuvres littéraires du Québec*, tome VII, 1981-1985, Montréal, Fides, 2003, p. 589.
13. Jean-Charles Falardeau, *Notre société et son roman*, Montréal, HMH, 1967, p. 75.

plus qu'avec l'historien, l'économiste, le sociologue… de l'époque. On comprend bien pourquoi Iouri Lotman affirme que «l'art est le moyen le plus économique et le plus dense pour conserver et transmettre une information[14]. » En effet, l'écrivain peut créer une image vivante de la réalité dans son œuvre, une image en chair et en sang, que la froide objectivité des historiens aura du mal à rendre.

Il est à noter que l'interprétation d'une œuvre littéraire est nécessairement corrélative aux prises de position de l'interprète. Des jugements de valeurs sont inévitables quand le sujet-interprète procède à la sélection des données fournies par l'objet-roman analysé. Dans ce cas, l'objectivité de l'analyse des contenus est relative. Alors, dans quelle mesure l'analyse du contenu peut-elle avoir un caractère scientifique? Voici la réponse de Mikhaïl Bakhtine:

> En principe, il sera possible d'atteindre à un haut degré de valeur scientifique, surtout quand les disciplines correspondantes (l'éthique philosophique et les sciences sociales) atteindront elles-mêmes au degré de scientificité dont elles sont capables, mais en fait, l'analyse du contenu est fort ardue, et on ne peut échapper à une certaine dose de subjectivité, déterminée par l'essence même de l'objet esthétique. Toutefois, le goût scientifique du chercheur peut toujours le maintenir dans les limites voulues et l'amener à récuser les aspects subjectifs de son analyse[15].

Nous n'avons pas l'intention de contester la subjectivité de notre analyse. Ce que nous pouvons faire, c'est de diminuer de notre mieux la dose de subjectivité et de la maintenir dans les limites acceptables.

Ensuite, nous ne devons pas, bien entendu, nous fier aveuglément aux renseignements fournis par une création littéraire comme à des documents historiques. Mais l'histoire est un fleuve qui refoule continuellement la vie quotidienne vers un passé immédiat et de plus en plus lointain, jusqu'aux limites de la mémoire humaine. C'est grâce au travail créateur des écrivains

---

14. Iouri Lotman, *La structure du texte artistique*, Paris, Gallimard, 1973. Cité par Edmond Cros dans «Sociologie de la littérature», *Théorie littéraire*, Paris, Presses universitaires de France, 1989, p. 131. Iouri Lotman est un spécialiste de la sémiologie de la littérature d'origine russe. Selon lui, l'art est un moyen de communication, un langage organisé de façon particulière. Les œuvres d'art peuvent être traitées comme des textes. L'œuvre désigne symboliquement à la fois elle-même et le monde, un fragment et l'univers. Le signe devient signe du tout, la sémiotique échappe au pur jeu des formes.

15. Mikhaïl Bakhtine, *Esthétique et théorie du roman*, Paris, Gallimard, 1978, p. 55-56. Ses travaux novateurs sur les œuvres de Dostoïevski et de Rabelais ont profondément influencé la critique littéraire et la recherche sémiotique contemporaine.

que nous pouvons revivre des événements historiques, récapituler la vie du passé, connaître mieux l'histoire d'un peuple.

Si l'on s'en tient à la littérature québécoise, on doit reconnaître, écrit Jean-Charles Falardeau, que c'est par elle que nous avons d'abord commencé à apprendre d'où nous venions et ce que nous étions, sinon ce que nous étions en train de devenir[16].

Les représentations romanesques peuvent contribuer aussi à façonner l'image d'un peuple. En lisant un roman, le lecteur entre en interaction avec la lecture. Il pourrait reprendre virtuellement à son compte certaines normes, certaines attentes et apprendre, par l'identification esthétique, de l'expérience et du rôle des personnages fictifs. Donc, la lecture pourrait orienter ou modifier la vision et le comportement du lecteur. C'est cette fonction sociale de la création littéraire que Hans Robert Jauss souligne quand il traite de l'effet produit par l'œuvre et de la réception du lecteur, deux thèses fondamentales sur lesquelles cet auteur fonde son esthétique de la réception[17]. C'est dans le même sens que Marx a dit que la musique de Paganini avait créé l'oreille qui saurait l'apprécier. Il écrit dans *L'introduction à la critique de l'économie politique*: «L'objet d'art – de même que tout autre produit – crée un public réceptif à l'art et capable de jouir de la beauté. La production ne produit donc pas seulement un objet pour le sujet, mais aussi un sujet pour l'objet[18].»

Le point de vue que Jean Bessière exprime concernant la fonction littéraire est encore plus proche de notre objectif. «La littérature dans l'Histoire et la représentation dont elle témoigne ont, écrit-il, une fonction d'identification et de transfert des identités, hors des limites historiques des situations de communication et de symbolisation[19].» Affirmer que l'identification avec le héros et le transfert des identités au public ne sont pas limités par le temps et l'espace, c'est peut-être un peu trop dire. Mais cette affirmation nous donne raison une fois de plus quand nous scrutons l'imaginaire du Québec pour étudier son identité culturelle.

---

16. Falardeau, *Notre société et son roman*, op. cit., p. 121.

17. Hans Robert Jauss, *Pour une esthétique de la réception*, Paris, Gallimard, 1978, p. 44-45, 73, 257, 260-261.

18. Cité par H. R. Jauss dans *ibid.*, p. 39, note 51.

19. Jean Bessière, «Littérature et représentation», *Théorie littéraire*, op. cit., p. 321. Professeur de littérature comparée à l'Université Sorbonne Nouvelle-Paris 3, ancien président de l'Association internationale de littérature comparée, Jean Bessière a dirigé de nombreux ouvrages collectifs et est notamment l'auteur de *La littérature et sa rhétorique: la banalité dans la littérature au XXᵉ siècle*, publié aux Presses universitaires de France en 1999, et de *Principes de la théorie littéraire*, publié également aux Presses universitaires de France en 2005.

Bref, c'est pour toutes ces raisons et ces réserves que nous voulons réaliser un projet d'étude sociologique à partir du roman québécois tout en mettant en valeur la fonction cognitive de ce dernier.

Comme la société québécoise est jeune, la littérature québécoise a à peine quelque cent ans. Gilles Marcotte a écrit dans les années 1950: «Nous sommes en présence à la fois d'un milieu et d'une littérature qui se font[20].» Dans les années 1960, Jean-Charles Falardeau a réaffirmé que «les lettres canadiennes vivent encore la période de leur enfance[21].» Depuis lors s'est passé un demi-siècle. La littérature québécoise a grandi en même temps que le Québec qui s'impose avec le temps au sein du Canada. Sorti de son repli depuis la Révolution tranquille, le Québec s'est ouvert au monde extérieur, et sa littérature s'en va de par le monde. De plus en plus d'auteurs québécois tels que Marie-Claire Blais, Gabrielle Roy, Jacques Godbout, Yves Thériault... se font connaître hors du Québec, des lecteurs francophones, hispanophones, anglophones... et même des lecteurs chinois grâce à de nombreuses traductions de leurs œuvres romanesques. On comprend bien que l'envie de connaître la société québécoise pourrait se traduire par l'envie de connaître son expression littéraire. Le monde romanesque n'est-il pas en effet un raccourci pour l'acquisition des connaissances sur la société qui lui a donné naissance? Sont-ils encore rares les romans québécois qui «s'imposent par leur éclat ou par leur grandeur[22]», comme Jean-Charles Falardeau l'a dit il y a environ 50 ans? Pour nous, ils présentent déjà suffisamment d'intérêt pour une étude de perspective sociologique et anthropologique.

Les démarches à suivre pour réaliser le projet d'étude

Les œuvres littéraires peuvent être classées selon le genre, le thème, le style, le contenu... Nous adoptons la classification conventionnelle des critiques québécois selon laquelle les romans se regroupent en quatre catégories[23]:

---

20. Gilles Marcotte, «Notre littérature en question», *Le Devoir*, samedi 30 octobre 1954. Écrivain, professeur et critique, Gilles Marcotte est récipiendaire de plusieurs prix littéraires: Prix du Gouverneur général (1962), Prix Québec-Paris (1963), Médaille de l'Académie des lettres du Québec (1974), Prix Gabrielle-Roy (1992). Il est aussi membre de l'Ordre du Canada (2004) et officier de l'Ordre national du Québec (2008).

21. Falardeau, *Notre société et son roman*, *op. cit.*, p. 12.

22. *Ibid.*, p. 48.

23. Voir Monique Lafortune, *Le Roman québécois: reflet d'une société*, Laval, Mondia, 1985; ou Maurice Arguin, *Le roman québécois de 1944 à 1965: symptômes du colonialisme et signes de libération*, Québec, Centre de recherche en littérature québécoise (CRELIQ), Université Laval, 1985.

le roman du terroir, le roman de mœurs urbaines, le roman psychologique et le roman de contestation. Les deux premières correspondent à peu près à l'époque de l'agriculture d'une part, où prévalaient la terre, la famille et la religion, et à l'époque de l'urbanisation d'autre part; les deux dernières catégories représentent l'époque de la Révolution tranquille où la société québécoise a connu un essor florissant grâce à la modernisation accélérée. À cette classification, il faut en ajouter une cinquième : le roman contemporain, qui correspond aux décennies qui suivent la Révolution tranquille, où les thèmes romanesques se montrent très diversifiés et tendent à faire écho à la nouvelle réalité postindustrielle.

Dans chaque catégorie, nous allons choisir un, deux ou trois romans pour constituer un corpus susceptible de soutenir une étude identitaire de la famille. La sélection se fera parmi les œuvres admises comme les meilleures de la littérature québécoise par la critique et le public; les œuvres qui ont marqué l'époque par leur effet esthétique ou social lors de leur parution ; et les œuvres remplies abondamment d'informations identitaires et familiales. Ces critères sont à la fois littéraires et extralittéraires. Mais ces critères ne nous garantissent pas l'objectivité. Le *Dictionnaire des œuvres littéraires du Québec*[24] a répertorié des milliers d'auteurs. Nous avons l'embarras du choix devant de nombreux ouvrages romanesques de qualité. Nous sommes conscient que la sélection que nous avons faite est un peu arbitraire. Si certaines œuvres nous paraissent plus significatives que d'autres, c'est plutôt en raison de leur pertinence par rapport à notre projet d'étude que de leur valeur intrinsèque. Ainsi, notre choix est-il tombé sur les œuvres suivantes :

Trente arpents, *Le Survenant* suivi de *Marie-Didace*, parmi les romans du terroir ; *Bonheur d'occasion*, *Les Plouffe*, parmi les romans de mœurs urbaines ; *Le Cabochon*, parmi les romans de contestation ; *Maryse* et *Myriam première*, parmi les romans contemporains.

---

24. Le *Dictionnaire des œuvres littéraires du Québec* (DOLQ) est un grand projet de recherche et de rédaction qui a pour objectif d'établir de manière exhaustive un corpus de la littérature québécoise depuis ses origines jusqu'à nos jours. Ce projet a démarré en 1971, sous la direction de Maurice Lemire, au Centre de recherche en littérature québécoise (CRELIQ) de l'Université Laval, qui devient aujourd'hui le Centre de recherche interuniversitaire sur la littérature et la culture québécoises (CRILCQ). Le premier tome, *Des origines à 1900*, est paru en 1980 aux Éditions Fides. On est rendu au tome VII (1980-1985), publié en 2003, toujours par la même maison d'édition, mais sous la direction d'Aurélien Boivin. On annonce que le tome VIII, 1986-1990, va paraître bientôt. Ce sont des travaux de longue haleine qui font autorité pour connaître le patrimoine du Québec en matière de littérature.

Les données tirées de ces romans sont classées selon les quatre périodes historiques suivantes : 1) début du XXᵉ siècle ; 2) début de la Deuxième Guerre mondiale ; 3) époque de la Révolution tranquille ; 4) les années 1980. Pour chaque période, l'analyse synchronique met l'accent sur les valeurs qui régissent le comportement et les relations interpersonnelles au sein de la famille. L'interprétation de l'évolution des valeurs et des relations interpersonnelles se réfère au contexte particulier de chaque époque.

Ainsi, une mise en situation historique nous apparaît nécessaire pour avoir une vue d'ensemble du contexte socioéconomique donnant naissance aux personnages fictifs qui évoluent dans un monde imaginaire. Nous y retracerons les principales caractéristiques de chaque époque et les idéaux collectifs et individuels prédominants.

Pour faire ressortir l'image du Québécois, ainsi que son évolution à travers le temps, la cueillette et l'analyse des données sont axées sur les aspects suivants :

a) dimension de la famille : nombre de personnes, âge, sexe, profession, état civil, niveau d'instruction, etc. ;

b) préoccupations principales de la famille et de chacun de ses membres, s'il y a lieu ;

c) influences de la religion, de l'idéologie et des positions politiques sur le comportement de chacun des membres de la famille ;

d) mariage : choix du conjoint, nuptialité, cohabitation, union libre, divorce, remariage, etc. ;

e) relations entre époux et épouse : amour, partage des responsabilités, autorité et devoirs ;

f) relations entre les parents et les enfants mariés dans la famille étendue, le cas échéant : transmission du patrimoine, du métier, des valeurs, affection des parents pour les enfants, affection filiale, conflits des générations ;

g) relations entre les parents et les enfants dans la famille restreinte : transmission des valeurs, solidarité familiale, conflits des générations ;

h) relations entre les enfants : fraternité, conflits d'intérêts ;

i) relations entre la famille et la parenté : isolement et solidarité ;

j) relations entre la famille et le voisinage ou la paroisse : isolement et solidarité.

C'est de cette manière que nous tentons de réaliser ce projet d'étude sociologique et de voir comment le Canadien français d'autrefois se mue en

Québécois d'aujourd'hui au cours de la modernisation sociétale, dans un contexte où l'institution familiale traditionnelle se décompose et les nouvelles règles du jeu régissent les relations interpersonnelles au sein de la famille, durant le XXe siècle qui vient de nous quitter.

CHAPITRE I

La famille au début du xxᵉ siècle

Le contexte socioéconomique

Nous commençons notre quête de l'identité québécoise sur le plan de la famille par sa représentation romanesque au début du xxᵉ siècle. Nous choisissons cette époque pour commencer notre recherche parce qu'elle marque un point tournant dans le développement de la société québécoise : la transition d'une société agricole à une société industrielle.

Aucun pays ne peut réaliser cette transition du jour au lendemain, d'un seul bond. Le développement social se présente en général comme un mouvement progressif, allant du changement quantitatif au changement qualitatif, avec des ruptures et des continuités dans le domaine de sa culture. Il en a été ainsi au Québec. Jusqu'à la fin du xixᵉ siècle, le Québec est considéré comme une société agricole malgré des amorces d'industrialisation. L'industrie laitière, l'industrie alimentaire, l'industrie textile, l'industrie forestière, l'industrie papetière, la manufacture de locomotives et de wagons, ont enregistré des progrès sensibles au dernier quart du xixᵉ siècle. Elles ont jeté les premières bases de l'industrialisation. Cependant, « malgré tous les progrès, le Québec est encore dans une économie préindustrielle[1]. »

Au tournant du siècle, le Québec jouit, selon l'analyse de l'historien Jean Hamelin, de cinq conditions favorables à un *take off* (expression de Rostow) économique, à savoir : une main-d'œuvre abondante et peu coûteuse, de riches ressources naturelles, un réseau de transport déjà en place, des

---

1. Jean Hamelin (dir.), *Histoire du Québec*, Toulouse, Privat, 1976, p. 381. Nous tenons à faire savoir que les quelques éléments historiques présentés ici sont inspirés principalement de l'*Histoire du Québec*, sous la direction de Jean Hamelin, et des *Idéologies au Canada français*, tome I : 1900-1929, sous la direction de Fernand Dumont.

infrastructures nécessaires à l'implantation de l'industrie et de nombreux cours d'eau pour produire de l'énergie électrique à vil prix[2]. Le problème est que le Québec manque de moyens et de personnes-ressources – l'enseignement supérieur et surtout l'enseignement scientifique et technologique est négligé par l'Église qui tient en main l'éducation nationale – pour faire face à un démarrage industriel.

Avec l'essor industriel en Nouvelle-Angleterre, les Américains s'intéressent de plus en plus aux richesses minières et à la main-d'œuvre à bon marché du Québec. L'introduction des investissements américains et anglais – une des politiques du gouvernement donne un coup de pouce au développement des industries manufacturières.

> [...] l'entrée de capitaux américains s'accroît. Entre 1900 et 1913, le capital investi dans les manufactures québécoises triple, la valeur des récoltes double et l'activité commerciale de Montréal connaît un rapide progrès. Une expansion formidable se produit dans les entreprises hydroélectriques. La production de kilowatts passe de 61 000 en 1900 à 488 000 en 1914. Les villes de la Mauricie profitent beaucoup des aménagements hydroélectriques. Aux Trois-Rivières, par exemple, les ateliers textiles de la Wabasso Cotton Co., de même les établissements métallurgiques des Canada Iron Foundries, ouvrent leurs portes. Il faut noter aussi la demande accrue de pâte de bois et de papier consécutive à l'abrogation du tarif américain sur le papier journal en 1913 et aux besoins croissants des États-Unis. Grâce à l'établissement de quatre grandes papeteries, Trois-Rivières devient le plus grand producteur de papier journal au monde. L'Ouest du Québec profite également de la prospérité économique. À compter de 1903, Hull voit s'établir une importante cimenterie et la maison de confection Woods Manufacturing; La Eddy Co. abandonne le bois de sciage pour se consacrer aux produits des dérivés du bois. Ces circonstances permettent à Hull de hausser la valeur de sa production manufacturière de 3 182 millions de dollars en 1900 à 7 259 millions en 1910[3].

Ce démarrage de l'industrialisation étayé par les investissements étrangers peut s'expliquer aussi par le fait que le Québec est intégré, étant donné sa situation géographique, au marché nord-américain. En réalité, le développement de l'économie québécoise opère à l'époque en fonction de deux axes d'échange commercial : axe est-ouest et axe nord-sud. C'est-à-dire que le

---

2. Fernand Dumont (dir.), *Idéologies au Canada français*, tome 1 : 1900-1929, Québec, Presses de l'Université Laval, 1974, p. 16.
3. Jacques Lacoursière, Jean Provencher et Denis Vaugeois, *Canada-Québec, 1534-2000*, Québec, Septentrion, 2001, p. 392.

marché de l'Ouest canadien et le marché américain déterminent, dans une grande mesure, l'orientation du Québec. Les besoins du marché anglais en blé, en farine, en viande et en produits laitiers occasionnent le boom de l'Ouest qui, à son tour, entraîne le développement des industries manufacturières au Québec d'une part et, d'autre part, les besoins du marché américain stimulent le développement des industries papetière, minière et hydroélectrique.

Entre 1900 et 1910, la valeur de la production industrielle du Québec croît à un taux annuel de 5,7 %. Durant la deuxième décennie, avec la relance des années de guerre, l'apport manufacturier à l'économie de la province passe de 4 % à 38 %.

La croissance économique suscite un climat d'euphorie chez les Canadiens français. Mᵍʳ Paquet, dans son discours de 1902, rend compte de la prospérité générale en ces termes :

> De fait, tous en conviennent, nous entrons dans une ère de progrès : l'industrie s'éveille ; une vague montante de bien-être, d'activités, de prospérité, envahit nos campagnes ; sur les quais de nos villes la fortune souriante étage ses greniers d'abondance, et le commerce, devenu chaque jour plus actif, pousse vers nos ports la flotte pacifique de ses navires[4].

Cette poussée de l'industrialisation modifie profondément la distribution de la population québécoise. Il est à noter que l'essor industriel des États-Unis durant la deuxième moitié du XIXᵉ siècle a drainé, selon l'estimation des spécialistes, au moins 500 000 Canadiens français, grâce à la politique de frontière ouverte. Pour parer à cette saignée démographique, on a essayé de coloniser les nouvelles terres du nord. Mais cela n'a pas vraiment réussi. Avec l'industrialisation du Québec, les ruraux continuent à déserter le sol pour aller s'installer en Nouvelle-Angleterre ou dans des centres industriels du pays. L'exode vers les États-Unis ralentit petit à petit, mais la migration vers des villes industrielles continue. De nouvelles villes apparaissent : Granby, Shawinigan, etc. La population des villes telles que Chicoutimi, Joliette, Lachine, Saint-Jean, qui était de quelques milliers en 1901, a triplé, quadruplé, même décuplé à la fin des années 1920. L'urbanisation va aussi vite que l'industrialisation. En 1921, la population urbaine de la province du Québec dépasse pour la première fois dans son histoire la population rurale, passant de 40 % en 1901 à 60 %[5].

---

4. Dumont, *op. cit.*, p. 17.
5. Linteau et ses collègues affirment que la population urbaine du Québec est de 51,8 % selon le recensement de 1921. Voir Paul-André Linteau et autres, *Histoire du Québec contemporain*, tome II : *Le Québec depuis 1930*, Montréal, Boréal, 1986, p. 51.

L'industrialisation et l'urbanisation ont pour conséquence inévitable la désagrégation de la société agricole. La culture traditionnelle, les anciennes valeurs, la foi catholique, la langue, le mode de vie se trouvent aussi compromis, à la suite de l'implantation des nouvelles manières de vivre et de penser dans des centres industriels et commerciaux. Or, depuis la Confédération et même la Conquête, une des préoccupations majeures des Canadiens français est la survivance de leur langue et de leur culture. Les élites canadiennes-françaises déploient tous leurs efforts pour neutraliser les effets néfastes de l'industrialisation et de l'urbanisation, et de tout ce qui pourrait porter atteinte à l'ordre traditionnel. Ainsi, l'idéologie propagée à l'époque par les élites composées largement de clercs et de membres de professions libérales est axée sur la conservation de la culture française. Dans leurs discours comme dans leurs sermons, dans leurs journaux comme dans leurs tracts, les élites s'efforcent constamment de mettre le peuple en garde contre ce qu'elles considèrent comme les dangers moraux et nationaux de la vie urbaine. Elles condamnent l'alcool, le cinéma, les danses sociales, la mode féminine (costume bas par le haut et haut par le bas) ; elles déplorent la baisse de la natalité et l'attribuent à «ce corset qui étreint, qui déforme, qui torture[6]» ; elles fustigent la violence, le crime et la prostitution ; elles dénoncent les trusts anglo-américains qui monopolisent l'économie québécoise ainsi que les syndicats neutres, importés des États-Unis ; elles dénoncent à cor et à cri la menace des Juifs, des francs-maçons et des bolchevistes – trois groupes *diaboliques* contre l'ordre naturel, contre la société chrétienne et contre l'humanité en général – elles lancent des campagnes de colonisation et de retour à la terre. Tout cela, dans le but de conserver ou de restaurer la société d'antan.

Citons quelques exemples pour illustrer ce courant idéologique conservateur qui conditionne le comportement des Canadiens français de l'époque. Henri Bourassa (1868-1952), petit-fils du fameux Louis-Joseph Papineau (chef des rébellions de 1837-1838), homme politique et fondateur du journal *Le Devoir*, est influent et populaire. Il est par ailleurs le promoteur d'un nationalisme pancanadien, basé sur le respect mutuel des deux *races*. Même s'il ne partage pas le point de vue des radicaux, les positions d'Henri Bourassa sur la foi catholique, la vocation agricole et la langue française, sont, nous semble-t-il, très représentatives. Lorsqu'il parle de l'Église catholique, il se révèle ultramontain : «À l'Église Catholique, Apostolique et Romaine, nous

---

6. Dumont, *op. cit.*, p. 144.

avons voué un amour sans bornes, une fidélité inviolable, une obéissance entière[7]. » Il défend la propriété terrienne et patrimoniale, la considérant comme la garantie la plus solide de continuité culturelle. Lorsque la désertion du sol devient alarmante, il se fait promoteur ardent de la colonisation : « Si l'on me demandait quel est le premier devoir du gouvernement de Québec, je répondrais : c'est de coloniser. Si l'on me demandait quel est le deuxième devoir du gouvernement de Québec, je répondrais encore : c'est de coloniser. Si l'on me demandait quel est le troisième devoir du gouvernement de Québec, je répondrais toujours : c'est de coloniser[8]. » Partisan du biculturalisme et du bilinguisme dans la Confédération canadienne, il insiste sur l'importance de la conservation et du développement de la langue française. Pour lui comme pour beaucoup d'autres, la langue est la gardienne de la foi : « l'explication est très simple. D'abord, nous croyons que la langue, sa conservation et son développement sont pour nous l'élément humain le plus nécessaire à la conservation de la foi[9]. »

La lettre pastorale du 16 juin 1923, signée par le cardinal Bégin et les autres archevêques et évêques de Québec, sur le problème de la désertion du sol natal, est aussi très significative pour comprendre la mentalité des Canadiens français de l'époque :

> Ce fut toujours notre gloire de nous réclamer d'être non des étrangers de la terre canadienne, des importés de passage, mais des produits du sol, d'être enracinés et en quelque sorte identifiés par les traditions des ancêtres [...].
>
> Les habitants des campagnes sont la réserve des forces religieuses et nationales. C'est là, au contact du sol qui enracine à la patrie, au grand air libre des champs qui tonifie la vigueur physique et morale, dans le décor grandiose de la nature qui élève l'âme, et dans la vertu du travail sanctifiant qui discipline les énergies, c'est là que s'est fortifiée notre race ; là que s'est assurée notre survivance, là qu'ont grandi et que se sont affermies les vertus caractéristiques qui ont fait de notre peuple le peuple en somme le plus heureux et le plus religieux de la terre [...].
>
> Restez [...] attachés à la terre qui a fait jusqu'ici notre force et qui demeure notre grand espoir. C'est par elle que le peuple canadien assurera son avenir. Nous sommes un peuple essentiellement agricole par vocation[10].

---

7. *Ibid.*, p. 237.
8. *Ibid.*, p. 243.
9. *Ibid.*, p. 236.
10. *Ibid.*, p. 63.

Le conservatisme, l'agriculture et l'ultramontanisme constituent les traits caractéristiques de l'idéologie prédominante au début du xxe siècle. L'idéologie des élites trouve sans doute des échos dans les comportements du Canadien français moyen. Jean Hamelin affirme que les idéologies de la période 1900-1929 sont globalement identiques à celles du dernier quart du XIXe siècle.

> Sur ce point c'est la stagnation. Un conservatisme bien ancré, dominé par l'ultramontanisme de l'Église québécoise, n'a pas rendu possible, par exemple, l'important courant radical des années 1850. La résultante la plus manifeste de cette situation est l'étrange hiatus entre un Québec devenu industriel et des Québécois demeurés culturellement traditionnels et ruraux[11].

Ce décalage de la mentalité des Canadiens français par rapport au développement économique est compréhensible, car la pensée n'est autre chose que le produit des pratiques sociales. Fernand Dumont a bien dit: «l'idéologie ne plane jamais au ciel des sociétés. Elle est une procédure de convergence qui sourd des autres pratiques sociales[12].» Les pratiques sociales, qui comprennent celles de caractère productif et celles de caractère non productif, constituent le support de l'idéologie qui, une fois acceptée par les membres d'une collectivité, pourra influencer l'état d'esprit de ceux-ci et orienter leurs comportements. Cependant, l'idéologie bouge moins vite que les pratiques sociales. Il faut que le nouveau mode de production, par exemple, soit suffisamment développé pour que l'idéologie qui en découle puisse s'imposer comme directrice de la conscience et devenir dérangeante pour ceux qui se sentent bien à l'aise avec leurs manières habituelles de penser et d'agir. Quand le processus de l'industrialisation s'amorce tout doucement au Québec et que ses répercussions se font sentir dans la production agricole, dans la gestion de la ferme et dans la vie quotidienne, les premières réactions chez les cultivateurs se manifestent sous le signe de l'opposition, de la résistance ou de la résignation. Sauf quelques-uns d'entre eux qui, plus avisés, réagissent positivement et suivent le changement social, la plupart des habitants ont besoin de temps pour sortir des vieilles manières de penser et d'agir auxquelles ils sont tellement habitués qu'elles font partie intégrante de leur identité culturelle. Cela explique pourquoi il y a un décalage entre la mentalité et le développement économique. Et ce décalage,

---

11. *Ibid.*, p. 25.
12. *Ibid.*, p. 2.

maintenu si longtemps, est largement dû à la stratégie défensive adoptée par les élites religieuses et politiques au nom de la survivance de la nation et de la culture française.

Les romans que nous allons analyser rendent compte, avec une exactitude admirable, de ce décalage de mentalité. Cela nous permet de voir comment les cultivateurs canadiens-français vivent, au sein de la famille, cette époque de transition, époque où la société agricole commence à se désagréger sous la pression irrésistible de l'industrialisation et de l'urbanisation.

Exemple 1 : Les Moisan. Une famille paysanne selon *Trente arpents* de Ringuet, Montréal, Fides, 1938

Trente arpents est reconnu comme le premier roman qui a une profondeur sociologique et qui marque la maturité de la littérature québécoise. Le Québec rural au tournant du siècle s'y peint avec une telle vivacité que les personnages et leur milieu de vie se dessinent et s'animent sur papier. La famille Moisan, dont Ringuet nous raconte tout un cycle, depuis l'entrée en possession de la terre jusqu'au départ du héros, est représentative, en ce sens que son évolution répond à celle de la société québécoise. Le sort du père Moisan est pitoyable, déplorable mais inévitable, car il fait partie de ces cultivateurs traditionnels qui n'arrivent pas à suivre le changement social. Nous allons voir comment il se comporte à la ferme et à la maison, comment l'industrialisation sème des discordes au sein de la famille et compromet la vieillesse tranquille et heureuse escomptée par le père Moisan.

La présentation de la famille Moisan

Les Moisan demeurent à Saint-Jacques, quelque part au nord-est de Trois-Rivières, dans une paroisse où un village prend corps d'année en année et dessert la paroisse par ses services commerciaux, artisanaux et sociaux. On y trouve une fromagerie devenue plus tard beurrerie, un atelier de forge et maréchalerie, une échoppe de sellier, un magasin général – espèce d'épicerie à l'américaine avec bureau de poste, boutique de mercerie et botterie – et plus tard, une station d'essence, un terrain de base-ball, une succursale de la Banque nationale et quelques maisons que les vieux paysans ont bâties.

Le village se trouve à l'intersection de la Grand'route, le chemin du Roi qui longe irrégulièrement la rivière, et du chemin qui mène au rang des Pommes. De la maison des Moisan, il y a deux lieues et plus pour se rendre au village, et plus de trois lieues pour arriver à Labernadie, paroisse voisine. Les maisons des fermiers, disposées de façon linéaire, perlent comme un chapelet le long du chemin du Roi. Elles sont à une distance presque égale, de trois cents mètres environ, les unes des autres, parce que l'ancien système de distribution des terres fait en sorte que chaque famille concessionnaire dispose d'un morceau de terre de taille presque similaire. Ainsi, Saint-Jacques se présente-t-il comme d'autres localités rurales du Québec, sous forme d'une rangée linéaire, plutôt qu'une agglomération comme dans d'autres sociétés. D'où le nom rang, appellation typiquement québécoise[13].

Les Moisan cultivent un morceau de terre qui mesure 30 arpents de long et 5 arpents de large, ce qui représente à peu près 51,26 hectares. La vieille terre, lentement façonnée autrefois, des milliers et des milliers d'années auparavant, par de lourdes alluvions du fleuve, est riche et grasse, généreuse au travail. Elle se transmet de génération en génération chez ces paysans d'origine normande. C'est sur cette terre fertile que les Moisan travaillent, vivent et se reproduisent.

Tous les membres de la famille ont un niveau d'instruction primaire sauf le fils aîné Oguinase qui a continué ses études au collège et puis au séminaire pour devenir prêtre. Euchariste et Alphonsine ont eu treize enfants, dont quatre morts en bas âge. Parmi leurs enfants, on compte un prêtre (Oguinase), deux religieuses (Malvina et Éva), deux ouvriers (Ephrem et Lucinda) et un artisan (Napoléon). Tous les enfants ont travaillé à la ferme, les garçons dans les champs, les filles à la moisson, à la traite des vaches, à l'étable, à la cuisine, avant de quitter la famille pour aller s'établir ailleurs.

---

13. Jean Provencher écrit : « Jusqu'en 1760, le peuplement se fait par rang. Chaque nouvel arrivant se voit attribuer un lot, une parcelle de terre très étroite et très allongée d'une superficie moyenne de 40 hectares (environ 40 arpents de profond sur trois ou six de large). Tous ces lots sont parallèles au fleuve ou à un de ses tributaires, alors les seules voies de communication. Le colon installe sa maison près du rivage. Quand toutes les rives sont occupées, on trace un chemin à l'arrière de la première série de lots pour y concéder de nouvelles terres ayant la même orientation. Les lots et les maisons qui s'y trouvent s'alignent en « rang », d'où ce nom donné à la route et à la bande de terre correspondante. Ce procédé se répète aussi souvent que le nécessite l'arrivée de nouveaux colons. Plus le rang est éloigné du cours principal, plus son origine est récente. Ce mode d'implantation par rangs et par lots assure une certaine équité, une égalisation des conditions. La voie d'eau demeure accessible pour se déplacer et pêcher. La partie basse du lot, souvent argileuse ou limoneuse, donc fertile, est défrichée et mise en culture. Le Riverain exploite abondamment le foin de grève et les pâturages naturels lorsqu'ils existent. Le fond du lot, souvent plus élevé et de nature plus pierreuse, donc plus difficile à labourer, est laissé en friche. Ce boisé de ferme fournit à chacun sa part de bois de construction ou de chauffage, son sucre d'érable ainsi que son gibier. » Voir son livre *Les quatre saisons dans la vallée du Saint-Laurent*, Montréal, Boréal, 1988, p. 23.

Eucharistе Moisan, père de famille, a perdu à l'âge de cinq ans ses parents dans un incendie sur les terres du Nord. Il a été adopté par son oncle Ephrem, veuf et sans enfant. Il entre en scène dans le roman à 22 ans, au moment où il est en train de discuter de son prochain mariage avec le père de sa «blonde». L'année suivante, ayant accédé à la propriété ancestrale, il devient maître de trente arpents de terre, par suite de la mort subite de son oncle Ephrem, et il se marie avec Alphonsine Branchaud. Établi et maître de maison, il se donne entièrement à sa terre, aidé d'abord de sa femme et ensuite de ses enfants, menant une vie régulière, paisible et heureuse. Le cercle familial s'élargit d'année en année avec des naissances successives, au rythme de presque un enfant par année. Les économies réalisées grâce aux sueurs et à la largesse de la terre féconde grossissent, après chaque moisson, l'héritage de l'oncle, déposé chez le notaire. La Première Guerre mondiale fait l'affaire des paysans canadiens-français : les produits de la terre se vendent à merveille. L'aîné des Moisan, Oguinase, devient prêtre et Eucharistе, marguillier. Le prestige d'Eucharistе Moisan atteint alors son apogée.

Mais avec le temps, la fortune d'Eucharistе décline petit à petit. Son fils préféré, Ephrem, attiré par la promesse d'une vie facile dans les villes, part aux États-Unis. Lucinda, sa seconde fille, s'en va aussi en ville et se fait ouvrière. Son second fils, Étienne, convoite les trente arpents de terre et commence à lui disputer le pouvoir de statuer dans la gestion de la ferme. Quand la guerre prend fin, Eucharistе a 55 ans environ. Des coups du sort se succèdent : la mort d'Oguinase par suite de la fatigue et de la consomption, la perte du procès contre son voisin Phydime Raymond, l'incendie de la grange. Enfin, la fuite du notaire avec toutes les économies d'Eucharistе accumulées au fil des ans couronne son mauvais sort et le mène à la faillite. À 60 ans, Eucharistе est obligé de laisser la terre à Étienne en échange d'une rente dérisoire de dix dollars par mois d'ailleurs jamais soldée, et de s'exiler à contrecœur chez son fils Ephrem à White-Falls, aux États-Unis. Là, il se sent dépaysé, souffre du mal du pays. Étienne ne lui envoie toujours pas l'argent promis et se plaint dans ses lettres des années dures et de la lourde charge familiale. Complètement dépossédé, Eucharistе se voit empêché de retourner à la terre qui ne lui appartient plus désormais. La crise économique des années 1930 commence à se faire sentir aux États-Unis. Les heures de travail ont été réduites et Ephrem n'a plus sa paie entière. Eucharistе, ayant honte de conter à Ephrem tous ses revers essuyés, se trouve dans un dilemme : rentrer ? Il ne peut pas. Rester oisif ? Il ne veut pas. Enfin, il finit par accepter de travailler comme gardien de nuit dans un garage, végétant dans un milieu inconnu, hostile et ennuyeux.

Si l'on fait un calcul minutieux selon des indices repérés dans le roman, Euchariste doit être né vers 1862-1863 et avoir 64-65 ans quand le récit prend fin vers 1927. Il a vécu une époque qui enjambait deux siècles. Depuis son entrée en possession de trente arpents de terre jusqu'à son exil involontaire aux États-Unis, nous avons un cycle familial complet. Quatre générations se sont succédées chez les Moisan et trois générations ont cohabité à un moment donné sous le même toit. C'est une famille de type traditionnel, étendue mais de taille moyenne.

Le cycle de la nature et le rythme de vie des cultivateurs

La ferme des Moisan est une exploitation familiale. Le comportement matériel des Moisan se traduit d'abord dans des travaux des champs, labours, semailles, moissons, et ensuite dans des occupations secondaires, élevage des vaches, des porcs, des poules, coupe du bois en forêt.

La vie des Moisan coïncide avec les rythmes de la nature et les intempéries. La paroisse de Saint-Jacques se trouve sur le 43e parallèle environ. La période favorable à la culture ne dure que quelques mois. Le printemps est tardif. À la fin mars, les champs ne sont pas encore libérés de la neige accumulée l'hiver durant.

> Avec mars terminant, un soleil chaque matin un peu plus chaud fouillait de ses rayons le sol de neige moins blanche sous laquelle se révélait chaque jour un peu plus de forme de la terre […] Mais il s'en fallait de beaucoup encore que le sol mis à nu fût prêt pour les travaux printaniers. Si bien qu'Euchariste pouvait rester des après-midi entiers assis dans la chaise du vieux, à fumer sa pipe[14] (p. 47).

À partir d'avril, les Moisan commencent à s'affairer : labours et semailles. La période de la croissance des cultures ne dure que quatre mois. En août, c'est la moisson. Tous les hommes de la maisonnée sont dans les champs.

> Et lorsque ce fut l'heure et le jour, après fenaison terminée, chaque tige de grains fut coupée par la moissonneuse-lieuse attelée de trois chevaux et dont toute la journée on entendait au loin la crépitation ; tandis que de son siège dur Euchariste percevait sous lui le froissement doux des épis sur la toile du transporteur. Les rênes passées au cou, les mains sur les commandes d'élévation et de pointage, il régnait sur la plaine avec, au-dessus de lui, le large mouvement

---

14. Toutes les citations sont tirées du roman *Trente arpents*, Montréal, Fides, 1938, sauf indications contraires.

d'ailes de la rabatteuse tournante. Et toutes les cinq secondes, car les avoines et blés étaient bien fournis, un déclic annonçait la chute d'une gerbe blonde liée de chanvre blond. Derrière, Albert, Étienne, Ephrem et Napoléon, tous les hommes de la maisonnée, fourchaient les gerbes et les dressaient en ruches qui donnaient au champ l'aspect d'un village de paillotes. Et rien ne restait d'autre que le tapis ras et doré du chaume (p. 153).

Après la récolte, c'est le battage :

Comme le temps était douteux, on décida de battre en grange. La trépigneuse fut installée sur le plancher, et la batteuse tout à côté, sur l'aire. Et du matin au soir, les deux chevaux s'agrippant du sabot aux traverses du manège bloquèrent la grand-porte de leur croupe poudrée de poussière blonde que la sueur collait en larges crêpes. Tout cela faisait un nuage âcre qui râpait les gorges et un tonnerre continu [...] Tout le monde était là, le visage plâtré de poudre de grain que l'humidité et la sueur délayaient. Le père poussait les épis vers le batteur. Étienne commandait la mise en marche. Et les autres, Pitou, qui avait laissé sa menuiserie pour cette journée, Orpha et Marie-Louise nourrissaient la table d'engrenage à larges brassées ; à l'autre bout, Ephrem ensachait. On avait même engagé de l'aide, « Bizi », prêté par les Barettes [...] (p. 177).

Entre la fin du battage et les labours d'automne, il y a une accalmie :

Après l'activité fiévreuse de la moisson, il faisait bon flâner un peu, travailler de-ci, de-là, à l'étable, à la boutique, à faire du bois. Et la journée fut tôt finie, on pouvait encore fumer quelques pipes sur la véranda dans la lumière mollissante et frisquette du crépuscule traînard à regarder au loin les dernières oies sauvages passer au-dessus des festons mordorés des hêtres, au fond, vers le fleuve (p. 180).

Le cycle des saisons se clôt avec l'automne. En novembre, rien ne presse. Les labours d'automne sont terminés, les gelées durcissent petit à petit le sol. Avant que l'hiver ne se soit installé, on coupe sur le coteau le bois du chauffage, on refait les clôtures, on répare les bâtiments. Et puis les champs tirent sur eux-mêmes une lourde couverture de neige et dorment d'un long sommeil de cinq mois. Les hommes aussi, entrent « en hivernation ». « L'hiver engourdit les habitants un peu comme au creux des arbres les animaux hivernants. La vie n'est plus qu'une longue attente du printemps » (p. 64). Entretemps, on soigne les bêtes, on fait le train, selon l'expression des fermiers, on bâcle quelques menus travaux des champs et de la ferme.

Les fermiers entre deux âges passent leurs longues soirées d'hiver au magasin général à jouer aux dames, à jaser, à boire. Les jeunes, dès la fin du battage des grains, montent dans les chantiers et coupent du bois avec la grand'hache ou le «godendard», durant l'hiver, même pendant des froids de «quarante sous zéro». Décembre fait bouger un peu les habitants en amenant les fêtes: Noël et le Nouvel An.

> La messe de minuit avec les carrioles dont les patins crissent sur la neige dure… Puis le premier de l'An et les visites de parents et d'amis, buvant la jamaïque à la ronde dans la fumée épaisse de pipes et les rires nerveux des femmes […] (p. 44).

Février est le mois le plus dur de l'hiver où s'entasse sur les chemins plus de neige encore:

> Les bâtiments s'enveloppaient de ses flocons comme d'une couverture de laine un malade, tandis que nuit et jour l'haleine des maisons sortait toute blanche des cheminées. Parfois toute la campagne était saisie par la tourmente sous le vent brutal qui descendait du nord; les tourbillons de neige fine s'envolaient en fumée, scellant portes et fenêtres et faisaient grincer le squelette noir des arbres (p. 45).

Enfin, le mois de mars revient, un autre cycle commence. Les Moisan comme les autres paroissiens reprennent les labours printaniers.

Les activités de la production agricole effectuées en fonction de la saison et des intempéries, exigent des cultivateurs d'adapter leur vie courante au rythme de la nature. Les mariages, les visites des parents et des amis, les voyages d'affaires en ville doivent se faire pendant les moments de loisir, quand les travaux des champs le permettent. Euchariste planifie son mariage pour le printemps afin que les labours ne soient pas retardés par les festivités. Étienne songe à se marier en automne pour la même raison. Comme le cousin américain tarde à venir après avoir annoncé sa visite vers la fin de juillet, Euchariste commence à s'impatienter de peur qu'il arrive pendant la récolte:

> Si i's sont pour venir pendant les récoltes, j'aimerais quasiment autant qu'i's restent chez eux pi qu'i's attendent l'année prochaine. Ça serait moins de dérangement (p. 137).

La nature a ses propres lois, les cultivateurs n'ont d'autre choix que d'y obéir. Euchariste dit souvent: «laisse-toë mener par la terre, mon gars, elle te mènera p'têt' pas ben loin; mais en tout cas, tu sais ous'que tu vas» (p. 166).

Avec la terre, il est inutile de se presser. «Les années comptent peu pour la terre et elle enseigne à ceux qui dépendent d'elle que se presser n'avance à rien» (p. 17). Ainsi, le rythme de vie des cultivateurs est-il d'une lenteur appropriée à la rotation des saisons, au rouet du temps.

La vie des cultivateurs se règle sur les travaux des champs qui eux-mêmes se règlent sur le rythme des saisons. Ainsi, la vie et le travail des cultivateurs sont-ils cycliques et répétitifs, toujours sur les mêmes terres, dans le même endroit. À ces modes de production et de vie est liée la manière de pensée et d'agir qui est propre aux cultivateurs.

La mentalité des Moisan

Malgré la mécanisation de certains travaux des champs, les Moisan travaillent fort, observant les signes du temps ou des activités animales, pour labours et semailles. Ils sont à la merci des intempéries. Ils s'inquiètent d'une saute de vent, d'une nuée chargée de grêle, de la pluie qui pourrit le grain, de la tempête qui décoiffe les granges, ils se soucient aussi du prix de l'avoine, du blé et du foin. L'auteur a raison de dire que les cultivateurs n'ont «d'autres soucis que du ciel immédiat, au-dessus d'eux» (p. 176). L'horizon de leur monde est étroit. Il y a des cultivateurs qui n'ont jamais quitté leur paroisse de toute leur vie. Pour Euchariste Moisan, comme pour la plupart des paysans, la ville-chef-lieu est le terme de leur monde, car:

> [...] sa terre lui suffisait comme il tâchait, à tout prix, de suffire à sa terre. Entre eux seuls il pouvait y avoir réelle communion et contact réel. Sa ferme était un lot d'humanité dans l'archipel des fermes voisines. C'était là son univers restreint, cette motte de terre et son peloton de vie humaine liés l'un à l'autre par une impérieuse gravitation (p. 191).

Cette vie confinée à l'intérieur de la ferme rend la vision des cultivateurs restreinte et «superrégionale». Les fermiers n'ont pas besoin de porter leur vue plus loin que le rang, au-delà de la paroisse, pour vivre sereins et heureux sur leur terre. Ils se contentent de ce que la terre peut leur donner. La manière dont ils se procurent les moyens de subsistance conditionne leur vision du monde.

La terre est leur moyen de production, leur source nourricière. Mais elle n'est généreuse que si les cultivateurs lui restent fidèles, obéissent à ses exigences, suivent son rythme de vie. Les cultivateurs sont plutôt ses serfs que ses maîtres.

La terre est aussi un grand livre dans lequel ils apprennent à connaître le monde et leur raison d'être. «Y a deux choses de plus connaissantes que nous autres dans le monde: le curé, pi la terre», dit Euchariste à son fils (p. 166). Beaucoup de sentiments sont investis dans la terre si bien que celle-ci, chez les cultivateurs, se trouve personnifiée et déifiée. «Elle était toujours la fille du Ciel et l'épouse du Temps, la Bonne et féconde Déesse à qui l'on offre les prémices des troupeaux et des moissons » (p. 77).

Ainsi, la terre constitue-t-elle pour les paysans une valeur au même titre que la croyance religieuse. On ne peut ni la contester, ni l'insulter, ni la déserter. Qui blesse la terre blesse l'homme qui y vit enraciné.

> Parfois, dans les champs, Euchariste [...] se penchait machinalement pour prendre une poignée de cette terre inépuisable et bénie, de cette terre des Moisan, que personne n'eût pu blesser sans atteindre en même temps cruellement les hommes qui y vivaient enracinés, par tout leur passé à eux, et par toute sa générosité, à elle. Doucement il la savourait de ses doigts auxquels elle adhérait, mêlant sa substance à la sienne. Puis il se mettait à l'émietter, d'un mouvement du pouce glissant sur les autres doigts, le mouvement de celui qui pièce à pièce compte les écus de sa fortune (p. 161-162).

Si quelqu'un parle contre la terre, l'insulte, on va jusqu'à croire que la terre est capable de se venger. Un jour, le père de Pitro a maudit la terre lorsqu'il est tombé de la grêle. Il n'a pu finir de parler, dit-on, qu'aussitôt un coup de tonnerre est arrivé pour casser la jambe de Pitro. « Personne a jamais été capable d'y ramancher comme i' faut » (p. 135). C'est ainsi que Pitro est devenu boiteux : punition du Ciel et de la Terre !

Quitter la terre, c'est aux yeux d'Euchariste quasiment un acte de lâcheté, de trahison. « Les Moisan, c'est des gens de la terre, » dit-il (p. 134). Né sur la terre, on doit mourir pour elle, comme son oncle Ephrem qui n'a pas eu le temps de jouir un peu de sa vieillesse d'insouciance escomptée au village : « mort sur la terre, poitrine contre poitrine, sur sa terre qui n'avait pas consenti au divorce » (p. 36).

L'amour de la terre et la vue courte, traits caractéristiques des paysans, entraînent Euchariste dans une série de conflits avec ses enfants dont nous parlerons plus loin. Ils sont à la source de ses chagrins et de son drame personnel.

L'impact de l'Église et le comportement religieux des Moisan

L'Église a joué un rôle particulièrement important dans la conservation de l'identité du Canadien français, après le retrait de la France en 1763. Enfant abandonné par la mère patrie, le Canadien français s'est réfugié dans le bastion de la religion pour conserver sa culture. Ce n'est pas par hasard que l'auteur n'a mentionné nulle part dans le roman l'administration civile dans la localité de Saint-Jacques : la municipalité, le maire et son conseil semblent inexistants. On a parlé des élections fédérale, provinciale et municipale lors d'une réunion quasiment politique chez le père Branchaud et c'est tout. Cette absence ne peut s'expliquer que par le fait que l'impact de l'Église catholique dépasse de loin l'importance de l'administration civile, dans la vie quotidienne des paysans. La paroisse est une entité religieuse autour de laquelle les paroissiens se regroupent et avec laquelle ils s'identifient. Tous les paroissiens sont des catholiques pratiquants. Ils sont baptisés, mariés et enterrés par le curé. Leur vie est marquée par une série de rites et de comportements religieux : prières du soir, messe dominicale, messe à la mémoire du défunt ou de la défunte, messe de minuit, prières publiques pour des objectifs spécifiques, etc. La vieille Mélie va jusqu'à boire tous les soirs une gorgée d'eau bénite avant d'aller au lit. Les images saintes qui rappellent le calvaire sont présentes même dans la chambre à coucher, régnant sur la vie intime du couple. Chez les Moisan, l'atmosphère religieuse, un peu oppressante à nos yeux avec le recul du temps, règne dans la chambre à coucher de l'oncle Ephrem qui servira plus tard de chambre nuptiale à Euchariste et Alphonsine. Elle est ainsi décrite :

> Aux murs des lithographies à bon marché : le Christ et, faisant pendant, la Vierge, vous regardant tous deux ; le Fils châtain ; la Mère, blonde. Tous deux d'un geste identique offraient un cœur, l'un ouvert d'une blessure pleurante de sang et couronné de flamme, l'autre rayonnant des sept glaives de douleur. Au-dessus du lit, son cadre surmonté d'un rameau bénit de sapin, une Sainte-Feu au visage anguleux et torturé (p. 26).

Parmi les valeurs que l'Église inculque aux cultivateurs, l'amour de la terre et la famille nombreuse sont les plus marquantes. L'agriculture est la vocation divine des Canadiens français. Ceux-ci en sont conscients et en font leur raison d'être et leur orgueil. La nouvelle de la prochaine visite d'un cousin américain suscite plusieurs suppositions chez les Moisan. Des prises de bec se déclenchent entre Euchariste et son fils Ephrem lorsque ce dernier dévalorise la terre en faveur de la ville. Le père se sent blessé « comme un fils dont vient d'être insultée publiquement la mère ».

> Ephrem, t'as pas honte de parler de même ? réprimande le père [...] Qu'est-ce qu'i'a dit Monseigneur ? I'a dit que c'était nous autres, les habitants, qu'étaient les vrais Canayens, les vrais hommes. I'a dit qu'un homme qu'aime la terre, c'est quasiment comme aimer le Bon Dieu qui l'a faite et qu'en prend soin quand les hommes le méritent... I'a dit encore que lâcher la terre, c'est comme qui dirait mal tourner (p. 134-135).

La vocation agricole est étroitement liée au besoin des familles nombreuses. Les vastes champs dont dispose une famille nécessitent de la main-d'œuvre. Le curé souhaite à Eucharistе d'avoir beaucoup d'enfants lorsque celui-ci sollicite l'approbation de son mariage. Eucharistе a accompli ce souhait. Il a eu avec Alphonsine treize enfants dont neuf survivent. Il accepte les naissances comme une fatalité, un devoir.

> La terre était capable de faire vivre les Moisan tant qu'il y en aurait. S'il devait en venir dix, il en viendrait dix ; quinze, ce serait quinze. Comme chez les autres. Cela serait parce que cela devrait être. Il fallait qu'Alphonsine eût « son nombre » (p. 78).

L'importance de la famille nombreuse comme valeur, une fois intégrée, régit le comportement des ouailles qui devient habituel et routinier. Les femmes considèrent avec passivité ou résignation les grossesses comme leur devoir suprême. « Toute femme doit "avoir son nombre" et Alphonsine n'y faut point… Cela arrive régulièrement, si régulièrement même qu'on pourrait presque compter les années par les naissances » (p. 88).

Le curé bénéficie, en tant que chef religieux, d'un prestige incontestable dans la paroisse. Il est « à la fois pasteur, juge et conseiller de tous, arbitre de toutes les disputes, intercesseur du ciel qui dispense les pluies et accorde les beaux temps, âme véritable de cette communauté étroite et hermétique qu'est la paroisse canadienne-française » (p. 43).

Eucharistе a pour son curé un respect mêlé d'appréhension, comme un enfant devant un père sérieux. Il veut parler de son mariage au curé. Mais il est intimidé par l'aspect imposant de ce dernier. Au lieu d'aller le voir au presbytère, il s'arrange pour l'arrêter sur son passage devant chez lui. « À son passage, il s'agenouilla, osant à peine regarder le visage du prêtre que l'Hostie Sainte nimbait d'un aspect de majesté » (p. 42).

Lors de cette rencontre, Eucharistе promet d'offrir un de ses futurs rejetons à l'Église, d'en faire instruire un pour qu'il devienne prêtre. Douze ans après, lorsque son fils aîné a onze ans et se montre brillant dans ses études à l'école paroissiale, le curé lui demande d'accomplir ce vœu fait sur le chemin du Roi avant le mariage. Eucharistе se trouve alors tiraillé entre la terre qui demande des bras et le Bon Dieu qui a besoin d'apôtres, entre la dévotion spirituelle et l'affection temporelle. Cette hésitation est compréhensible. Pour le décider, le curé recourt à l'intimidation :

> J'ai connu un homme qu'a pas voulu que son garçon fasse un prêtre, quand le Bon Dieu l'appelait. Sais-tu ce qui lui est arrivé ? dit le curé à Eucharistе,

c't'homme-là, i'a été puni. Ça prenait pas un an que le garçon tombait dans un moulin à battre et se faisait écharper sous les yeux de son père (p. 93).

Après cette intimidation par la punition que le Bon Dieu pourrait lui infliger, le curé pique l'honneur d'Euchariste :

Ce qui me fait le plus de peine, 'Charis, c'est qu'y a pas un seul enfant de la paroisse au séminaire à c't'heure, et ça fait pas mal de temps [...] C'est pourtant icitte une paroisse de bons chrétiens, seulement on dirait qu'ils pensent pas donner son dû au Bon Dieu. C'est bien bel et bon de payer la dîme de ses récoltes ; si on veut être béni dans sa famille, y faut payer aussi la dîme de ses enfants. Est-ce que tu dois pas bien ça, toi, Euchariste Moisan ? Qu'est-ce que t'en dis ? (p. 93)

Euchariste est vaincu. Il lâche pied. Reste le problème pécuniaire à résoudre parce que l'envoi d'un enfant au collège pendant sept ou huit ans représente une dépense qui terrifie Euchariste à l'avance. Le marché est conclu quand le curé propose de payer de sa poche la moitié de la dépense. Les deux parties sont satisfaites. De son côté, Euchariste accomplit son vœu tout en sauvant une partie de son argent, sans parler du prestige escompté dont il pourrait jouir quand Oguinase sera devenu prêtre, y compris la possibilité de passer une vieillesse heureuse dans le presbytère d'une paroisse riche présidée par son fils. De l'autre côté, le curé sauverait sa face devant ses confrères, « tant il avait honte de ne jamais voir sa paroisse inscrite sur la liste de celles qui y envoyaient des élèves » (p. 94).

Cet épisode ne devait pas plaire beaucoup à l'Église au moment de la parution du roman. Bien que l'auteur rende compte de cet épisode d'une manière objective, le fait lui-même constitue une dénonciation de l'aliénation religieuse. De plus, l'auteur montre bien que le Bon Dieu est tout à fait impuissant devant les coups du sort qui tombent successivement l'un après l'autre sur la tête d'Euchariste, un bon chrétien qui lui a *payé* non seulement un enfant, mais trois. Dans un élan d'humeur, Euchariste décharge contre son voisin Phydime Raymond sa colère retenue provoquée par le départ prochain de son fils de prédilection, Ephrem. Phydime a fait une bonne affaire en vendant au prix de huit cents piastres les bouts de terre d'ocre rouge, dont une partie qu'Euchariste lui avait cédée au prix de cinquante piastres :

J'me demande ce que ce baptême de Phydime a pu faire au Bon 'Ieu pour avoir une chance de même. I' avait pas de saint danger que ça m'arrive à moé. J'ai pourtant un prêtre dans la famille ; pi deux sœurs. Mais j'su né pour la malchance ; à craire qu'i' a un sort su' moé, bout de ciarge !… Chrisostome ! Si c'était pas d'Oguinase, j'me débaptiserais (p. 184-185).

Le Bon Dieu ne l'a pas béni malgré ses offrandes humaines. C'est une injustice flagrante. Mais il a oublié que le Bon Dieu voulait peut-être l'éprouver parce qu'il l'aime.

Les cultivateurs font leurs les valeurs prêchées par le catholicisme, ce qui ne les empêche pas de faire des calculs égoïstes. Les pratiques religieuses se font dans ce cas-là seulement par habitude et obéissance.

> La vieille Mélie, réveillée par le silence revenu, se mit à réciter la prière du soir, dans un demi-sommeil. Les deux hommes [Euchariste et son oncle], à genoux, la pipe à la main, répondaient sans que leur pensée à chacun fût détournée de son cours identique (p. 29).

Ils ne sont pas aussi dévots qu'on se l'imagine. Lorsque la Première Guerre mondiale fait rage en Europe, les cultivateurs laurentiens restent impassibles. La guerre est loin, se déroulant dans « les vieux pays ». Elle n'a rien à voir avec les Canadiens français. Tant pis pour la France qui les a abandonnés et l'Angleterre qui les a colonisés ! Pourvu que la guerre ne vienne pas troubler leur vie tranquille et quasiment heureuse et que le blé et le foin se vendent bien ! Pour les paysans, les intérêts immédiats transcendent les considérations humanitaires.

> Si bien que lorsque le curé, suivant les instructions de Monseigneur, faisait faire des prières publiques pour la cessation de la guerre et le retour à la paix, les paysans rassemblés dans l'église se demandaient intérieurement où l'on avait l'idée de vouloir à toute force ramener le temps où les fruits de la terre se donnaient quasiment pour rien. Ils n'en priaient pas moins, par obéissance et habitude, mais d'une voix faible, avec l'espoir enfantin que le ciel pourrait bien ainsi ne pas les entendre ou du moins se rendre compte qu'ils ne tenaient pas tant que cela à voir exaucer leur prière (p. 161).

En dépit de cela, les cultivateurs canadiens-français restent attachés à leur foi catholique qui fait partie de leur identité culturelle. L'Église est comme une figure symbolique de la mère, le prêtre comme celle du père. Chez son fils Ephrem à White Falls, Euchariste se sent tellement dépaysé et solitaire que l'église catholique de cette petite ville américaine devient le seul endroit où il peut se sentir à l'aise et confortable, où il retrouve les mêmes gestes rituels, la même suavité céleste et catholique de l'encens.

Lorsqu'apparut le prêtre dans la chaire, Eucharistе se sentit humblement filial et grégaire, son âme fondue dans l'âme collectivement religieuse de sa race ; il se sentit filial vis-à-vis même de cet homme bien jeune mais que le surplis dignifiait (p. 269).

Enfin, il est à noter que l'institution religieuse pèse lourd, en tant que véhicule des valeurs, sur les fermiers canadiens français. Le salut de l'âme n'est point gratuit. Les fermiers doivent non seulement payer la dîme sur leurs récoltes, mais l'entretien et la construction de l'église coûtent aussi très cher. Ils s'endettent collectivement à cet effet. La paroisse de Saint-Jacques a mis des années, à force de répartition, de quête et de kermesses, à rembourser la dette pour la construction de l'église. On vient de s'acquitter des dettes, et maintenant on parle de diviser la paroisse en deux. La construction d'une nouvelle église et d'un presbytère qui ne manque pas de confort, signifie une grosse dépense. Eucharistе sait bien qu'il est inutile de s'opposer à un curé « bâtisseur » qui veut faire beau et grand. Mais on est soucieux, surtout ceux qui habitent la partie qu'on va ériger en paroisse nouvelle.

Le mariage, les mœurs sexuelles

Au tournant du siècle, le Québec est une société agricole qui se caractérise par l'absence d'une couche sociale exploitante : la classe des grands propriétaires fonciers qui vivent uniquement du fermage perçu. Les cultivateurs laurentiens sont propriétaires de leur terre. Le système seigneurial a été aboli depuis 1854 et le système de propriété privée a été instauré sous le Régime anglais même avant cette abolition. Ainsi, il n'existe pratiquement pas dans les campagnes du Québec de forme d'exploitation et d'oppression féodale. Une société agricole dans un état de fermeture relative peut donc fonctionner sous un système capitaliste avant d'être bousculée par l'urbanisation et l'industrialisation. Dans une telle société, les cultivateurs se comportent en matière de mariage d'une manière relativement démocratique. On n'y trouve ni mariage arrangé, ni mariage mercantile comme cela se faisait et se fait encore dans des régions rurales de certaines sociétés traditionnelles, encore que les parents surveillent la fréquentation de leurs enfants et soient tenus d'approuver leur choix.

Les veillées du long hiver fournissent aux jeunes gens l'occasion de se rencontrer et de faire connaissance. Si le garçon rencontre une fille intéressante, il commence à lui faire la cour. Il lui rend visite régulièrement tous les dimanches. C'est l'époque de la culture des sentiments, de connaissance et compréhension mutuelles et de réflexions sur le pour et le contre. La fréquentation n'aboutit pas nécessairement au mariage si une des deux parties laisse tomber. Daviau, agent d'élection, a fréquenté Alphonsine pendant un certain temps. Cela n'a pas abouti, mais on est resté ami de la famille Branchaud, sans rancune. Daviau taquine même amicalement Alphonsine après le mariage de celle-ci avec Euchariste.

La réussite d'une fréquentation amoureuse dépend largement des réflexions sur le bon ou mauvais parti. La paysannerie a un esprit davantage réaliste que romantique. Les critères du choix des conjoints sont basés sur les nécessités de la production agricole et de la continuation de la famille.

De vastes champs ont besoin de bras pour être productifs, la famille, d'une forte progéniture pour continuer de rester maîtresse de la terre ancestrale. L'oncle Ephrem n'a pas eu d'enfants avec sa femme Ludivine, stérile, il a peur que « la graine s'en perde » (p. 27). Alors, une fille de bonne santé, forte, prometteuse de la fécondité est bien appréciée. Si Euchariste considère Alphonsine comme *chaussure à son pied*, c'est qu'il est sûr qu'elle pourra l'aider aux champs et lui donner de solides gars avec « la poitrine solide et généreuse, la bouche un peu lourde, les hanches larges oscillant avec un mouvement presque de berceau » (p. 27). Le critère esthétique du choix est donc lié à l'utilité et non à la futilité. Voilà un exemple de l'esprit pragmatique des cultivateurs.

> Certes, il ne la parait point d'irréel et ne lui tissait pas une robe de madone ; l'idée qu'il s'en faisait n'avait rien de romanesque. Au contraire, il savait fort bien ce qu'elle pourrait lui donner : forte et rablée, pas regardante à l'ouvrage, elle saurait à la fois conduire la maison et l'aider aux champs à l'époque de la moisson. De visage avenant, bien tournée de sa personne, elle lui donnerait des gars solides […] (p. 17).

Les parents d'Alphonsine voient d'un bon œil les assiduités d'Euchariste auprès de leur fille aînée. À leurs yeux, Euchariste est dur sur l'ouvrage, un bon garçon : il ne prend pas souvent un coup de trop. Moisan est « un bon parti », d'autant plus qu'il est héritier de son oncle. Ils sont consentants à leur mariage éventuel. Quand le jeune homme vient voir leur fille chaque dimanche, ils s'arrangent pour les laisser seuls sur la véranda, « devinant obscurément que l'attachement grandit plus vite ainsi » (p. 18). Si parfois un frère ou une sœur d'Alphonsine vient les rejoindre, la mère l'appelle tout de suite, sous quelque prétexte, de la cuisine.

Les amoureux sont pudiques. Ils passent de longs après-midi côte à côte sans presque rien dire après avoir échangé des nouvelles de la terre et des voisins. Ils se sentent même gênés, évitant de se regarder l'un l'autre. Quand Alphonsine reconduit Euchariste sur la route jusqu'au saule pleureur, parfois l'envie prend celui-ci d'embrasser sa blonde. Le geste d'amour s'arrête là. Fille paysanne, Alphonsine sait bien « que l'on n'achète pas volontiers par la suite ce qu'on a eu gratis la première fois » (p. 20). Elle se laisse embrasser mais garde le reste pour Euchariste après le mariage. Même après le mariage, ces deux époux n'osent pas s'embrasser en plein jour par une espèce de pudeur. Les mœurs sexuelles d'alors sont encore, au moins officiellement, d'une simplicité rustique et d'une grande rigueur morale chez la plupart des cultivateurs.

Mais des exceptions existent comme partout ailleurs. Les filles de mœurs faciles ne manquent pas. On rapporte que dans le rang des Pommes, il y a « une maisonnée de dévergondées où les filles sont des filles à tout le monde ! » (p. 121), et que Lucinda, fille d'Euchariste, se laisse flirter facilement par des jeunes hommes de la paroisse, déjà femme avant son départ pour la ville.

Malgré cela, le mariage reste perçu comme une norme sociale. Il confirme la sanction sociale de la maturité. Chacun l'accomplit comme un devoir, un geste d'entrée dans la norme humaine.

> Cela leur vient tout naturellement comme aux oiseaux de faire leur nid, aux abeilles de rucher, au cerf jusque-là solitaire de s'agréger, aux anguilles innombrables de descendre aveuglément vers la mer inconnue, aux lilas femelles de tendre leur pistil vers les pollens errants. Cela arrive sans qu'ils pensent autres, à ceux qui viendront. Cela arrive parce que cela est normal et doit être ainsi. Et pour eux, parce que l'homme doit prendre femme (p. 226).

Sauf quelques garçons destinés à la prêtrise et quelques filles, à la vie religieuse, tout le monde se marie. Le fait de rester célibataire après vingt ans est mal accueilli par l'entourage. Selon la coutume, l'âge limite moyen du mariage est trente ans pour une fille et trente-cinq ans pour un garçon. Au-delà de cette limite, on appelle les célibataires *vieille fille* et *vieux garçon*, appellations péjoratives, surtout pour une fille. En effet, le statut de vieille fille signifie une charge supplémentaire pour le père et des obligations à contracter pour le frère héritier au moment de signer le contrat de l'héritage.

La pression sociale incitant au mariage existe réellement. Marie-Louise n'a que dix-neuf ans, encore loin d'être une vieille fille, et son frère Étienne la trouve déjà en retard et lui fait des allusions mordantes.

— Qu'est-ce que tu fais, Marie-Louise, que t'es pas capable de trouver chaussure à ton pied? Si ça continue, tu vas monter en graine, pi faire une vieille fille! (p. 229).

Enfin, la sphère géographique d'activité des cultivateurs est relativement restreinte. On se déplace rarement. « D'une maison à l'autre, il n'y a contact que par nécessité » (p. 191). Les veillées, les fêtes, les messes dominicales, les noces sont des occasions où les jeunes gens peuvent se rencontrer. Ainsi, les chances de choisir ou d'être choisi(e) sont peu nombreuses. C'est pourquoi on tend à choisir son époux ou son épouse dans la paroisse ou dans les paroisses voisines, chez les cultivateurs.

Il arrive que les Canadiens français émigrés aux États-Unis reviennent prendre femme ou mari au Québec – ce qui nous fait penser aux immigrés du Canada qui retournent dans leur pays d'origine pour prendre femme ou mari. Bien sûr, il y a des émigrés québécois qui se marient sur place, avec un ou une anglophone. Ephrem et Alphée en sont deux exemples. Mais les cultivateurs acceptent mal dans le temps ce genre de mariage mixte. On a peur de se laisser assimiler par les protestants anglophones, mais si c'est un Irlandais ou une Irlandaise catholique, comme la femme d'Ephrem, il (elle) est mieux accueilli(e). La sauvegarde de l'identité culturelle est depuis toujours un souci majeur de la population canadienne-française, profondément catholique.

L'époux et l'épouse

Nous avons mentionné que la société agricole québécoise n'est pas de nature féodale et que le mariage est basé sur l'amour réciproque, quoique certaines considérations financières puissent intervenir. De plus, les valeurs véhiculées par le catholicisme n'imposent pas de hiérarchie familiale en faveur du pouvoir marital. C'est pourquoi le sexe féminin bénéficie d'une situation meilleure au sein de la famille québécoise qu'en Extrême-Orient. Les femmes sont même plus favorisées que les hommes sur le plan de l'instruction – le cas de la Chine est tout à fait le contraire. Le fait que les jeunes Canadiennes françaises ont de meilleures chances que les garçons d'étudier plus long-temps, assure une bonne éducation des enfants lorsqu'elles seront mères, ce qui est un des traits caractéristiques de la société québécoise.

Entre l'époux et l'épouse, la division du travail est classique. « Eucharistie: les champs ; Alphonsine: la maison et l'enfant. » (p. 56) L'homme s'occupe des travaux qui requièrent la force physique, la femme, des travaux domestiques moins fatigants et des enfants qui demandent tendresse et patience maternelles.

En fait, la tâche et les responsabilités assumées par la femme ne sont pas aussi simples que ça. Voici ce que l'auteur rapporte dans le roman :

> Certes, l'ouvrage était dur. Si Mélie pouvait s'occuper un peu des enfants, il restait à Alphonsine les travaux de la maison : la préparation des repas, penchée sur le fourneau rougeoyant, le bras gauche bien souvent chargé du petit à qui elle donnait le sein, les planchers qu'il faut brosser ; la couture et le raccommodage ; le linge de la maisonnée qu'il faut laver ; et une fois l'an, la fabrication du savon [...] Elle avait encore le potager où Euchariste venait parfois l'aider, ce qu'elle lui rendait en allant avec lui traire les vaches et porter de l'étable à la maison, suspendus à la palanche, les seaux débordants de lait crémeux [...] Et quand arrivait l'époque impérative de la moisson, elle quittait tout pour aller aux champs, avec Euchariste et l'aoûteron qu'on engageait [...] tous se hâtant de rentrer le grain avant la venue de l'orage (p. 79-80).

Bref, elle assure non seulement des services domestiques, mais contribue aussi à la production agricole. La solidarité entre l'époux et l'épouse ne pose pas de problème à ce niveau-là. Chacun assume ses responsabilités et accomplit ses devoirs pour la prospérité de la famille. Chacun jouit de l'autorité dans son domaine.

> [...] tout le long du jour la jeune femme allait et venait dans la grande cuisine où elle vivait [...] où tout dépendait d'elle. Elle régnait sur la cuisine où l'homme ne mangeait qu'à son plaisir à elle et ce qu'elle, de son propre vouloir, décidait de lui servir (p. 46).

La cuisine et l'enfant, c'est la chasse gardée d'Alphonsine. Euchariste n'y place aucun mot. Quand le premier enfant est venu, il a eu l'impression d'avoir perdu de l'importance dans cette maisonnée accrue, parce qu'il s'est aperçu qu'« il y avait désormais des questions auxquelles il ne connaissait rien, des débats où, s'il donnait timidement son avis, on lui disait nettement que les hommes ne s'y entendaient point » (p. 56). Mais il faisait toujours autorité sur la culture et les bêtes.

Plusieurs romans québécois psychologiques tels que *Mathieu*, *Le Torrent*, *Chaînes*, *Le temps des jeux*, etc. présentent de la mère de famille une image despotique, surtout à l'époque où la jeune génération québécoise voulait se débarrasser du joug des anciennes valeurs[15]. *Trente arpents* présente au

---

15. Selon Maurice Arguin, dans ces romans, la mère exerce une domination tyrannique sur l'enfant. Amour filial et amour maternel n'existent pas. La famille est présentée comme une institution fausse, froide, aliénante où tout véritable amour semble impossible. Les relations se fondent sur la haine, signe patent de l'anormalité des familles qui hantent le roman psychologique.

contraire Alphonsine comme une femme compréhensive, douce, tendre, maternelle, vaillante, travailleuse et soumise. Elle aime son mari qui l'aime également. On s'entend parfaitement. Euchariste n'a jamais eu de jalousie parce qu'Alphonsine est de ces femmes qu'aucune sentimentalité ne peut «attirer vers un autre que celui qui est leur bien, à elles» (p. 70). Ils font bon ménage comme la plupart des couples cultivateurs à l'idéologie traditionnelle. Les époux se solidarisent et dépendent l'un de l'autre, comme Yin et Yang s'harmonisent et se stimulent.

Sur le plan de la sexualité, l'auteur ne nous dit pas grand-chose. C'est une époque où l'on a honte de parler des choses du corps. Quand la femme est enceinte, on dit simplement *la maladie* ou *le mal de ventre de mariage*. Les maternités successives fatiguent Alphonsine, mais elle les accepte volontiers. Elle trouve cela normal, comme manger, dormir et travailler. Étant donné que le fait d'avoir beaucoup d'enfants est la norme sociale et religieuse, elle l'accomplit comme un devoir. Elle se sent même vaillante et heureuse lorsqu'elle porte un enfant. Pendant vingt ans, elle n'a cessé de porter ou nourrir l'un des douze enfants. Elle a cru *avoir son nombre* quand à quarante ans, l'âge où une autre femme aurait pu être grand-mère, elle tombe encore une fois enceinte. Cette fois-ci, elle ne s'en relève plus : elle meurt en couches.

On peut supposer que l'auteur l'a fait mourir un peu hâtivement étant donné que le roman a pour centre d'intérêt le drame personnel d'Euchariste. Elle a disparu de la scène sitôt qu'elle a joué son rôle de procréatrice. L'image d'Alphonsine et celles de ses filles sont, sous la plume de l'auteur, plutôt pâles, effacées. Elles se font voir et entendre à peine. C'est peut-être à cause de la moindre importance des femmes dans la vie sociale de l'époque que l'auteur les a mises à l'arrière-plan. C'est peut-être aussi que la terre comme foyer de conflits familiaux ne se transmet que de père en fils.

Les parents et les enfants

La transmission du patrimoine, des valeurs, du métier

Au sujet de la formation de l'identité culturelle, de nombreuses données sont fournies par le roman. L'Église, l'école paroissiale, la vie sociale passée dans le magasin général et dans les chantiers durant l'hiver ont contribué sans doute à cette formation. Mais la socialisation des enfants s'est accomplie surtout au sein de la famille, à la ferme. C'est là que les enfants ont acquis

---

Voir son ouvrage *Le roman québécois de 1944 à 1965 : symptôme du colonialisme et signes de libération*, Québec, Centre de recherche en littérature québécoise, Université Laval, 1985, p. 101.

les valeurs qui régissent leur comportement et l'habileté nécessaire à leur futur rôle social. Les contes merveilleux de la vieille Mélie ont traversé trois générations, des grands-pères aux petits enfants. Euchariste, comme son oncle Ephrem, raconte aux enfants des histoires, des aventures de l'époque héroïque de défrichement, des prouesses des ancêtres, la révolte de 1837, etc. Cette tradition orale continue jusqu'aux années 1980. Plus loin, dans *Myriam première*, les histoires familiales racontées par Maryse ont également fonction de socialiser les enfants. Avec la mère, les enfants apprennent à parler le français du terroir, à dire des prières, à apprécier la tourtière et les fèves au lard, à acquérir de bonnes manières ; avec le père, ils apprennent à travailler la terre, à soigner les bêtes, à faire de menus travaux à la ferme.

> À partir du moment où ils sortaient de la cuisine et de la cour qui la prolongeait, le père leur enseignait le chemin de l'étable, puis celui des champs ; ils apprenaient de lui en quoi il faut obéir à la nature et comment profiter d'elle (p. 112).

C'est ainsi que se transmettent de génération en génération, au sein de la famille, la tradition orale, les coutumes, la vocation agricole, les valeurs et la conscience de l'identité collective. Trois constantes de la transmission culturelle se font remarquer chez les cultivateurs canadiens-français : la persistance de l'identité francophone avec comme corollaire la xénophobie anglophone, la vocation agricole et la fidélité à la religion catholique. Ces constantes avaient pour effet d'engendrer une forte méfiance chez les cultivateurs, à l'égard de l'étranger, anglophone ou francophone.

La xénophobie anglophone est compréhensible à cause de la domination politique et économique des Anglais depuis 1763.

> L'Angleterre ? Ils ne connaissaient d'elle que les deux conquêtes : celle d'autrefois, brutale et définitive, coupant en pleine chair française, séparant l'enfant de la mère ; et celle de tous les jours d'aujourd'hui, lente et sournoise, mais plus cruelle encore, étouffant tout un peuple d'agriculteurs et d'ouvriers sous son emprise économique, lui arrachant l'un après l'autre, pour se les assimiler, tous ceux de ses fils qui avaient réussi (p. 174).
>
> — Oui, mes enfants, dit Euchariste à ses petits enfants, j'vous en passe un papier que ça serait pas pareil si les Patriotes avaient gagné en '37. On serait les maîtres chez nous, les Canayens ; pi les garçons d'habitants seraient pas obligés de s'en aller aux États pour gagner leur vie (p. 232).

La présence d'un vagabond français illustre bien la méfiance des cultivateurs à l'endroit de l'étranger. Albert est un objecteur de conscience. Pour

ne pas s'enrôler dans l'armée, il a quitté la France pour mener une vie vagabonde à travers le monde. Lorsqu'il est arrivé à la paroisse de Saint-Jacques,
personne n'osait l'admettre chez lui. Phydime Raymond l'a mis à la porte
brutalement, jusqu'à le menacer de son fusil. Par nécessité, Euchariste l'a
engagé pour aider aux travaux des champs. Il a passé onze ans chez les
Moisan. La prospérité de la famille était redevable en partie à cette main-
d'œuvre habile et endurante. Cependant,

> Albert n'avait jamais été tenu en très grande amitié par cette société étroite avec
> qui il frayait le moins possible, cette société circonscrite au voisinage et pour
> qui l'homme de la paroisse contiguë est déjà un demi-étranger ; qui ne s'agrège
> jamais quelqu'un venu du dehors ni même ses fils. Il n'y a vraiment fusion
> qu'après deux générations (p. 155).

On reste méfiant envers Albert, d'autant plus qu'il n'est pas catholique
pratiquant, qu'il ne répond pas à la prière du soir, qu'il ne va pas à la messe
le dimanche. L'auteur affirme que « c'est là la première chose que l'on suspecte
chez un forain et surtout chez un Français de France » (p. 156). L'Église joue
beaucoup pour maintenir les cultivateurs dans cette méfiance. Le curé a
témoigné à Euchariste quelque secrète répréhension pour la présence d'un
individu sans foi chez lui, ce qui l'a empêché à un moment donné d'être
choisi comme marguillier. Oguinase lui aussi a laissé entendre à son père
qu'Albert pourrait avoir de mauvaises influences sur Ephrem et Lucinda.
L'inquiétude d'Oguinase n'est pas sans raison. La présence d'un étranger à
la ferme est comme une percée dans le bastion identitaire. Les aventures
qu'Albert raconte à la maisonnée, et surtout à Ephrem, suscitent chez celui-ci
l'envie et la curiosité de connaître le monde en dehors de son îlot solitaire,
rappellent l'esprit aventurier des ancêtres. La visite du cousin Alphée
constitue une autre percée qui ouvre les yeux à Ephrem et Lucinda. La ville
devient une tentation irrésistible pour eux. Désormais, Ephrem et Lucinda
n'ont plus la terre à cœur, ils ne pensent qu'à partir de la ferme.

L'émigration de la population agricole vers les villes et les États-Unis est
due en partie au système d'héritage pour lequel les cultivateurs canadiens-
français avaient opté dans le temps. L'auteur rapporte que la division de la
terre ancestrale répugne au paysan. « Le père préfère en général voir ses fils
puînés partir pour les terres neuves, laissant à l'aîné la possession indivise
du bien familial, plutôt que le déchirer entre ses enfants[16]. » (p. 57) Durant

---

16. Selon Horace Miner, sociologue américain qui a effectué, entre 1936 et 1937, une enquête
dans la paroisse de Saint-Denis de Kamouraska au Québec, l'héritage de la ferme paternelle
ne suit pas la règle de la primogéniture. On préfère choisir un garçon dont l'âge se situe à peu

la période où se déroule notre histoire, les terres neuves arables se font de plus en plus rares. Euchariste est toujours prêt à acheter une terre qui n'est plus rentable pour une certaine famille à cause du manque de bras pour établir son fils Ephrem. Mais l'occasion propice ne se présente pas. Alors, le fils autre que l'héritier ne pense qu'à aller là où il pourrait trouver son gagne-pain.

Enfin, les opinions politiques se transmettent aussi au sein de la famille chez les cultivateurs. De génération en génération on reste fidèle au même parti.

> Tous les gens présents [chez le père Branchaud] étaient des partisans avérés, libéraux de père en fils, puisque dans nos campagnes, les opinions comme la terre se transmettent de génération en génération. Cela fait partie de l'héritage presque au même titre que le bien et que la religion (p. 71).

La socialisation des enfants présuppose la transmission des biens matériels et spirituels, comme nous venons de le montrer plus haut, ce qui confirme nos propos en introduction : la famille est le premier lieu d'enracinement de l'identité culturelle. Comme les membres de la famille partagent les mêmes valeurs, la même idéologie, la même manière de penser et d'agir, ils développent entre eux un puissant sentiment de solidarité.

De plus, on peut retrouver chez les membres de la famille les mêmes gestes et le même langage dans la vie de tous les jours. L'auteur calque, intentionnellement, Euchariste sur l'image de son oncle Ephrem et Étienne, sur celle d'Euchariste. Après la mort de l'oncle Ephrem, Euchariste fume sa pipe dans la chaise du défunt près du poêle. Il a des gestes tellement semblables à ceux de son oncle que Mélie croit que c'est Ephrem.

> Et vraiment le soir, dans l'ombre, il avait la même inclination du corps, le même rythme pour se bercer, la même façon brusque de s'arrêter pour cracher, puis de frapper du talon sur le plancher pour reprendre le bercement doux (p. 41).

Après le départ d'Euchariste, c'est à Étienne de s'asseoir dans la même chaise pour se reposer de la fatigue quotidienne près du poêle. De la même manière que son père, à petits coups précis, il vide sa pipe dans le crachoir.

---

près au milieu de la séquence familiale, c'est-à-dire celui qui atteint la trentaine lorsque le père a environ soixante ans et qu'il est prêt à lui laisser ses responsabilités. L'observation de Miner contredit celle de Ringuet sur le problème du droit d'aînesse. Pourtant, la différence d'âge entre le père et le fils héritier, enquêtée par Miner et observée par Ringuet lors de ses visites chez les cultivateurs, reste semblable. Voir Horace Miner, *Saint-Denis: un village québécois*, LaSalle, Hurtubise HMH, 1985, p. 120-125.

Un jour, son fils Hormidas propose de cultiver des champignons pour faire de l'argent. Étienne répond :

> — Écoute, mon gars, le progrès, moé, j'ai toujours été pour ça [...] Mais [...] ma terre, elle a pas besoin d'affaires de même (p. 305).

Étienne reproduit là presque les mêmes propos que son père a tenus autrefois lorsque son frère Ephrem proposait d'acheter un tracteur pour remplacer les chevaux.

> — Écoute, mon gars, le progrès, moé, j'sus pour ça, tout le monde le sait [...] Mais y a des choses qui sont pas nécessaires (p. 158-159).

Ici nous touchons un autre trait des cultivateurs : le conservatisme. Nous le laissons de côté pour l'instant, mais nous y reviendrons plus loin.

Nous voulons insister par ces deux exemples sur le fait que l'image d'un peuple est, à une époque déterminée, identique et même répétitive comme la nature, qui est cyclique, puisque les hommes font aussi partie de la nature.

Enfin, nous voulons faire remarquer que chez les Moisan, la volonté et le caractère des enfants sont plus ou moins respectés par les parents quoiqu'ils conservent l'autorité. Et souvent par la force des choses, le père est obligé de laisser agir les enfants selon leur propre volonté. Malvina et Éva, converties par leur frère Oguinase, disent « adieu au monde ». Ephrem et Lucinda, tentés par la vie urbaine, quittent la terre. Napoléon, ayant du talent pour travailler le bois, se fait menuisier. Avec résistance ou pas, le père fléchit devant la volonté de ses enfants. Bref, ce n'est pas un « patriarcat » classique, mais une famille « démocratique ».

Oguinase et sa famille

Oguinase est le seul enfant de la famille qui n'a pas choisi son métier. Sa vocation sacerdotale a été décidée avant sa naissance, même avant le mariage de ses parents, par une promesse un peu étourdie de son père. Sa mère ne voulait pas qu'il se fasse prêtre. La perspective de le voir un jour revêtir la soutane paraît à Alphonsine une chose belle, mais un peu intimidante. Intimidante, parce qu'elle ne pourra plus aimer librement son fils. « Son amour, même maternel, pour un prêtre ne serait-il pas un péché ? » (p. 90). Mais elle ne peut pas aller contre l'idée conjointe de Monsieur le curé et du père, parce qu'« elle... n'est que la mère » (p. 90). Le départ de son fils est comme un morceau de sa chair qui s'en va, une séparation irrévocable, une perte irrécupérable. Une femme paysanne chiche de paroles n'arrive pas à exprimer ses sentiments. Elle reste là jusqu'à ce que la voiture emportant son fils vers la ville disparaisse derrière le bouquet de hêtres. Et puis elle donne la main à Étienne et s'en va vers la maison. Soudain, elle saisit Étienne dans ses bras et l'embrasse si fort que l'enfant se met à crier. Tout son amour maternel pour Oguinase se traduit dans cette étreinte brusque, âmie et violente.

Euchariste, lui aussi, se sépare difficilement de son fils. Dans la ville où se trouve le collège, tout paraît au père comme au fils, hostile et étranger : « les arbres, l'herbe, les maisons, les gens, le ciel même » (p. 105). Sur un mot de son fils, Euchariste l'aurait ramené à la maison, affirme le narrateur omniprésent.

À l'époque de ses études, Oguinase rentre régulièrement chaque été chez ses parents et travaille dans les champs. Il s'y adonne machinalement, reprenant la hache ou la fourche d'un geste aussi franc que s'il les avait rangées la veille. « Mais son esprit quittait chaque année un peu plus les choses de la ferme quand son corps en garderait, toute sa vie durant, l'empreinte dans le pas alourdi et dans une certaine voussure des épaules » (p. 109).

Au fur et à mesure qu'il avance dans ses études, le père ne le comprend plus. Un abîme se creuse, d'année en année plus profondément, entre le monde profane et le monde sacré. La distance se fait sensible quand Oguinase rentre vêtu de noir. Durant son séjour estival à la ferme, tout le monde se sent un peu gêné. Euchariste n'ose plus parler d'égal à égal à « cet homme sombre et déifique sans venir trébucher sur un désormais impossible tutoiement » (p. 132). Les frères et sœurs se taisent, le considérant comme un étranger, quelqu'un qui est déjà hors de leur milieu. Lui-même a conscience que son vêtement le met au-dessus des siens. « Il n'est plus paysan, cela le met à part ; il est presque prêtre, et cela le met au-dessus » (p. 133). Pendant qu'il restait à la ferme, « la maison toute entière prenait quelque chose de sacerdotal, un peu de cette atmosphère des presbytères où les femmes se sentaient diminuées, comme le veut l'Église » (p. 166).

Oguinase a converti Malvina et Éva. Elles sont entrées en religion chez les Franciscaines. Mais il n'a pas réussi auprès de Lucinda. Et il lui en veut de ce qu'elle le traite simplement comme son frère. Après son ordination, il devient fanatique. Un jour, dans l'après-midi, Lucinda s'est arrêtée à la ferme avec son ami de la ville. Elle porte une robe neuve de taffetas vert sans manches « qui offrait la chair appétissante de ses bras nus ». Oguinase se sent offensé et la réprimande devant tout le monde :

— Tu n'as pas honte, toi, sœur de prêtre, de te montrer ainsi quasiment nue, comme une bonne à rien ; surtout devant moi ! (p. 168)

Lucinda l'affronte en répliquant : « Si ça te fatigue, t'as qu'à pas me regarder ! » (p. 168) Sur cet affront, Oguinase, blanc de colère, quitte la maison et ne revient plus. C'est la seule scène violente qui montre le conflit de valeurs entre frère et sœur. L'extravagance de Lucinda n'est-elle pas un défi lancé à la morale catholique ? C'est aussi une preuve que l'Église n'arrive pas, même dans le temps, à maintenir les gens dans une obéissance aveugle.

Oguinase en tant que prêtre a rendu son père prestigieux : il a fini par être choisi comme marguillier. « Rien ne se fit plus dans le rang et même dans la paroisse sans qu'on prît son avis, à lui, Euchariste Moisan [...] » (p. 157). Le jour où Oguinase chante la grand-messe à l'église de Saint-Jacques, le père se sent comblé.

> Il en avait pleuré d'émotion ; c'était un peu la réalisation de son rêve qui était de voir Oguinase occuper la cure de Saint-Jacques, une des cures les plus grasses du diocèse. Cela viendrait peut-être avant longtemps, ce couronnement de sa vie, après quoi il pourrait mourir tranquille, estimé et surtout envié, après une vie parfaite, récompense de son travail (p. 158).

Mais ce bonheur n'a pas duré longtemps pour Euchariste. Oguinase s'épuise au travail dans une paroisse pauvre. Il est atteint de tuberculose et en meurt. La mort d'Oguinase a rejeté Euchariste dans la foule banale de tous ceux qui ont dans leur famille quelques religieuses ou quelques frères enseignants.

> Ce qu'Euchariste Moisan venait de perdre, c'était son prêtre et cela lui était dur ; celui pour lequel il avait fait tant et de si pénibles sacrifices d'argent ; celui qui était son orgueil. Celui par lequel il se sentait au-dessus des autres [...] (p. 199).

Tout à coup il se sent vieilli. Son espoir d'aller vivre un jour avec son fils devenu curé dans une riche paroisse s'est évanoui. Il est évident que l'amour paternel d'Euchariste est beaucoup moins pur, moins désintéressé que celui d'Alphonsine qui, malheureusement, n'a pas eu le bonheur d'être mère de prêtre, de son vivant.

Le fils héritier et le père

Peu de contacts avec le monde extérieur et une exploitation familiale auto-suffisante limitent l'horizon des cultivateurs. L'image du paysan dans la société agricole est toujours liée au conservatisme face au progrès social. Au tournant du siècle, la voiture motorisée commence à se répandre dans les campagnes laurentiennes. L'automobile fait l'objet de l'envie des jeunes gens. Le tracteur a été inventé et commercialisé. Les engrais chimiques ont été fabriqués pour augmenter le rendement de la terre. La rationalisation de la culture et la gestion « scientifique » gagnent aussi la jeune génération. Ces progrès ne plaisent guère aux vieux. L'oncle Ephrem s'oppose à l'achat des outils mécaniques. Il tient à la faucille de peur que la faucheuse ne coupe le grain trop à ras et qu'il ne reste pas assez de quoi engraisser la terre. Athanase Giroux grogne que si on faisait la culture comme dans le bon vieux temps, les jeunes ne prendraient pas goût aux mécaniques qui ne sont « bonnes rien qu'à amener des accidents » (p. 114). On dit que le pétrole ruine les pâturages et que les engrais chimiques brûlent le sol. Les vieux paysans se plaignent des automobiles qui envahissent la campagne, qui roulent à toute vitesse, soulevant de la poussière sur leur passage, écrasant des poules et affolant les chevaux qui versent, apeurés, dans le fossé. De toute façon, sceptiques, les vieux trouvent toujours à redire sur tout ce qui est nouveau. Laborieux d'instinct, ils ne reconnaissent pas le poids de l'âge, ne savent pas se ménager ; économes de nature, ils deviennent avares ; confiants en eux-mêmes, ils s'entêtent. En un mot, ils finissent par se cantonner dans l'ornière de la tradition, confinés à l'inertie. Le problème du conservatisme se manifeste surtout chez les cultivateurs âgés.

Bien sûr, le paysan n'est pas né conservateur. Quand on est jeune, on est dynamique, on veut et suit le changement social. Ainsi les jeunes paysans réagissent devant le progrès différemment. Euchariste a lui aussi suivi le changement social quand il était jeune. Il a eu l'idée de faire acheter une faucheuse à son oncle. C'est lui qui a été le premier à acheter une centrifugeuse dans la paroisse. Il s'est quasiment battu avec son oncle pour acheter une lieuse. Il a eu même l'idée d'acheter un cochet et des poulettes pour faire le commerce des œufs et de la volaille. Il disait souvent qu'il fallait être de son temps, aller de l'avant. Cependant, avec l'avancement en âge, il est devenu aussi conservateur que ses aînés et les vieux de sa génération. Il est tellement habitué à son ancienne manière de vivre et de cultiver la terre qu'il ne veut plus rien changer. Comment peut-on croire aux jeunes agronomes ignorants qui apprennent à cultiver la terre dans les livres ? C'est ce conservatisme chez Euchariste qui engendre des conflits entre lui et ses enfants.

Avec Étienne, Euchariste a de petits désaccords de plus en plus fréquents, des prises de bec de temps à autre. Entre le père et le fils héritier s'est déclenchée une lutte souterraine pour le pouvoir de statuer. Étienne essaie d'accommoder les choses à son idée. En l'absence de son père, il a nettoyé, écuré la porcherie comme une cuisine. Il parle de bâtir un bon poulailler, d'acheter un bœuf de race. En effet, non seulement la force physique d'Euchariste décline, mais son esprit n'a plus sa promptitude d'antan dans la décision. Par exemple, malgré le risque d'incendie, il refuse de vendre sa moisson, attendant avec opiniâtreté un prix encore meilleur. Étienne a insisté à plusieurs reprises pour que le père accepte les offres des marchands de la ville. Mais Euchariste n'en démord pas. On n'y peut rien, puisque c'est lui qui détient le pouvoir de décision. Étienne trouve que son père ne sait plus tirer juste profit de la terre. Il a hâte de s'emparer des trente arpents.

> Et cela nourrissait entre le père et le fils une inimitié souterraine que chaque décision à prendre faisait sourdre à la surface, mais qui dans la vie courante devenait encore plus saumâtre d'être cachée. Le père s'entêtait contre cette usurpation minutieuse. Au point qu'il n'osait plus se plaindre de la moindre douleur, de la plus légitime fatigue (p. 231-232).

L'incendie de la grange a fait l'affaire d'Étienne : après ce malheur, décidément, il a pris l'affaire en main. Il décide de rebâtir la grange et l'étable sans même demander l'avis de son père. Selon le plan de reconstruction établi avec le concours de l'agronome provincial, la grange sera couverte de tôle avec un comble à la française. L'étable aura des fondements et un plancher en béton et une benne suspendue pour transporter le fumier vers la plateforme. Un vrai poulailler sera construit en même temps. Et les bâtiments seront espacés pour diminuer le risque. Mais Euchariste pense autrement.

> Pour lui, il ne s'agissait que de ramener à l'existence les anciens bâtiments ; que de supprimer en quelque sorte le fait de l'incendie pour retrouver les choses en leur état et lieu normaux, soit où et tels qu'ils étaient depuis toujours (p. 214).

Il résiste à ce projet, fort de son autorité déjà lézardée et de son argent déposé chez le notaire sans quoi on ne peut rien faire. Mais le fils est aussi opiniâtre que le père. Étienne va jusqu'à lui laisser entendre que c'est son imprudence qui a causé la catastrophe. Euchariste, démoralisé, finit par céder à contrecœur. Il va chercher de l'argent chez le notaire, mais pas à la Banque nationale qui a déjà ouvert une succursale au village, entreprise impersonnelle dans laquelle il n'avait pas confiance, un autre exemple montrant que le vieux paysan ne suit plus le progrès social. Ceci entraîne une autre erreur grave, lourde de conséquence : le notaire s'est enfui avec toutes ses économies. Cette fois-ci, Étienne montre ses griefs contre son père :

> — D'abord on ne vend pas la récolte [...] Ensuite, on brûle la grange pi la récolte avec. Pi à c't'heure, c'est l'argent qui s'en va [...] la prochaine fois ! On va se réveiller un beau matin dans le chemin, avec pus de terre pi pus rien, vendu par le shérif [...] si vous m'avez écouté, ça serait pas arrivé de même. Mais c'est toujours pareil ; les enfants, c'est bon pour travailler ; à part ça, ça a pas un mot à dire ! (p. 220-221)

En fait, Étienne est déjà un homme d'une trentaine d'années. Lorsque son père prend possession de la terre à la mort de l'oncle Ephrem, il n'a que vingt-trois ans, sept ans de moins qu'Étienne. Mais à ses yeux, « les jeunes d'aujourd'hui… ne sont vraiment que des enfants » (p. 199). La vieille génération pense et agit seulement par référence à son vécu, à son passé. Cela empêche Euchariste de réaliser que sa pensée et son comportement ne sont plus de son temps. Il devient conservateur, d'où son drame personnel, ses chagrins, ses conflits avec les enfants. Pourtant, il attribue son malheur personnel au progrès social, à la modernisation. L'auteur traduit ce qu'il pense intérieurement en ces propos :

> [...] mais on avait voulu améliorer, moderniser et tous ces changements, toutes ces nouveautés ruinaient l'habitant ; les machines qu'il fallait alimenter ; le bétail de race qu'il fallait rajeunir ; les bâtiments trop luxueux qu'il fallait entretenir.
>
> Toute cette crise actuelle n'était-elle pas le plus beau démenti à cette fausse et dangereuse idée de « progrès » ? Pour lui, Euchariste, la voie était claire : ce qui s'imposait, c'était le retour au mode sain d'autrefois ; renoncer aux mécaniques et vivre sur les trente arpents de terre en ne leur demandant que ce qu'ils pouvaient donner (p. 301).

Pour faire partir de la terre le père déjà encombrant, Étienne a fait alliance avec son petit frère Napoléon, en promettant à ce dernier de lui bâtir une maison, de lui payer un salaire s'il voulait travailler sur la terre. La solidarité et la complicité se sont ainsi développées entre frères. Ils ont réussi. Le conflit entre Euchariste et Étienne s'est résolu par le départ du père aux États-Unis, sous prétexte de changer un peu d'air, d'oublier un peu les revers successifs essuyés.

L'auteur laisse donc entendre que l'image des paysans est cyclique et répétitive, à travers des générations. Euchariste reproduit l'image de son oncle Ephrem, Étienne, celle d'Euchariste. À la fin du récit, un autre conflit s'amorce, entre le père et le fils : cette fois-ci, c'est entre Étienne et son fils Hormidas. C'est Étienne qui s'oppose à l'initiative de son fils.

Le fils rétif et le père

Étienne n'est qu'une copie de l'image de son père : laborieux, économe, amoureux de la terre. Il est un vrai paysan, mais un paysan parmi les autres. Quant à Ephrem, il a du caractère, de l'esprit d'indépendance. Il plaît à son père par son adresse manuelle et à Albert par une curiosité parfois harassante. Le père a une prédilection pour lui. En effet, pour tout le monde, Ephrem Moisan est Ephrem Moisan, tandis qu'Étienne n'est qu'« Étienne à 'Charis ».

Ephrem passe souvent la soirée chez madame Auger. Lorsqu'il est soûl, il cherche noise à tout le monde. Un soir, il rentre la joue fendue d'un pouce à la suite d'une bagarre. Il devient « le fort-à-bras » du canton. Il va jusqu'à fréquenter des filles de mœurs faciles du rang des Pommes.

> Ce soir-là, il [le père] avait tenté de lui parler fermement, mais il s'était buté à un Ephrem méconnaissable, violent et têtu. Néanmoins, cela lui donnait une certaine fierté, cette force reconnue à son fils, cette terreur inspirée par un aplomb dont les hommes parlaient avec admiration et qui faisait les jeunes filles se retourner sur son passage avec des airs craintifs et des yeux engageants. Mais il se sentait blessé dans son autorité et cela d'autant plus qu'Ephrem restait quand même son préféré […] (p. 121).

L'autorité paternelle est impuissante devant un fils rétif et rebelle. Chez Ephrem, nous retrouvons l'esprit d'aventure des anciens colons français qui a été réveillé par Albert et encouragé par le cousin américain Alphée.

Depuis la visite d'Alphée, Ephrem commence à préparer son départ. Il va de moins en moins au village, mais continue à demander l'argent de poche à son père, histoire de faire des économies pour payer le jour venu les frais du voyage. Partir aux États, c'est la rupture avec la tradition, c'est la désertion du sol, c'est l'exil total vers un monde inconnu. Une décision difficile à prendre. Malgré son caractère rebelle, souvent il hésite à parler à son père de son départ éventuel, faute de courage. '

Le père s'efforce de retenir son fils préféré sur la terre, promettant de lui acheter une terre, projetant de lui bâtir une maison neuve, même achetant des poules pour l'intéresser à la ferme. Mais rien n'y fait. Alphée lui a trouvé un travail à Lowell. Il finit par partir, comme tant d'autres cultivateurs canadiens-français. L'exode vers les États était comme une saignée démographique. L'auteur explique :

Comment en eût-il pu être autrement? Dans chaque maisonnée les enfants naissent nombreux, dix ou douze par famille, et chaque terre ne pouvait être qu'à un seul des fils, le plus souvent à l'aîné. Les autres devaient s'en aller qui au village, qui à la ville; quelques-uns, les courageux et qui ne savaient la vie que comme la lutte entre la terre et l'homme, montaient vers les terres vierges du Nord. Les autres s'en allaient là où tout un chacun était sûr de trouver du travail et la vie facile (p. 114).

En plus du système d'héritage du patrimoine, d'autres facteurs ont aussi joué: l'essor économique des États-Unis, l'appauvrissement de la campagne québécoise, la modernisation et l'urbanisation… Euchariste, représentant des valeurs traditionnelles, n'arrive pas à endiguer cette vague de désertion du sol. Cependant, il n'a pas manqué, en dépit de sa réticence et de la douleur cuisante ressentie profondément, de rendre justice aux peines de son fils de prédilection sur la terre. Avant son départ, il lui a donné un petit paquet de billets de banque retirés de chez le notaire.

Notons bien qu'Ephrem et Lucinda sont deux personnages affranchis des contraintes de la tradition. Certains de leurs comportements ne sont plus ceux des ruraux mais ceux des urbains. Ils sont un peu marginaux dans le monde rural. Sous la plume de l'auteur, Ephrem est violent, alcoolique, « fort-à-bras », et Lucinda, vaniteuse, légère, fille perdue – l'auteur laisse entendre, à mots couverts, que Lucinda est finalement réduite à la prostitution à Montréal. La description par l'auteur de ces deux déserteurs du sol comme enfants « prodigues » traduit, nous semble-t-il, un certain préjugé chez ce dernier contre ceux qui quittent la terre, contre ceux qui choisissent une autre vie que celle de la campagne, ou exprime une certaine sympathie pour un raté de la terre, ou encore un certain regret d'une époque révolue.

La famille et la parenté

L'auteur du roman insiste beaucoup sur l'hermétisme de la paroisse de Saint-Jacques et l'isolement de la famille des Moisan. Mais cela ne nous empêche pas de repérer quelques données concernant la parenté.

À l'époque que le roman fait revivre, l'excédent de la main-d'œuvre des campagnes laurentiennes n'avait qu'un seul débouché: le marché du travail intérieur et extérieur. Les États-Unis, en laissant la frontière ouverte, absorbaient le gros de cette main-d'œuvre à bon marché qui se faisait traiter comme des *Chinois de l'est*. L'auteur note:

Il ne se passait pas d'année qu'on apprît le départ d'un homme, parfois d'une famille entière, qui s'en allait retrouver des cousins dans les villes de la Nouvelle-Angleterre où les filatures et les usines étaient insatiables de bras (p. 114).

C'est ainsi que les enfants de la famille se dispersent un peu partout en Amérique du Nord. Pour ceux qui se marient et s'installent sur place ou dans la paroisse voisine, les liens parentaux sont très serrés. Il y a des visites régulières et de la solidarité pour des affaires pressantes. Mais pour ceux qui sont émigrés en ville ou en Nouvelle-Angleterre, les liens parentaux sont relativement relâchés. Malgré cette différence dans l'intensité des liens, la famille d'origine reste un lieu d'attache, un point d'appui au besoin pour la solidarité, et un haut lieu de l'identification individuelle.

Examinons la relation des Moisan avec leur parenté.

Euchariste, quand ses parents sont morts dans un incendie sur les terres neuves du Nord, a été récupéré par son oncle Ephrem. Il est devenu son héritier plus tard.

Euchariste, avec Alphonsine, visite régulièrement ses beaux-parents après le mariage.

Oguinase rentre chaque été passer les vacances chez ses parents, à la ferme.

Lucinda aussi fait un saut à la maison paternelle de temps à autre. Au début, elle prête chaque mois quelques dollars à son père, achète des fanfreluches à sa sœur cadette Orpha. Plus tard, lorsqu'elle n'arrive plus à payer toutes ses factures avec son salaire, c'est à son père qu'elle demande des prêts.

Le cousin Édouard travaille comme commis vendeur de l'épicerie en ville. Sa maison sert de pied-à-terre à ses parents de la campagne, malgré l'insuffisance de l'espace et leur appétit campagnard. Chaque fois que le père Moisan effectue un voyage d'affaires en ville, c'est chez son cousin Édouard qu'il passe la nuit.

Napoléon a travaillé pendant un certain temps dans la ville de Québec. À cause du chômage, il revient vivre sur la terre ancestrale avec sa femme et ses enfants.

Le cousin américain Alphée dit Walter S. Larivière revient passer ses vacances au Québec. La visite rendue aux Moisan est non seulement pour Alphée une détente, mais aussi une escapade pour se distraire momentanément d'une vie tendue et bousculée dans une ville industrielle bruyante et polluée. Elle est aussi une occasion de montrer à sa femme américaine et à son fils sa souche familiale : un acte d'identification bien qu'il soit déjà acculturé, ne parlant plus correctement le français, transcrivant son nom de famille en anglais, River, se laissant appeler Walter pour Alphée, son nom de baptême. C'est la première fois qu'il rend visite à la terre de ses ancêtres. Mais Euchariste s'identifie tout de suite à lui quand ils ont éclairci la parenté par des rappels de l'histoire familiale. Et ils se tutoient sans hésitation, joints « par la mystérieuse affinité du sang » (p. 147). Comme Martine Ségalen l'a dit, c'est par cette histoire familiale que l'on sait qui l'on est parce que l'on sait d'où l'on vient… La parenté sert aussi de carte d'identité et d'identification dans la relation avec l'autre[17].

C'est grâce à Alphée qu'Ephrem a pu accéder au marché du travail des États-Unis. La référence parentale est un introducteur rassurant pour l'employeur. Ce fait rapporté par l'auteur correspond aussi à l'observation du sociologue de l'époque : « L'émigration elle-même suivait le modèle suivant : un homme ou une famille partait et, une fois le contact établi, les autres suivaient[18]. »

Le destin s'est moqué d'Euchariste. Lui aussi s'est laissé entraîner dans cette vague d'émigration, sans s'en rendre compte. C'est le lien parental qui lui permet d'avoir un lieu de refuge. Son fils de sang est là, bien que sa bru et ses petits enfants américains ne s'identifient pas avec lui. On est obligé de l'admettre à la maison. Bien sûr, Euchariste souffre beaucoup du mal du pays, de cette non-identification, de ce monde hostile et inconnu. Mais il doit s'y résigner. Ce n'est pas gratuitement que l'auteur a ménagé pour Euchariste ce dernier refuge où toutes ses valeurs traditionnelles s'affrontent à celles de la société industrielle : conception du nombre d'enfants pour un couple, manière d'élever les enfants, style de vie, mœurs sexuelles, honnêteté dans le travail… Peu importe que cet affrontement ait lieu dans une ville canadienne ou américaine. Ce qui est important, c'est que l'époque de l'agriculture est révolue à tout jamais pour le Québec à cause du progrès social. C'est là, nous semble-t-il, un des messages les plus importants que l'auteur voulait nous communiquer par ce dénouement un peu tragique.

17. Martine Ségalen, *Sociologie de la famille*, Paris, Armand Colin, 1981, p. 86.
18. Miner, *op. cit.*, p. 111.

Exemple 2: Les Beauchemin. Une famille paysanne selon *Le Survenant* et *Marie-Didace* de Germaine Guèvremont, Montréal, Éditions Beauchemin, 1945, 1947

Dans *Le Survenant* et *Marie-Didace* (suite du premier), la représentation que l'auteure esquisse d'une époque révolue est plutôt nostalgique. La vie paysanne est brossée avec des touches fines, colorées et idylliques. Paysagiste, l'auteure peint un tableau haut en couleur des coutumes et mœurs des campagnes soreloises. Le bloc de ces deux romans est comme une symphonie pastorale littéraire, avec à la fin des notes pathétiques devant la quasi-disparition d'une famille traditionnelle. Il nous fournit plusieurs éléments sur la vie rurale qui font défaut dans *Trente arpents*. Sans ces données, la représentation des cultivateurs canadiens-français serait partielle et partiale.

Présentation de la famille Beauchemin

Les Beauchemin demeurent au Chenal du Moine, à deux lieues de Sorel, sur la rive sud du Saint-Laurent, près du lac Saint-Pierre. Les champs des Beauchemin, longs de vingt-sept arpents et neuf perches, et larges de deux arpents et sept perches, s'étendent de la baie de Lavallière jusqu'au chenal. Cette terre alluvionnaire, uniforme et sans caillou, riche et grasse, donne de très bonnes récoltes. Les Beauchemin sont des habitants assez aisés sinon de gros habitants.

Le père Didace Beauchemin, chef de famille, est illettré mais respecté. Il a été deux fois marguillier, puis conseiller municipal. Il a de l'importance et jouit de considération dans la paroisse. Lors du lever du rideau, il vient de perdre son deuxième fils, Ephrem, noyé dans la rivière, sa chère épouse et sa vieille mère; trois deuils en trois ans. Il vit avec son fils Amable-Didace et sa bru Alphonsine. Sa fille aînée, Marie-Amanda, est mariée à Ludger Aubuchon, à l'île de Grâce. Après la mort de sa femme, le père Didace ne revient pas de son chagrin, laissant plusieurs choses à l'abandon sur la terre.

L'histoire commence en automne 1909. Un soir, au moment du souper, un jeune homme frappe à la porte et demande à manger. Le père Didace l'accueille avec hospitalité, l'invite à se mettre à table. L'étranger propose ses services d'engagé, contre l'hébergement, la nourriture et le tabac. Le père Didace l'accepte volontiers malgré la rareté de l'ouvrage à la fin de l'automne. L'intrusion de cet étranger, qu'on appelle Survenant, réanime la vie routinière des Beauchemin.

Avec le Survenant, la maison des Beauchemin devient le centre d'attraction de la paroisse, et les veillées s'y font régulières. Par curiosité, les gens du Chenal du Moine viennent en foule écouter le Survenant chanter et conter des histoires de ses voyages dans le vaste monde. Angélina Desmarais, fille unique et orpheline de mère, tombe amoureuse de ce jeune étranger qui devient son chevalier servant par esprit de justice parce qu'à cause d'un léger défaut de claudication, elle fait l'objet des railleries des gars du Chenal. Le séjour prolongé du Survenant révèle qu'il aime la boisson. Tout argent qui tombe entre ses mains est dépensé en alcool. Son vice fait jaser dans la paroisse. Mais le père Didace et Angélina lui pardonnent. Ils font tout pour le retenir au pays. Un an plus tard, le Survenant quitte le pays, dans la nuit, sans dire au revoir à personne, laissant derrière lui, le chagrin à Angélina, le regret au père Didace et le vice à Joinville Provençal.

Après le départ du Survenant, le père Didace se remarie avec Blanche Varieur dit l'Acayenne, veuve d'une quarantaine d'années. L'arrivée de la nouvelle femme du père Didace déclenche une série de luttes sournoises et de prises de bec entre la belle-mère et la bru. Un jour, Amable-Didace surprend la médisance de l'Acayenne au sujet de sa femme. Dans un accès de colère, il quitte la maison. Le départ du fils afflige le père, mais la naissance prochaine du septième Didace, événement tant attendu, le galvanise. Il essaie de se réconcilier avec son fils, va le chercher avec Alphonsine à Sorel, dans l'espoir de le ramener à la maison. Profitant de ce voyage, il fait rédiger, par le notaire, un acte de donation pour le compte d'Amable. Le lendemain, sa bru donne naissance à une fille, naissance avant terme, provoquée par une longue marche à pied dans le froid. Cet événement quasiment heureux coïncide avec le malheur d'Amable-Didace qui, devenu débardeur à Montréal, s'est fracturé le crâne dans un accident de travail.

Six ans plus tard, le père Didace meurt par suite d'une attaque cardiaque. L'Acayenne l'a suivi trois semaines après, ayant avalé dans la nuit une forte dose de pilules pour apaiser son malaise. Alphonsine vit dans un grand état de nervosité depuis la mort de son mari, continuellement stressée par le sentiment d'insécurité. Découvrant au petit matin la mort de sa belle-mère qu'elle hait, elle croit avoir commis un déshonneur pour ne pas avoir empêché l'Acayenne de manger la veille, sur la recommandation du docteur. L'obsession de devenir la honte et le déshonneur de sa fille, des Beauchemin et de la paroisse, la rend folle.

Une famille de trois générations vivant sous le même toit s'est ainsi éteinte, laissant seule la petite Marie-Didace. L'histoire se termine vers 1916, au moment où la Première Guerre mondiale fait rage en Europe. Dans un vieux journal qui sert à l'emballage, Angélina apprend la mort du Survenant sur le champ de bataille. Elle décide de consacrer son existence à vénérer le souvenir de son amour et à élever la dernière Beauchemin.

La mentalité des Beauchemin

Les Beauchemin, comme leurs coparoissiens, vivent dans un espace restreint.

> Pour eux, sauf quelques navigateurs, le pays tenait tout entier entre Sorel, les deux villages du nord, Yamachiche et Maskinongé, puis le lac Saint-Pierre et la baie de Lavallière et Yamaska, à la limite de leurs terres (*LS*, p. 58)[19].

Cet espace de bonne terre et d'eau abondante constitue pour les gens de la paroisse le théâtre des activités productives qui assurent leur substance matérielle. Cultivateurs riverains, ils s'adonnent tour à tour à l'agriculture, à la pêche et à la chasse. On vit là, depuis des générations, dans une communauté hermétique, à l'économie autosuffisante, où le curé figure comme chef spirituel et le maire comme chef temporel. Ces deux chefs exercent le contrôle social sur le comportement des paroissiens. Dans *Trente arpents*, l'auteur met en relief l'impact de l'Église. Dans *Le Survenant* et *Marie-Didace*, nous trouvons le maire de la paroisse comme symbole du pouvoir civil. Pierre-Côme Provençal est à la fois maire et garde-chasse. On tient compte de son avis pour régler ses conduites dans la paroisse, on joue à cache-cache lors de sa tournée d'inspection, afin d'éviter d'être pris en flagrant délit de braconnage. Aux yeux des coparoissiens, la famille Provençal est un modèle à suivre, car elle se conforme à deux valeurs fondamentales, la famille nombreuse et l'attachement à la terre, et aux quatre normes de conduite : vivre en harmonie au sein de la famille, être économe, travailler fort et agrandir le bien ancestral. C'est pourquoi le père Didace parle avec admiration des Provençal :

> — Lui, c'est le vrai cultivateur ! Quatre garçons, quatre filles, tous attachés à la terre, toujours d'accord. Ça pense jamais à s'éloigner ni à gaspiller. Et l'idée rien qu'à travailler et à agrandir le bien (*LS*, p. 177).

Le père Didace envie cette famille prestigieuse et heureuse. Les Beauchemin étaient aussi une famille paysanne exemplaire, à en juger par leur histoire et leur comportement.

---

19. Toutes les citations de ces deux romans sont tirées du *Survenant*, Montréal, Fides, 1971, et de *Marie-Didace*, Montréal, Éditions Beauchemin, 1947.

Les Beauchemin vivent au Chenal depuis six générations. Lorsque le premier Didace Beauchemin est arrivé au pays avec son frère, il n'avait qu'une hache et un paqueton sur le dos. À partir de rien, il a fondé une famille. Les ancêtres ont été tour à tour bûcherons, navigateurs, poissonniers et défricheurs. Leurs débuts furent difficiles. Ils avaient à lutter contre la forêt, contre l'eau, contre les glaces, contre les Iroquois. Ils se disputaient chaque année la terre, la maison et le bien avec les crues printanières. Le père Didace a continué la tradition de la famille. Lui aussi, il a fait sa large part pour la famille. Il a construit de nouveaux bâtiments, agrandi la terre ancestrale en y ajoutant « une pièce de sarrasin ». Or, l'intensité de l'amour pour le bien familial engendre bien des sacrifices. « Mais les sacrifices ? À eux deux, Mathilde et Didace ne les ont jamais marchandés. » (*LS*, p. 34) C'est au prix de leurs sueurs et de leur sang que les Beauchemin comptent parmi les habitants respectables.

Dans le récit, le père Didace a soixante ans sonnés. Il ne lui reste qu'Amable-Didace, le sixième du nom, et sa bru pour l'aider à la ferme. Mais ce fils n'est pas un Beauchemin à son goût. Ce n'est pas un Beauchemin « franc de bras comme de cœur, grand chasseur, gros mangeur, aussi bon à la bataille qu'à la tâche, parfois sans un sou vaillant en poche, mais avec de la fierté à en recéder à toute la paroisse » (*LS*, p. 33). « L'ouvrage lui fait peur, on dirait. Toujours éreinté, ou ben découragé. » (*LS*, p. 177) Le père Didace ne peut pas compter sur lui pour prendre soin de la terre. Pourtant, il faut conserver le bien familial dans l'honneur. « C'est ben là ma grande peine », confie le vieux au Survenant (*LS*, p. 177). C'est le premier souci du père Didace.

Le deuxième souci du patriarche est de faire durer le nom des Beauchemin. Ces deux soucis sont liés, l'un ne va pas sans l'autre. Sa bru Alphonsine, de faible santé, n'a fait baptiser aucun enfant depuis son mariage. Le père Didace s'indigne : « Une femme qui ne pèse pas. Et sans même un petit dans les bras après trois années de ménage » (*LS*, p. 33). Il est fort en peine de la rupture éventuelle de la lignée des Beauchemin si la bru se révèle stérile. Ce serait indigne des aïeux et de l'œuvre pionnière de la famille.

> Dans l'honnêteté, et le respect humain de leurs sueurs et de leur sang de pionniers, dans les savanes et à l'eau forte, de toute une vie de misère… ils ont écrit la loi des Beauchemin. À ceux qui suivent, aux héritiers du nom, de l'observer avec fidélité (*LS*, p. 145-146).

Puisque le jeune couple ne peut prolonger la famille, le père veut faire un dernier effort : il va se remarier et faire des garçons à son image. C'est cette idée de faire durer le nom de la famille qui le fait penser sérieusement au remariage, suggestion faite par le Survenant. En fait, Alphonsine est déjà enceinte. Mais par une fausse honte, elle ne veut pas que son mari annonce cette bonne nouvelle au père. Ce manque de communication entraînera pour le jeune couple de fâcheuses conséquences.

Après le remariage, dans une querelle avec son fils provoquée par sa nouvelle femme, le père Didace apprend que sa bru est *en famille*. Une lueur d'espoir pour la pérennité du nom Beauchemin ! Il en veut à l'Acayenne de ne pas avoir réalisé plus tôt la grossesse d'Alphonsine. Dès lors, l'Acayenne a moins d'importance à ses yeux. « Les Beauchemin se passeront d'elle » (*MD*, p. 105), pense le vieux bonhomme qui s'empresse de ressortir l'ancien berceau des Beauchemin et le remet en état. La nuit où Alphonsine va accoucher, le père Didace est tellement excité qu'il ne peut plus dormir. Il va dans les bâtiments réveiller toutes les bêtes pour qu'elles veillent avec lui à l'accueil de la naissance du septième Didace. Il espérait avoir un petit-fils. Malheureusement, le dernier rejeton des Beauchemin est une fille. Il est un peu déçu. Mais quand il se penche sur le berceau pour bien voir sa petite-fille, il s'émeut :

> Mais oui, l'enfant avait le front bas, volontaire, des Beauchemin, avec les cheveux noirs et drus, et le nez large, incomparable pour prendre l'erre de vent. Comme lui ! À son image, elle était de la race ! (*MD*, p. 139)

Alors, selon la tradition de la famille que le plus vieux des enfants de chaque génération s'appelle toujours Didace, il la fait baptiser Marie-Didace, comme lui, comme Amable-Didace, comme tous les autres Didace. L'auteure a très bien rendu l'idée forte de la continuation de la famille chez le cultivateur par la belle description de l'état psychique du père Didace à la naissance de la petite Marie-Didace.

Bref, la conservation de la terre ancestrale et la continuation de la famille sont deux soucis majeurs qui poursuivent le père Didace jusqu'à sa mort.

Cependant de son vivant, le père Didace semble moins malheureux qu'Euchariste Moisan, héros de *Trente arpents*. Il jouit d'une santé solide, il est gaillard et bon vivant. Quand il est jeune, il boit comme un trou. Quand il est ivre, il ne cherche qu'à se battre. Il sacre comme un démon. Il va voir les femmes des autres. Il a le caractère des Beauchemin. Il est un bon tireur, fou de la chasse, la tradition des gens du pays et second métier des cultivateurs riverains. Chaque année, la chasse aux canards et aux rats d'eau rapporte beaucoup à la maison. La chasse est un plaisir de la vie pour le père Didace. Il se réfère même à la migration des oiseaux pour juger du temps, des saisons et des travaux des champs. Il aime tant cette activité, à la fois récréative et lucrative, qu'il compte y consacrer exclusivement sa vieillesse.

> — Moi, dit le père Didace, quand je serai vieux, je voudrais avoir une cabane solide sur ses quatre poteaux, au bord de l'eau, proche du lac, avec un p'tit bac, et quelques canards dressés dans le port [...] (*LS*, p. 117).

Il va jusqu'à prévoir dans l'acte de donation la garantie de tout ce qui est nécessaire pour la chasse :

> Je voudrais encore, dit-il au notaire, avoir ben à moi un jeu de canards qui ne meurt pas, deux jars, dix canes, avec leur nourriture, mon petit canot de chasse pour chasser quand je voudrai, en temps défendu comme en temps permis par la loi, puis quelques piastres pour payer l'amende au besoin. C'est pas personne qui m'empêchera de chasser, ni Amable, ni Pierre-Côme. Puis je voudrais m'apporter une collation quand je cache à l'affût. J'ai-ti le droit ? (*MD*, p. 124)

C'est grâce à ce plaisir que le père Didace n'a pas été réduit à l'état de servitude et d'esclavage au service de la Terre divine comme Euchariste Moisan. Il tire de la chasse sa joie de vivre. Il peut même délaisser les travaux des champs pour satisfaire son plaisir. Un jour, il est en train de faucher les foins quand deux chasseurs de la ville viennent lui demander de leur servir de guide. Il part tout de suite à la chasse avec eux en dépit de l'opposition de l'Acayenne.

> — Les foins, les foins ! on n'attend pas après pour manger. Je m'en vas à la chasse. C'est ça qui est la vie. Que l'yâble emporte les foins ! (*MD*, p. 167)

C'est dans la nuit de cette expédition de chasse que l'attaque cardiaque l'a emporté. Il n'est mort ni de ses soucis ni de ses chagrins, mais de son plaisir. En ce sens, il a une mort heureuse quoique ses vœux restent inaccomplis.

Les critères du choix des conjoints

Le père Didace est bien conscient de l'importance de la femme dans la vie familiale. C'est grâce à une femme que le premier Didace Beauchemin s'est enraciné au Chenal. Ce souvenir se transmet de génération en génération au sein de la famille. Le père Didace dit à sa fille Marie-Amanda avant sa mort : « [...] Mon père me l'a toujours dit : sans les créatures qui les encourageaient à rester, les hommes seraient repartis les uns après les autres » (*MD*, p. 181). Une bonne maîtresse de maison est pour l'homme une aide précieuse, une collaboratrice indispensable pour rendre prospère la famille. Le père Didace a cinq critères pour définir une femme idéale : avoir une bonne santé, une forte constitution physique ; savoir tenir maison ; savoir faire la cuisine ; pouvoir faire beaucoup d'enfants ; pouvoir faire régner l'harmonie à la maison entre les époux, entre les parents et les enfants. Ces critères résument les expériences acquises de la famille.

> [...] Les femmes de la famille des Beauchemin, depuis l'ancêtre Julie, puis ses tantes, puis sa mère, puis ses sœurs, sa femme ensuite jusqu'à sa fille Marie-Amanda... de vraies belles pièces de femmes, fortes, les épaules carrées, toujours promptes à porter le fardeau d'une franche épaulée, ne s'essoufflent jamais au défaut de la travée. Elles ont toujours tenu à honneur de donner un coup de main aux hommes quand l'ouvrage commande dans les champs. Et un enfant à faire baptiser presquement à tous les ans (*LS*, p. 32-33).

> Ma mère, ma mère à moi, ça c'était vaillant ! Levée avec le jour à travailler jusqu'aux étoiles. Ça mangeait, mais ça travaillait. Dans l'eau glacée jusqu'à la ceinture, au printemps, pour arracher un morceau de butin à la rivière ! (*MD*, p. 181)

> Il ne suffit pas à une vraie femme que l'ordre règne autour des meubles et dans la nourriture, il faut encore qu'il règne sur les esprits. Autrement la maison penche (*MD*, p. 103).

Cette conception de la femme idéale, nous l'avons déjà notée chez Eucha-riste Moisan, oriente en général le jeune cultivateur dans son choix de la conjointe. Nous avons parlé de l'esprit pragmatique des cultivateurs pour qui l'utilité prime sur tout. Une fois de plus, Pierre-Côme Provençal en fait la preuve lorsqu'il vise Angélina Desmarais pour son fils aîné Odilon.

> Un peu rétive, la demoiselle à David Desmarais. Pas commode à fréquenter. Ni belle, de reste. Et passée fleur depuis plusieurs étés déjà. Mais travaillante et ménagère, comme il s'en voit rarement. Quand une fille a du bien clair, net, et des qualités par surplus, pourquoi un garçon regarderait-il tant à la beauté ? (*LS*, p. 31-32)

Qu'importe qu'Angélina soit noiraude et légèrement boiteuse. Le père encourage son fils à lui faire la cour :

> — Au prochain soir de belle veillée, faudra que tu retournes voir la grande Angèle à Desmarais. Elle finira par se laisser apprivoiser comme les autres (*LS*, p. 30).

Odilon n'est pas le seul à lui faire les yeux doux. Les jeunes gens des environs viennent l'un après l'autre lui demander la faveur de la veillée. Tous trouvent Angélina vigilante, économe, «capable de tout». «Un mari y trouverait son profit.» (*LS*, p. 36) Malheureusement aucun d'entre eux ne trouve le chemin de son cœur.

Angélina est exigeante. Un garçon beau, généreux, viril, dur à l'ouvrage, intelligent, prévenant et gaillard serait son homme idéal. Elle trouve chez le Survenant toutes ces qualités. L'auteure rapporte:

> Aux yeux d'Angélina, le Survenant exprimait le jour et la nuit: l'homme des routes se montrait un bon travaillant capable de chaude amitié pour la terre; l'être insoucieux, sans famille et sans but, se révélait un habile artisan de cinq ou six métiers. La première fois qu'Angélina sentit son cœur battre pour lui, elle qui s'était tant piquée d'honneur de ne porter en soi la folie des garçons, se rebella. De moins en moins, chaque jour, cependant (*LS*, p. 65).

Le père d'Angélina voit aussi d'un bon œil sa fille s'attacher à un gaillard de la trempe du Survenant. Angélina l'aime tant qu'elle est prête à lui faire tous les sacrifices: lui avancer de l'argent, lui pardonner sa faiblesse pour la boisson, changer l'harmonium pour le piano, partager le bien avec lui, si le Survenant accepte de l'épouser.

> — Puis je voulais t'apprendre que mon père est prêt à passer la terre à mon nom. On doit rien dessus, tu sais. Et sans être des richards, on est en moyens. Celui qui me prendra pour femme sera pas tellement à plaindre.
> — La femme qui m'aura, réfléchit le Survenant, pourra jamais en dire autant de moi: j'ai juste le butin sur mon dos.
> — Dis pas ça, Survenant. T'as du cœur et, travaillant comme t'es, tu arriverais pas les mains vides. Quand on est vraiment mari et femme, il me semble qu'on met tout ensemble en commun (*LS*, p. 216).

Cependant, le Survenant n'a pas accepté les offres de la douce Angélina. Ce n'est pas qu'il ne l'aime pas. Mais cette vie confinée à un monde hermétique lui répugne, quoiqu'elle soit belle et heureuse avec «les voisins proches à proches… le magasin à la porte… et des amusements à n'en plus finir» (*LS*, p. 186). Lui, *grand-dieu-des-routes*, aime la liberté. Il s'est affranchi de la maison parce qu'il est incapable de supporter le moindre joug, la plus petite contrainte. Il aime la route, les grands espaces, les nouveaux horizons. Il ne veut pas se laisser attacher au Chenal par une créature, comme le premier Didace Beauchemin, jusqu'à la fin de ses jours. Cet amour de la liberté, cette répugnance pour la monotonie – «Toujours les mêmes discours. Toujours les mêmes visages. Toujours les mêmes chansons jusqu'à la mort, se dit le Survenant, ah! non, pas d'esclavage!» (*LS*, p. 218) – et cette curiosité pour des pays nouveaux, le Far-West, l'Asie, l'Afrique, le vaste monde, font partie de l'identité culturelle du Canadien français. C'est un des aspects de sa représentation non négligeable. L'auteure du roman insinue que le Survenant est probablement un des descendants de Beauchemin le Petit, celui qui a continué sa route en laissant son frère installé au Chenal. Si donc le Survenant quitte le Chenal du Moine après un an de séjour et qu'il refuse les offres d'Angélina, ce n'est pas un refus de l'amour, mais une négation de la mentalité paysanne. Énumérons quelques manifestations de cette mentalité qui déplaisent au Survenant:

> — L'attachement à la terre et la vision restreinte: «Vous autres, vous ne savez pas ce que c'est d'aimer à voir du pays… Non! critique ouvertement le Survenant, vous aimez mieux piétonner toujours à la même place, pliés en deux sur vos terres de petite grandeur, plates et bordées comme des mouchoirs de poche» (*LS*, p. 210).
> — Le souci constant des gros sous: «C'est-il gratis?», questionne Angélina (*LS*, p. 190).
> — La crainte et le contrôle: «T'as encore fêté?»
> — Le qu'en-dira-t-on et l'étouffement: «Qu'est-ce que Pierre-Côme va penser?», se demandent Angélina, Alphonsine et d'autres.
> — La satisfaction des acquis: «Tout ce qu'on avait à voir, dit le maire de la paroisse, Survenant, on l'a vu» (*LS*, p. 211).
> — La méfiance et la xénophobie: «Comme de raison, une étrangère, ricane le Survenant, c'est une méchante: elle est pas du pays» (*LS*, p. 209).

C'est cette négation de la mentalité collective de la paysannerie qui voue inévitablement à l'échec l'amour d'Angélina pour le Survenant.

Le père, le fils et le Survenant

Chez les Beauchemin, il n'y a qu'un maître: le père Didace. Il est le patriarche dont la parole est la loi. Son autorité est absolue, il en est bien conscient.

> Il y a une loi pour tout dans le monde: une pour le temps, une pour les plantes, une pour la famille. Seul le maître, et non le fils, doit commander dans la maison. Amable n'avait qu'à obéir.
> — Je suis son père, dit-il la tête haute (*MD*, p. 141).

C'est lui qui dirige les travaux des champs, répartit le travail, décide de ce qu'on doit cultiver, de ce qu'on doit faire à la ferme, il chasse en temps prohibé comme en temps permis si bon lui semble. Il décide de se remarier sans même aviser son fils et sa bru avec qui il habite. Le jeune couple vit, en réalité, sous la férule du père. Les relations entre le père et le fils sont tendues. La raison profonde de cette tension réside dans le fait que le fils ne se conforme pas aux normes sociales d'une société agricole : un bon cultivateur qui s'attache à la terre et un père de famille qui a beaucoup d'enfants. Quand Didace avait trente ans et qu'Amable est né, il croyait que le règne des Beauchemin n'aurait jamais de fin. Mais trente ans après, Amable se révèle flanc mou, paresseux et inactif. Le père attribue les défauts de son fils à l'hérédité du côté maternel. Mais la raison avancée par le Survenant, lors d'une prise de bec avec Amable, nous semble encore plus plausible :

> [...] toi, t'as pas un vice, pas un en tout. Seulement, tu possèdes tous les défauts... le bien paternel aura aidé à te pourrir... Avant toi, pour réchapper leur vie, les Beauchemin devaient courir les bois, ou ben ils naviguaient au loin, ou encore ils commerçaient le poisson. Mais toi, t'es né ta vie gagnée, fils d'un gros habitant (*LS*, p. 149-150).

Amable n'a pas les qualités des colons français pionniers et des cultivateurs laurentiens. Il est « pareil à la fourmi qui se défait de ses ailes quand elle a assuré sa vie » (*LS*, p. 150). Il ne sera jamais un vrai cultivateur. Il ne peut ni conserver le bien familial dans l'honneur, ni faire durer le nom des Beauchemin. Bref, c'est un Beauchemin dégénéré, dégradé, d'où l'aversion du père pour le fils et sa peine. « S'il refoule, remarque Pierre-Côme Provençal, c'est sûrement pas de vieillesse. Ça doit être l'occupation qui le fait tasser » (*LS*, p. 30). En effet, le père Didace n'est plus jeune. À son âge, un cultivateur doit normalement laisser la terre à son fils héritier. Mais il ne se décide pas à donner la terre à un fils qui ne sait pas la garder.

L'inimitié entre le père et le fils est encore accentuée par l'intrusion du Survenant. Ce jeune étranger d'une trentaine d'années, fort comme un bœuf, connaît tous les travaux de la ferme : radouber le fournil, démolir les vieux bâtiments, refaire les clôtures, poser les piquets, maçonner la cheminée, scier et couper du bois de chauffage pour l'hiver, encaver les pommes de terre... Habile menuisier, il fabrique un fauteuil que tout le monde apprécie, bâtit un canot qui ravit le père Didace, répare les vieux meubles pour faire de l'argent.

> — Avant l'arrivée du Survenant, notre bois dormait sur les entraits et nous rapportait rien, dit le père Didace. Depuis que le Survenant s'en occupe, il nous a rapporté proche de cent quinze piastres, à part de mon canot dont je suis tout satisfait (*LS*, p. 148).

C'est aussi grâce aux soins du Survenant que le poulailler rapporte plus que jamais. Il a toujours de nouvelles idées, des suggestions pour améliorer l'exploitation de la ferme. Il propose de semer du trèfle dans la vieille prairie, de cultiver des fraises… De toute façon, le père Didace trouve bon tout ce qui vient de la bouche de ce jeune étranger et l'accepte avec plaisir.

Le conflit entre le père et le fils se manifeste surtout dans les attitudes qu'ils adoptent chacun à l'endroit du Survenant.

Chez Amable, c'est la jalousie, la méfiance et l'hostilité pour cet étranger insolent, ce *fend-le-vent*. Il se montre très vilain avec lui. Il ne laisse passer aucune occasion de lui montrer sa méfiance et son hostilité, par des allusions, par des propos blessants, dans le seul but de le faire partir de la maison. Un jour, lorsque le Survenant s'informe de l'origine du chien Z'Yeux-ronds, Amable lui dit carrément que c'est un autre survenant.

> — Dites-moi une fois pour toutes ce que vous entendez par là, demande le Survenant à Amable.
> — Un Survenant, dit Amable, si tu veux le savoir, c'est quelqu'un qui s'arrête à une maison où il n'est pas invité… et qui se décide pas à en repartir.
> — Je ne vois pas de déshonneur là-dedans.
> — Dans ce pays, on est pas prêt à dire qu'il y a de l'honneur à ça non plus (*LS*, p. 54).

À la nouvelle du vol du canot commis par un étranger, un gars de barge, Amable saisit l'occasion pour décharger sa haine du Survenant contre le voleur :

> — Maudits étrangers, commença Amable…
> Venant éclata de rire.
> — C'est ça, Amable, fesse dessus ou ben prends le fusil et tire-les un par un tous ceux qui ne sont pas du Chenal du Moine (*LS*, p. 169).

Quand le père veut enseigner la chasse au Survenant, Amable dit à son père :

> — Prenez pas votre temps à lui enseigner la chasse : il aura seulement à prendre ses leçons avec Z'Yeux-ronds (*LS*, p. 155).

Après la bagarre avec Odilon Provençal, le Survenant grandit en estime et en importance dans la paroisse. Amable le déteste et le hait davantage, parce que le Survenant est non seulement adroit à l'ouvrage, agréable aux filles, mais encore habile à se battre. Quand le Survenant a dépensé en boisson à Sorel l'argent qu'on lui avait confié pour aller acheter des outils à

Montréal, Amable croit qu'il est temps pour son père de le renvoyer. Il dit à son père :

> — Ouais, il a dû vous conter encore quelques chimères, pour vous gagner à lui. On l'a assez engraissé comme il est là. À votre âge vous devriez savoir que si on veut se faire maganner, c'est toujours par le cochon qui est gras. En tout cas, il y a pas d'ouvrage pour trois hommes, sur la terre. À plus forte raison, il y en a pas pour un qui a une passion et presquement tous les vices (*LS*, p. 149).

Le Survenant ne s'offense pas des allusions méchantes, ni de la méfiance flagrante, ni des remarques mesquines d'Aimable. Sans aucun mépris manifeste ni aucun orgueil apparent, il s'impose à la maison et dans la paroisse, moralement et physiquement, au-dessus d'Amable et de ses coparoissiens.

L'attitude du père Didace à l'égard du Survenant est tout à fait différente. Le vieux lui témoigne de l'amitié, de la confiance et une affection presque paternelle. Il adore ce jeune homme.

> Il a tout pour lui, pense le père Dace. Il est pareil à moi : fort, travaillant, adroit de ses mains, capable à l'occasion de donner une raclée, et toujours curieux de connaître la raison de chaque chose (*LS*, p. 174).

Chaque fois que son fils ou d'autres disent du mal de lui, il le défend :

> Et vous autres, riez-en pas du Survenant. Il peut avoir quelques défauts, mais il a assez de qualités pour s'appeler Beauchemin correct (*LS*, p. 70).

Le vieux se mire dans le Survenant jusqu'en ses défauts. Il voit en lui un fils idéal qui peut faire durer le bien et le nom Beauchemin. S'il retrouvait en son fils Amable-Didace un tel prolongement de lui-même ! « Grâce à lui, avant longtemps, il serait un aussi gros habitant que Pierre-Côme Provençal » (*LS*, p. 167). Il espère que le Survenant épouse Angélina et s'installe au Chenal du Moine. « Il sera le premier voisin des Beauchemin, et sans doute marguillier, un jour, maire de la paroisse, puis qui sait ?… préfet de comté… député, bien plus haut placé que Pierre-Côme Provençal » (*LS*, p. 175). C'est le rêve que le père Didace fait pour le Survenant et pour lui-même, si Amable lui ressemble. Mais ce jeune vagabond n'est qu'un « passant » : il reprend les routes.

Au Chenal, seuls le père Didace et Angélina regrettent le départ du Survenant. Malgré sa propre peine, le vieux essaie de consoler Angélina en des termes qui traduisent en même temps son espoir à lui :

> — Peut-être ben que le Survenant est allé au Congrès eucharistique et qu'il va nous revenir avec une foule de nouvelles à raconter, à n'en plus finir. Tu sais s'il

parle ben! Peut-être ben aussi qu'il est parti visiter sa famille pendant quelque temps? D'après moi, c'est le garçon de quelque gros habitant. Il en sait trop long… sur la terre (*LS*, p. 231-232).

En réalité, son regret n'est pas moindre que le chagrin d'Angélina. Il semble avoir perdu quelque chose de précieux. Il sent un vide laissé par le départ du Survenant. Il ne sait plus, à un moment donné, où donner de la tête. L'auteure rapporte qu'il traîne de fenêtre en fenêtre, qu'il voyage cent fois par jour entre la maison, l'étable et les bâtiments, sans parvenir à tromper son ennui. Il a envie de trouver quelqu'un pour s'entretenir du Survenant, mais personne ne veut en parler avec lui. Son cœur se serre et déborde d'amertume. Le départ de ce fils idéal le décide à se remarier.

La belle-mère et la bru

Le conflit entre la belle-mère et la bru est classique, presque légendaire. Elles vivent rarement en bons termes, sous le même toit. Il en est de même pour l'Acayenne et Alphonsine. Avant sa mort, le père Didace dit à sa bru:

> — Tâchez de vous arrimer pour pas trop vous chicaner. Faut pas trop lui en vouloir. Elle a mangé de la grosse misère, ça l'a durcie. Puis elle aime ben à mener. Mais patiente! Tu auras ton tour… Fais-toi aimer de ta petite (*MD*, p. 179-180).

Il recommande aussi à sa fille Marie-Amanda de faire régner la concorde entre ces deux femmes qui ont des vécus tout à fait différents.

Alphonsine a perdu sa mère à six ans. Son père était un ivrogne. Elle a vécu son enfance dans un orphelinat, toujours dans la crainte d'être renvoyée. Son adolescence et sa jeunesse se sont passées dans la misère et dans l'humiliation. Elle a passé un temps très court dans le couvent en échange du service à table. À l'âge de quinze ans, elle commençait à gagner sa vie. Elle s'est placée comme servante chez une bourgeoise à Montréal. Ses maîtres hautains se sont moqués de sa gaucherie et de son parler fruste, et ils lui ont fait des avances honteuses. Elle en a pleuré de rage. Amable l'a tirée de la misère. Quand ce jeune paysan l'a demandée en mariage, «les pieds lui brûlaient de partir pour le Chenal du Moine […]. Là était le salut, la sécurité pour toujours» (*MD*, p. 35). Elle espérait qu'un jour, après le règne de la mère Mathilde, à son tour elle serait reine et maîtresse.

Quant à Blanche Varieur dite l'Acayenne, elle a perdu son mari, pêcheur, emporté par un raz-de-marée. Elle a gagné sa vie à bord d'un bateau comme cuisinière. Elle a élevé un garçon que son mari avait eu avec une autre femme. Pour la sécurité de ses vieux jours, elle a épousé le père Didace. Mais de cœur, elle appartient toujours à son Varieur. Sur le plan affectif, le père Didace se montre très compréhensif. « Elle peut pas oublier l'autre. Comme de raison, c'est avec lui qu'elle a mangé sa misère. » (*MD*, p. 103)

Le point commun pour ces deux femmes, c'est la quête de la sécurité, qui les a amenées chez les Beauchemin.

Après la mort de Mathilde, Alphonsine se révèle incompétente aux yeux des Beauchemin, à tous les égards, en tant que maîtresse de maison. Malgré sa bonne volonté, elle ne parvient pas à donner à la maison « cet accent de sécurité et de chaude joie… qui fait d'une demeure l'asile unique contre le reste du monde » (*LS*, p. 31-32). L'auteure rapporte que sous la main d'Alphonsine, non seulement la maison ne dégage plus l'ancienne odeur de cèdre et de propreté, mais qu'elle perd aussi sa vertu chaleureuse. Gauche de nature, elle laisse tomber le pain presque chaque repas. Elle pose souvent une chaise sur trois pattes. Frêle et frileuse, elle ose rarement s'exposer au soleil et au vent. Elle n'a pas bonne main pour la traite des vaches lesquelles, sensibles à la maladresse, se montrent rétives avec elle.

Quant à l'Acayenne, dès qu'elle entre à la maison, elle fait montre de son savoir-faire. En un rien de temps, elle remet tout en ordre dans la cuisine.

> Déjà l'ordre en était changé : les assiettes empilées avec les soucoupes à un bout, à l'autre bout les tasses, laissant un bon espace au milieu. Rien ne traînait dans la cuisine (*MD*, p. 17).

Cette femme ordonnée est aussi une bonne cuisinière. Le fameux six-pâtes qu'elle a préparé pour les noces de Lisabel Provençal est le plat le plus apprécié des convives. Forte et travaillante, dans les champs, elle manie la fourche, secoue le foin et le fait sécher mieux que le jeune journalier engagé par les Beauchemin. Elle trait les vaches, sur le pré communal, d'une main habile et sûre. Elle rentre un seau de lait à chaque matin, la tête renversée et le sourire aux lèvres. Sa santé et sa force font envie. Les femmes du Chenal sont jalouses de sa beauté et de son opulence. Quoique méfiantes, elles ne se montrent pas trop distantes avec elle, par égard pour le père Didace. De son côté, l'Acayenne se montre serviable. Lors de la corvée de savon, elle aide « à clarifier les graissailles, à peser l'arcanson, à agiter la cuite » (*MD*, p. 43). Une telle maîtresse de maison se conforme aux critères du père Didace. En plus de tout cela, elle sait se faire aimer du vieux et de la petite Marie-Didace. Elle gagne même la sympathie d'Angélina.

Depuis son entrée à la maison, une lutte sourde s'engage entre elle et Alphonsine pour la maîtrise de tout, se déroulant autour de bagatelles :

> Si l'une plaçait la queue du poêlon à gauche, l'autre s'arrangeait de façon à la tourner à droite. L'Acayenne plus expérimentée, s'en faisait un jeu, mais Phonsine, naturellement sans détour, recourait à des ruses déprimantes et elle usait ses forces à accomplir avant l'autre les tâches que celle-ci préférait. Toujours côte à côte, mais jamais cœur à cœur, elles ne s'entraidaient à rien (*MD*, p. 27).

Dans cette épreuve de force physique, d'habileté, d'astuce et de capacité, Alphonsine n'égale pas l'Acayenne. Elle est obligée de laisser sa place de maîtresse à celle-ci.

Ce qui inquiète le plus la bru, c'est le bien familial. À qui le père Didace va donner la terre, à l'Acayenne ou à Amable ? Dès le moment où le Survenant lui révèle en état d'ivresse l'amour du beau-père pour l'Acayenne, Alphonsine commence à s'inquiéter de son sort :

> Puis la terre ? La terre revient de droit à Amable. Si Didace allait la passer à l'étrangère, Amable et elle seraient dans le chemin. Elle se vit hâve et en guenilles mendier son pain de maison en maison sur quelque route inconnue (*LS*, p. 144).

Elle pleure à chaudes larmes. Elle prie sa belle-mère morte de la protéger de l'injustice. Peu de temps après l'arrivée de l'Acayenne à la maison, Alphonsine exhorte son mari à s'informer des arrangements auprès du notaire, qui refuse de dire quoi que ce soit, et ensuite à demander carrément au père de se donner, ce qui provoque une querelle entre le père et le fils. Toujours dans l'angoisse d'être dépouillée par l'Acayenne, Alphonsine pousse son mari à quitter la maison pour donner une leçon au père :

> — À présent que tu leur as dit que tu partais, pars. Autrement, il y aura p'us de vie possible pour nous deux dans la maison… La leçon lui fera pas de tort. Puis, on est-ti pour se laisser dépouiller par l'autre ? Elle a le trait sur nous deux. Du train qu'elle va là, elle se fera tout donner. Ton père mort, on sera dans le chemin. Il est temps qu'on lui ouvre les yeux. Pense au petit qui s'en vient […] (*MD*, p. 107-108).

La lutte pour la terre est sérieuse. En effet, après la mort d'Amable, l'Acayenne a l'idée de faire venir à la maison le fils de Varieur. Elle saisit toutes les occasions pour faire valoir, devant le père Didace, les avantages que la présence du fils Varieur apportera à chacun :

— Si t'étais pas tant tête-de-pioche et si tu consentais à faire venir le garçon de mon Varieur, t'aurais de l'aide et tu serais libre de chasser comme t'aimerais (*MD*, p. 166).

Le père Didace ne se laisse pas avoir. Après la mort de son fils, il a déjà fait un testament en faveur de Marie-Didace. Sans avoir donné d'enfant au père Didace, l'Acayenne ne peut s'intégrer aux Beauchemin, encore moins à la communauté paroissiale. Elle reste, aux yeux des gens du Chenal, une étrangère.

Quant à Phonsine, mère de Marie-Didace, elle est vraiment Beauchemin. Le problème est qu'elle ne sait pas se faire aimer de sa fille, qui préfère chercher la protection et l'affection maternelle auprès de sa mémère. Alphonsine déteste l'Acayenne qui prend sa tasse (sa mascotte), la plus tendre partie du rôti de porc à table, sa place de maîtresse, son amie, sa petite. Elle la hait tellement qu'elle prie sa belle-sœur d'inventer un moyen pour la faire partir. Marie-Amanda ne peut se solidariser avec elle à ce sujet. De cette lutte pour le bien familial entre la belle-mère et la bru, aucune des deux n'est sortie victorieuse : l'une meurt, l'autre devient folle.

Le lien parental et l'esprit de paroisse

Le lien parental est très serré dans la paroisse. Marie-Amanda est d'un grand secours pour les Beauchemin. Elle est la copie de sa mère : « grande et forte, le regard franc, reposante de santé et de sérénité » (*LS*, p. 94). Elle est travaillante et donnante, aimante et aimée de tout le monde, bref une bonne mère de famille. Mariée à l'île de Grâce, elle est toujours prête à donner un coup de main à ses parents. Elle vient passer les fêtes de Noël et du Nouvel An à la maison paternelle, aidant à faire le grand ménage : laver le linge, les draps et les rideaux, ce qu'Alphonsine retarde toujours, préparer la boucherie, apprêter l'ordinaire des fêtes, histoire d'alléger à son père le chagrin d'un premier jour de l'an sans Mathilde. Chaque fois qu'elle visite ses parents, elle n'oublie pas d'apporter de petits présents à son père, à sa belle-sœur, et même à sa meilleure amie Angélina.

Elle adoucit la rancune d'Amable contre le Survenant :

— Ce qu'il avait appris, sur les routes ou ailleurs, c'était son bien. Il était maître de le garder et il s'en montrait jamais avaricieux. Ni de sa personne. Ni de son temps. Tu peux pas dire autrement, Amable ? (*LS*, p. 233)

Elle donne raison à son père de se remarier, en affirmant que l'homme n'est pas fait pour vivre seul et que si son père se trouve heureux remarié, tant mieux. Elle convainc Alphonsine de supporter la belle-mère :

> — Il me semble qu'une femme capable comme elle dans la maison, pour toi qui es déjà pas trop forte, c'est de l'aide (*MD*, p. 33).

Elle console Alphonsine de sa crainte de perdre la terre en lui disant : «Crains pas… je t'aiderai. Plus tard, si t'as besoin, lâche-moi un cri!» (*MD*, p. 37) Alphonsine trouve ses paroles lourdes de sens, de sagesse et de substance. Le réconfort de Marie-Amanda soulage momentanément sa détresse.

Lorsque sa meilleure amie Angélina souffre de chagrin d'amour après le départ du Survenant, c'est encore Marie-Amanda qu'on appelle à la rescousse. Malgré son enfant malade et la récolte à faire, elle accourt auprès d'Angélina. Elle prodigue à son amie des paroles de réconfort et toutes sortes d'encouragements pour que Phonsine se remette de sa peine. Nous n'avons pas à commenter ici la conception de l'amour et les vertus que Marie-Amanda véhicule auprès de ses parents et de son amie. Nous voulons insister sur le fait que la solidarité parentale est très forte et se confond parfois avec la solidarité paroissiale dans cette société traditionnelle.

Les Beauchemin ne sont qu'une composante de la petite collectivité paroissiale. La représentation des valeurs et des normes sociales chez les Beauchemin est aussi celle des autres paroissiens. Dans *Trente arpents*, l'auteur fait ressortir l'isolement et l'étanchéité de la famille en la qualifiant d'îlot d'humanité. Dans *Le Survenant* et *Marie-Didace*, au contraire, l'auteure met en relief la solidarité paroissiale. La paroisse est, aux yeux des habitants, comme un bastion identitaire édifié grâce aux efforts communs durant des générations. La paroisse, c'est comme une grande famille, gérée par le maire et le curé. Tout le monde connaît tout le monde, tout le monde s'occupe de tout le monde. Rien ne se passe au sein d'une famille sans être connu des voisins. On est toujours prêt à donner un coup de main à ceux qui ont besoin d'aide. Le sentiment de solidarité est très développé chez les cultivateurs qui vivent dans la même paroisse. Il se manifeste à l'occasion des fêtes, de la naissance, du mariage, de la mort, et en cas d'urgence. Tout le long de ces deux romans sont intercalées des scènes de solidarité qui constituent de magnifiques tableaux des coutumes et des mœurs de l'époque. Pour préparer les fêtes, Angélina vient chez les Beauchemin aider à faire la saucisse en coiffe et le boudin, et accepte avec son père de passer Noël chez eux. Les Salvail donnent un grand festin le deuxième jour de l'an. «Tout le monde du Chenal est invité, les Demoiselles Mondor avec. Et le Survenant, bien entendu.» (*LS*, p. 108) Pour préparer les noces de Lisabel Provençal, toutes les femmes du Chenal se réunissent chez les Beauchemin pour piquer la courtepointe. Le mariage est la fête de toute la paroisse. Les noces durent deux jours et une nuit. La table reste mise et est regarnie au fur et à mesure. Quand la bru va accoucher, le père Didace avise tout de suite les Provençal. Il dit à Beau-Blanc, son journalier:

— Atelle vite en double pour aller quéri le docteur. En passant chez Pierre-Côme, réveille les Provençal, pour leur faire savoir, de ma part, que la maladie de Phonsine est commencée. Tâche que la grand'Laure vienne nous donner un coup de main au plus vite (*MD*, p. 130).

Et il pense aussi à Angélina. Il ajoute: «Ce serait p't'être pas un mal que t'arrêtes chez elle en même temps pour lui demander son aide» (*MD*, p. 131). L'Acayenne ne comprend pas pourquoi il faut demander l'aide des autres. Le père Didace ne se donne pas la peine de lui expliquer, mais l'auteure justifie ce comportement ainsi:

Il y a des choses qui s'expliquent seulement à ceux qui veulent les comprendre: ceux du Chenal ont tout droit de se battre, de se quereller à leur aise. Mais à l'heure de la naissance comme à l'heure de la mort, ils n'ont plus souvenance. Ils ne font plus qu'un. La paroisse parle plus fort que leur personne (*MD*, p. 130).

C'est ce que le père Didace et Pierre-Côme Provençal ont tout le temps à la bouche, «l'esprit de paroisse». La paroisse, c'est la communauté de tous, une grande famille. On y naît, vit et meurt. On y acquiert son identité. On s'identifie avec elle. On partage l'honneur et le déshonneur de la collectivité, la joie du succès et l'amertume de l'échec de ses coparoissiens. Quand le Survenant a battu le lutteur du cirque, «Champion de la France», même Amable ne proteste plus en entendant dire que «c'est le Venant à Beau-chemin, du Chenal du Moine», parce que l'honneur de sa famille et de sa paroisse entre en jeu. On fait sienne la difficulté des autres. À la fin de l'automne, quand la première neige commence à tomber, le grand Blond, cheval indocile de David Desmarais, reste seul sur la pâture communale, au risque d'y mourir de faim et de froid en hiver. Les hommes du Chenal tiennent conseil chez les Beauchemin, discutent du moyen pour cerner l'indomptable cheval au plus tôt. En groupe, ils s'en vont sur le pré communal. Grâce aux efforts communs, le cheval est enfin capturé et ramené. Après une grosse tempête, lorsque le premier traîneau passe devant sa maison, le père Didace pense qu'il doit se passer quelque chose de pressant et qu'on doit donner un coup de main à quelqu'un de mal pris. Il sort tout de suite pour s'informer de ce qui se passe : le fameux chasseur Canard Péloquin vient de mourir. Pour le père Didace, c'est une grosse perte de la paroisse. Il s'en va chez le mort tout de suite, malgré la noirceur de la nuit et le grand froid, en dépit des protestations de son fils. Aux yeux du père Didace, la mort de Péloquin représente plus que la mort d'un homme. « C'est le commencement de la fin, un signe des temps : l'effritement d'un pan de l'ancienne paroisse » (*MD*, p. 95-96).

La plus belle représentation de cet esprit de paroisse, c'est la solidarité dont les paroissiens font preuve à la mort de l'Acayenne, suivie de la folie d'Alphonsine. Tous les gens du Chenal sont là pour offrir à qui mieux mieux leurs services. Pierre-Côme s'occupe de l'Acayenne, de l'enquête, de l'enterrement et de tout le grément ; sa femme et ses filles, de Phonsine ; Angélina, de Marie-Didace. David Desmarais prend en charge les bâtiments, Jacob Salvail soigne les animaux… Et on se relève pour faire les labours. Quand Odilon cherche à se dérober à la tâche qui lui est attribuée, sous le prétexte de remonter sa grange, son père s'indigne :

— Laisse faire ta grange… Ta grange attendra. Elle partira toujours pas au vol ! La paroisse passe avant (*MD*, p. 200).

En contrepartie de cet esprit de paroisse, de la solidarité entre les coparoissiens, il y a la xénophobie. Cela va de pair. Le maire se montre solidaire avec ses paroissiens d'une part, et d'autre part méfiant et xénophobe à l'endroit des étrangers. Après la veillée chez les Beauchemin, au retour, il dit à son fils Joinville : « Méfie-toi de lui, c'est un sauvage » (*LS*, p. 60). Il s'efforce de détruire dans l'esprit de son garçon l'effet des paroles malfaisantes du Survenant. Il trouve que celui-ci a le regard d'un ingrat. Il le tient pour un larron parce qu'il ignore tout de lui. Lorsque le Survenant et Odilon se battent, la femme du maire crie au père Didace : « Garder un étranger de même, c'est pas chanceux : celui-là peut rien que vous porter malheur » (*LS*, p. 126). De son côté, Pierre-Côme se sent vexé dans son orgueil de voir quelqu'un de la paroisse, à plus forte raison son fils, recevoir une raclée des mains d'un étranger. Avant la mort du père Didace, Pierre-Côme fait un bilan du séjour de cet étranger au Chenal du Moine. Voici sa conclusion :

Rien de bon n'en avait résulté pour la paroisse. Une si belle paroisse que les anciens avaient bâtie avec tant de cœur. Si l'on veut la garder ainsi entre soi, il ne faut pas laisser l'étranger y pénétrer et en faire une risée. Autrement on la voue à sa perte (*MD*, p. 136).

Cet état d'esprit de Pierre-Côme est connu de tous. C'est pourquoi Marie-Amanda dit à Alphonsine, lorsque celle-ci lui confie la crainte de voir le fils Varieur venir s'installer chez les Beauchemin :

— Prends pas peur avant le temps. Tu sais bien que Pierre-Côme permettra jamais à un étranger de s'établir au Chenal. Surtout, après le Survenant (*MD*, p. 185).

L'esprit de paroisse et la xénophobie – deux aspects corrélatifs de la mentalité des cultivateurs canadiens-français –, ne permettent pas l'installation et l'intégration d'un étranger, que ce soit le Survenant, l'Acayenne ou le fils de Varieur, dans cette communauté qui se ferme sur elle-même.

En fin de compte, l'apparition passagère du Survenant au Chenal du Moine n'est pas gratuite. Comme une pierre tombée dans une mare d'eau stagnante, elle a troublé la tranquillité de la vie du pays, remis en cause les anciennes valeurs et les normes sociales. Et le remariage du père Didace apparaît comme un effort inutile pour la sauvegarde du bien ancestral et la continuation de la lignée. La discontinuité de la tradition familiale, autrement dit la dégradation d'Amable-Didace, n'est-elle pas une fissure produite dans le bastion identitaire des cultivateurs canadiens-français ? Il nous semble que l'extinction de la famille des Beauchemin est symbolique, signe de la fin d'une époque.

Bilan

L'histoire des Moisan couvre un intervalle temporel plus grand que celle des Beauchemin, mais elles se croisent au moment où le Québec traditionnel est ébranlé par l'essor industriel. Le portrait du Québec rural de l'époque tracé par les deux auteurs correspond tout à fait aux constatations des historiens. La fermeture du Québec agricole n'est pas aussi étanche que l'on se l'imagine. Le progrès pénètre déjà au fin fond des Laurentides. L'implantation du magasin général au village, par exemple, met fin à une économie autarcique. Les paysans y trouvent des tissus, du prêt à porter, des souliers ainsi que d'autres articles manufacturés d'usage courant. La fabrication de la courtepointe et du savon devient presque folklorique. Pour répondre aux besoins du marché, les cultivateurs diversifient leurs occupations. L'élevage des vaches laitières, des porcs, des poules, la chasse aux canards sauvages et aux rats d'eau, la coupe du bois et même l'horticulture d'Angélina Desmarais sont menés d'une part dans un but lucratif, et d'autre part en fonction du marché urbain. L'écoulement des céréales et des foins dépend également de la situation du marché national ou international. La mécanisation des outils aratoires, la motorisation des moyens de transport et la rationalisation de la gestion de la ferme modifient petit à petit l'aspect rural du Québec.

Les trois piliers qui supportent le Québec traditionnel, à savoir la vocation agricole, la famille nombreuse et la religion catholique, cèdent un peu sous la pression de l'industrialisation et de l'urbanisation. Mais encore très résis- tants, ils continuent à se traduire dans le comportement des Canadiens français, par l'attachement à la terre, par la valorisation de la fécondité et par la fidélité à la foi catholique.

Cependant, certaines nuances sont introduites. L'attachement à la terre est sensiblement atténué par la désertion du sol des jeunes ruraux attirés par la promesse d'une vie meilleure en Nouvelle-Angleterre et dans les villes. Cette désertion rappelle l'un des aspects de l'identité culturelle du Canadien français : l'esprit d'aventure et la curiosité pour de nouveaux horizons des premiers colons français.

L'impact de l'Église se fait sentir très fortement dans la vie quotidienne, mais la dévotion devient une habitude plutôt qu'un comportement raisonné et profond.

La famille joue un grand rôle social dans le Québec agricole. Ainsi, la continuation de la famille est une préoccupation majeure des cultivateurs puisqu'elle est étroitement liée à la sauvegarde de la terre ancestrale.

Le choix du conjoint ou de la conjointe est donc orienté par la fécondité, la force physique et l'habileté requises pour les travaux des champs, pour faire durer le bien et le nom de la famille. Les membres de la famille se solidarisent et œuvrent ensemble pour sa prospérité. Le père bénéficie de l'autorité dans les affaires des champs, et la mère dans les affaires domesti- ques, quoique les dispositions et la volonté des enfants soient plus ou moins respectées. La solidarité parentale et paroissiale est très importante. La nais- sance, le mariage, la maladie, la mort, les fêtes… sont des moments de la vie où l'on n'hésite pas à faire appel aux parents et aux voisins. Cette solidarité est signifiante dans la mesure où la famille et la paroisse restent le centre des activités productives et celui de la vie communautaire. Le sentiment de solidarité s'y cultive d'année en année et de génération en génération comme dans d'autres sociétés agricoles. Ce qui est particulier chez les cultivateurs canadiens-français, c'est cette solidarité parentale et paroissiale fortement ressentie comme un acte d'autodéfense contre l'assimilation anglophone et pour la conservation de la culture française. Ainsi, la xénophobie et la méfiance à l'égard de l'étranger ne sont que des manifestations logiques de cette autodéfense culturelle.

Il est à noter que l'unité idéologique au sein de la famille se détruit petit à petit sous le choc de l'industrialisation et de l'urbanisation. Les différentes attitudes à l'égard du progrès engendrent des conflits de générations. Le père Moisan résiste en vain à la pression de son fils Étienne qui le force à se retirer de la terre. Mais le fils héritier retombe lui aussi dans le conservatisme comme son père, conséquence inévitable due au mode de production de petite envergure sur une exploitation familiale. Le père Beauchemin, quoique d'esprit plus large, n'arrive pas à conserver le bien familial dans l'honneur, et à faire durer le nom de la famille, étant donné la rupture de la tradition des Beauchemin, rupture au niveau physique et moral qui se manifeste chez son fils Amable-Didace.

Dans l'ensemble, les Moisan et les Beauchemin ainsi que leurs coparoissiens sont des paysans laborieux, endurants, économes, honnêtes et confiants, au point d'être têtus parfois jusqu'à méconnaître la nouvelle réalité.

Les trois romans que nous venons de dépouiller ont été rédigés avec une trentaine d'années de recul. Cela permet aux auteurs de mesurer plus clairement le décalage entre la réalité de l'époque et la mentalité des cultivateurs. Ringuet montre l'échec inévitable du père Moisan et la tendance irréversible de l'évolution sociale, tandis que Germaine Guèvremont laisse sentir, entre les lignes, certains regrets pour le Québec traditionnel si beau, si tranquille qui appartient, inexorablement, au passé. Les déserteurs de la campagne Lucinda et Ephrem, le cultivateur dégénéré Amable-Didace et le vagabond sont, aux yeux des cultivateurs canadiens-français, des exemples négatifs. Par opposition aux cultivateurs « restants », ils sont des cultivateurs « démissionnaires », des « sortants ». L'antagonisme entre les « restants » et les « démissionnaires » nous permet de percevoir la désagrégation de la famille, et donc de la société traditionnelle, et la fissure produite dans le bastion identitaire. En fin de compte, c'est par cette représentation romanesque des mentalités et des comportements au sein de la famille que nous identifions le Canadien français au début du XXᵉ siècle. Partant de là, nous pouvons observer, étape par étape, son évolution identitaire à travers la modernisation du Québec.

CHAPITRE II

La famille au début de la Deuxième Guerre mondiale

Le contexte socioéconomique

Les deux romans qui font l'objet de notre analyse dans ce chapitre nous reportent dans les années 1930 et au début de la Deuxième Guerre mondiale. La décennie de 1930 est marquée par la grande crise économique internationale qui a débuté avec le krach boursier du 24 octobre 1929. Cette crise, longue et pénible, ne trouvera son issue que dans la Deuxième Guerre mondiale, laquelle relancera l'économie occidentale.

Le Canada est l'un des pays les plus durement touchés par la crise. Il est l'un des principaux fournisseurs de denrées agricoles pour le marché mondial. Pendant la décennie qui suit la fin de la Première Guerre mondiale, les pays d'Europe ont entrepris leur reconstruction et ont cherché à protéger leur agriculture. De sorte qu'à la fin des années 1920, la production agricole dépasse la capacité d'absorption des marchés internationaux. À partir de 1928, les prix des produits agricoles commencent à chuter et la baisse s'accélère au début des années 1930. Les gouvernements de divers pays recourent à la politique protectionniste en élevant les droits de douane sur les denrées importées, pour protéger leurs agriculteurs. Le protectionnisme s'étend rapidement à d'autres matières premières et aux produits manufacturés. Ainsi, le commerce international perd de sa vigueur. Le Canada est d'abord touché comme producteur de blé, puisque cette denrée représente, à la fin de l'année 1930, 32 % de ses exportations. Les provinces des Prairies sont alors plongées dans un marasme profond. Les effets se font sentir au Québec et surtout à Montréal, dont une partie de l'activité économique est reliée au développement de l'ouest, à l'exportation vers l'Europe de la production agricole des Prairies, et à la fourniture de biens manufacturés aux agriculteurs. La dépression, à l'échelle mondiale, provoque des réactions en chaîne. Non seulement l'exportation de denrées agricoles en souffre, mais divers secteurs liés au commerce international, comme les pâtes et papiers, les ressources minières – deux secteurs d'importance vitale pour l'économie de la province du Québec –, sont aussi affectés ; c'est la débandade dans divers secteurs. De nombreuses usines se voient obligées de fermer leurs portes pour des périodes plus ou moins longues. Des ouvriers et des ouvrières sont jetés sur le pavé, ou se retrouvent sous-employés. Le pouvoir d'achat est sensiblement réduit, ce qui entraîne à leur tour le commerce et les services dans le marasme. Les investissements sont stoppés, la construction s'arrête. Tout le système économique est déréglé et ce, à l'échelle internationale. La crise au Canada est accentuée en particulier par sa dépendance envers les exportations et par sa poussée industrielle survenue dans les années 1920 avec un surinvestissement dans certains secteurs de l'industrie manufacturière. Les effets de la crise sur la main-d'œuvre active sont graves. Dans les centres industriels, ce sont les chômeurs qui supportent le plus lourd fardeau de la crise. Faute de statistiques systématiques, on évalue entre 1931 et 1933 le nombre de chômeurs à 25-30 % de la main-d'œuvre active[1]. Travaillant majoritairement dans les industries à bas salaire, les ouvriers canadiens-français n'ont pas d'économies. Le chômage atteint davantage certains groupes, en particulier les travailleurs de la construction et les ouvriers des secteurs liés à l'exploitation des ressources naturelles et à la production des biens d'équipement. Il n'existe pas, au début, de programme d'assurance-chômage ou d'assistance sociale. Les chômeurs doivent se débrouiller chacun de leur côté, ou à bout de ressources, se tourner vers les organismes de charité. La famille et la paroisse jouent un grand rôle pour les aider à s'en sortir. Les femmes des chômeurs déploient leurs efforts pour équilibrer le budget familial, par exemple, en adaptant l'alimentation ou en retaillant les vêtements. Si on n'arrive pas à payer le loyer, on essaie de s'entendre avec le

---

1. Le nombre de chômeurs varient selon les historiens. Jean-Paul Montminy et Jean Hamelin évaluent le taux de chômage à 30 % de la main-d'œuvre active entre 1931 et 1933. (Voir Dumont, *op. cit.*, p. 25). Linteau et ses collègues estiment que le taux qui n'était de que de 2,9 % en 1929 atteint près de 25 % en 1933. Selon John Thomson, le taux de chômage pour l'ensemble du Canada est d'environ 27 % en 1933 (Voir Linteau et autres, *op. cit.*, p. 14 et 75). Selon Jacques Lacoursière et ses collègues, le taux de chômage chez les ouvriers syndiqués du Québec passe, entre 1929 et 1930, de 7,7 % à 14 %, monte à 19,3 % en 1931 et à 26,4 % en 1932. (Voir Lacoursière et autres, *op. cit.*, p. 422).

propriétaire afin d'obtenir des délais. Si l'on n'y arrive pas, on déménage en catimini, la nuit. L'entraide entre voisins et parents devient essentielle. De nombreux enfants de familles nécessiteuses présentent des symptômes de malnutrition et l'incidence de la tuberculose demeure élevée.

La crise, par son ampleur et sa durée, prend l'allure d'un malheur public. Elle frappe aussi le corps social dans sa croissance même.

Le taux de croissance annuel de la population tombe de 2,2 pour cent à 1,3 pour cent en 1938, moins à cause d'un arrêt de l'immigration que d'une chute du taux de natalité. Ce taux s'était maintenu à des sommets durant la décennie 1910-1920 ; il oscillait aux alentours de 38 pour mille par année. Dans la décennie suivante, l'urbanisation accélérée de certaines zones amorce un efficace travail de sape : le taux de natalité dégringole à 28 pour mille. La crise joue dans le même sens : à partir de 1933, le taux de natalité se stabilise aux alentours de 25 pour mille, conséquence, entre autres facteurs, d'une chute du taux de nuptialité amorcée en 1930. N'eût été une baisse parallèle du taux de mortalité, consécutive à la politique d'hygiène mise en place dans les années vingt, le taux de croissance annuel aurait connu une baisse marquée. De 13 pour mille en 1930, le taux de mortalité ne dépasse guère 10 pour mille à la fin de la décennie[2].

Les industries connaissant le marasme, l'urbanisation s'en trouve ralentie. Depuis le début du siècle, la croissance urbaine s'alimente principalement d'immigrants et de paysans qui quittent leur terre. Or avec la crise, l'immigration et l'exode rural sont presque entièrement stoppés. La main-d'œuvre excédentaire des campagnes ne peut venir s'installer à la ville où il n'y a plus d'emploi. Selon le recensement de 1931, 59,5 % de la population québécoise est urbaine. Dix ans plus tard, le pourcentage de la population urbaine n'atteint que 61,2 %. En chiffres absolus, le Québec, qui avait gagné près d'un demi-million de citadins pendant la décennie 1920, en gagne à peine 300 000 pendant la décennie suivante. La population urbaine continue donc de s'accroître, mais à un rythme beaucoup plus modeste.

Néanmoins, l'urbanisation, quoique ralentie, contribue à créer une armée de travailleurs urbains qui se regroupent en partie dans des syndicats internationaux ou catholiques. La crise vient catalyser la maturation de la classe ouvrière. Le taux de syndicalisation passe de 9 % de la population active en 1931 à 17 % en 1941, pour atteindre 25 % à la fin de la guerre. Les grèves des mineurs d'Abitibi et des travailleuses de la confection de Montréal en 1934, et les grèves des chantiers maritimes de Sorel et des usines de la Dominion

---

2. Dumont, *op. cit.*, p. 23-24.

Textile en 1937, sont des signes de l'éveil de la conscience de la classe laborieuse ; on réclame la reconnaissance syndicale et on revendique l'amélioration des conditions de travail et l'augmentation des salaires.

Face à la récession dans tous les domaines, les gouvernements se voient obligés de prendre des mesures palliatives pour tenter de résoudre le chômage et la pauvreté. Ces mesures, sous forme de « secours directs » et de travaux publics, se présentent comme des solutions d'urgence qui restent temporaires. Mais leurs implications sont lourdes. D'abord, sur le plan financier, les municipalités se trouvent endettées parce qu'elles doivent partager les frais de certains travaux publics avec les gouvernements (la moitié) et les coûts des secours directs avec le fédéral et le provincial (le tiers). Ensuite, sur le plan social, les secours directs restreignent la mobilité de la main-d'œuvre : si l'on change de ville, on risque de perdre son droit aux secours, les règlements exigeant des bénéficiaires qu'ils aient résidé dans la municipalité depuis un nombre déterminé d'années. Enfin, sur le plan individuel, l'acceptation des secours inflige une certaine humiliation : plus d'un travailleur se sent déchu de sa dignité d'homme et de père de famille, et les jeunes voient leur avenir comme sans issue.

Ayant paré au plus pressé, l'État essaie de se redéfinir devant l'effondrement de l'économie. Le capitalisme occidental est fondé sur le libéralisme économique. L'un des principes de cette philosophie économique est que l'État intervient le moins possible dans l'économie. Au début de la crise, l'État, peu préparé à un effondrement d'une telle ampleur, attend que le système économique s'autorégularise, se replace de lui-même. Mais la gravité de la crise amène les gouvernements à repenser le rôle de l'État et à intervenir plus activement dans les activités économiques. Inspiré de la nouvelle stratégie de régulation de l'économie proposée par l'économiste anglais J. M. Keynes et à l'instar de Franklin D. Roosevelt, président des États-Unis, Richard Bedford Bennett, premier ministre du Canada, propose son propre New Deal et fait adopter une loi créant une banque centrale afin d'assurer un meilleur contrôle du système monétaire et financier. Il insiste sur la nécessité de réformer le capitalisme en établissant un contrôle et une réglementation étatiques. Une série de lois sont alors adoptées par le Parlement : création d'un régime d'assurance-chômage pour remplacer les secours directs ; loi du travail visant à assurer un salaire minimum, une journée hebdomadaire de repos et une semaine de travail maximum de 48 heures ; contrôle plus serré des monopoles par un amendement au code criminel et création d'une Commission du commerce et des prix ; amélioration des régimes de crédit agricole et de mise en marché des produits de la ferme, etc. Quant au gouvernement québécois, on poursuit la politique de l'introduction des capitaux étrangers pour assurer la création d'emplois d'une part, d'autre part on relance le mouvement de colonisation agricole qui apparaît aux yeux de certains comme la panacée au chômage et à la misère des villes ; sur la terre, au moins, la subsistance est assurée. De nombreux programmes sont mis sur pied aux deux niveaux de gouvernement, accordant généreusement des subventions aux colons. Mais,

> [l]e bilan de cette dernière poussée de colonisation est contradictoire. D'une part, on atteint le maximum de l'espace habité au Québec : même si beaucoup de colons en repartent, les 147 paroisses qu'ils ont contribué à ouvrir entre 1930 et 1941 demeurent un témoignage de leur activité. D'autre part, cette solution n'est que transitoire : conçue pour vider les villes des chômeurs, elle ne tient pas compte des contraintes posées par le climat, l'éloignement, la préparation insuffisante des colons et les difficultés de rentabiliser les exploitations[3].

La crise des années 1930 remet en question le libéralisme économique. Sur le plan idéologique, on distingue deux tendances principales.

La première tendance, antilibérale, est d'inspiration marxiste. Elle s'en prend au fondement même du libéralisme et du capitalisme qu'elle voudrait remplacer par un système fondé sur la propriété collective de l'économie et sur un fort interventionnisme d'État. Mais ce courant de gauche ne parvient pas à s'imposer au Québec, devant l'opposition énergique de l'Église qui brandit l'épouvantail du communisme, et devant la répression policière, judiciaire et législative –, le gouvernement Duplessis a adopté la « loi du cadenas » en 1937.

La deuxième tendance antilibérale implique plusieurs groupes nationalistes et corporatistes. Elle préconise plutôt des réajustements du système capitaliste afin d'éviter les abus, sans l'abolir ni en détruire les valeurs essentielles.

Le nationalisme québécois traditionaliste se fonde sur ce qui constitue l'identité québécoise, c'est-à-dire l'origine française paysanne, la langue française et la foi catholique, ainsi que sur les institutions qui assurent leur conservation, à savoir la famille, la paroisse et le mode de vie rural. Tout ce qui risque de porter atteinte à ces valeurs est perçu comme une menace à combattre. On attaque à la fois le communisme et le « colonialisme économique ». On reproche à la société libérale son matérialisme, son manque de

---

3. Linteau et autres, *op. cit.*, p. 39.

charité et de justice, et les maux dont elle s'accompagne dans les villes : corruption des mœurs, désunion des familles, chômage, misère. On condamne les grands monopoles industriels et financiers étrangers qui bafouent la langue et la religion du Québec, et exploitent les ressources naturelles de la province au mépris de ses intérêts nationaux. Victor Barbeau se fait l'écho de ce courant de contestation en écrivant dans *Le Devoir*, en 1937 :

> Par nécessité non moins que par vocation, notre sort se confond avec celui de l'agriculture. Faut-il vraiment en faire la preuve ? Qu'on nous enlève nos champs, nos forêts et nous cesserons virtuellement d'exister. Pas un de vous d'ailleurs ne l'ignore. Vous savez bien que ni le commerce ni l'industrie ni la finance ne nous appartiennent. Nous n'y figurons qu'en qualité de comparses. Il n'est pas une seule entreprise franco-canadienne dont les Anglo-Canadiens ne soient capables de se passer. Dans tous les domaines, ils en ont dix, cent pareilles, plus puissantes. Ils occupent partout le sommet de l'échelle. Et nous ? De quelle façon, hypothèse absurde, pourrions-nous leur faire sentir notre force ? En faisant la grève du gaz, de l'électricité, du téléphone, des chemins de fer, des tramways, des textiles, de la métallurgie ? Ne prolongeons pas la plaisanterie. Nous vivons sous la domination économique, matérielle, financière, capitaliste, machiniste, administrative des peuples anglo-saxons. Nous sommes leur bien, leur chose. Allons jusqu'au bout : nous sommes leurs serfs. Les villes leur appartiennent ; plusieurs villages de même. Alors que nous reste-t-il ? La terre[4].

Cependant, les attaques formulées par les nationalistes portent plutôt sur les excès du libéralisme économique que sur le capitalisme en tant que tel. Les partisans du nationalisme traditionnel proviennent des milieux cléricaux et des élites traditionnelles. Ils sont intellectuels, étudiants, hommes politiques ou spécialistes en sciences humaines, et groupés autour de *L'Action catholique*, de *L'Action nationale*, du *Devoir*, etc. Le boom industriel des années 1920 a fait reculer le mouvement nationaliste considéré comme passéiste et même réactionnaire. Mais la crise réactive ce courant qui, tout en conservant ses valeurs de base, adopte quelques conceptions nouvelles. Au lieu de condamner l'urbanisation et l'industrialisation, il cherche des moyens pour les Canadiens français de s'y adapter sans porter préjudice aux valeurs traditionnelles. Il affirme la nécessité de l'éducation et du développement économique pour la survie de la collectivité et il reconnaît l'importance du progrès scientifique.

---

4. Cité par Dumont, *op. cit.*, p. 11.

En parallèle au courant nationaliste, le corporatisme fait fortune dans le Québec des années 1930. Il se présente comme une « troisième voie » entre le libéralisme et le communisme, avec l'appui du Saint-Siège qui en prône l'implantation comme remède à la crise économique. Il vise à assurer l'ordre et la paix sociale par le moyen de la concertation harmonieuse de tous les groupes sociaux, réunis dans des corporations qui rassemblent ouvriers et patrons dans de communs efforts pour l'épanouissement de l'entreprise et celui de la nation. Ainsi, la collaboration de classes remplacera-t-elle la lutte de classes. La nation ne sera autre chose qu'une corporation intégrée des corporations particulières qui se substituera à la démocratie parlementaire, source de dissensions. On trouve dans le corporatisme certains traits du nationalisme traditionaliste : l'aspiration à l'harmonie et à la prospérité sociale, l'opposition aux conflits au nom de l'unité nationale, le culte au Chef – ce qui explique une certaine tendance fasciste chez les nationalistes de l'époque –, la méfiance envers l'État interventionniste, etc. C'est pourquoi les corporatistes se confondent souvent avec les nationalistes. Selon Linteau et ses collègues, le modèle proposé par le corporatisme est celui d'une société fortement structurée, élitiste, fermée sur elle-même, tournée vers la défense de son identité ethnique, linguistique et religieuse, et seule maîtresse de son économie. Et ce modèle exprime surtout les intérêts des élites traditionnelles, l'Église et la petite bourgeoisie, qui tentent ainsi de résister à la montée du capitalisme monopolistique, à la modernisation sociale et culturelle et à l'interventionnisme croissant de l'État, toutes choses qui menacent leur prestige et leurs positions dans la société[5].

La crise se termine finalement par le déclenchement de la Deuxième Guerre mondiale. Le développement rapide des usines de munitions et d'armement crée le plein-emploi. La guerre a pour effet de renforcer le pouvoir étatique dans le but de mobiliser les ressources humaines et matérielles. Il va sans dire que l'effort de guerre affecte tous les secteurs de l'économie nationale, la vie politique et la vie quotidienne. Au Québec, le Parti libéral dirigé par Adélard Godbout est au pouvoir entre 1939 et 1944. M. Godbout suit le gouvernement fédéral dirigé par le libéral Mackenzie King dans ses efforts pour gagner la guerre. Il adopte pourtant une série de mesures réformistes qui exerceront de profondes influences sur le développement du Québec de l'après-guerre. Celles qui attirent notre attention sont l'amendement constitutionnel permettant au gouvernement

---

5. Linteau et autres, *op. cit.*, p. 110-111.

fédéral de mettre sur pied un programme d'assurance-chômage, la création d'une Commission d'étude sur l'assurance-santé et d'un conseil d'orientation économique, l'adoption de la loi accordant le droit de vote aux femmes (1940) et de la loi rendant la fréquentation scolaire obligatoire jusqu'à 14 ans (1942), l'étatisation partielle de l'électricité et la création d'Hydro-Québec ainsi que l'adoption du code de travail qui reconnaît les syndicats et vise à encadrer les mécanismes de la négociation collective. Ces mesures réformistes, à l'actif du gouvernement Godbout, contribuent à adapter le Québec à la modernité. Mais Godbout tombe aux élections de 1944, victime d'une carte électorale qui accorde une représentation plus forte aux régions rurales – ce qui permet à l'Union nationale d'obtenir la majorité absolue des sièges avec seulement 38,2 % des votes – et surtout victime de la crise de la conscription. En effet, aux élections de 1939, les chefs libéraux fédéraux se sont engagés à s'opposer à la conscription. Mais la loi de la mobilisation des ressources nationales adoptée en 1940 permet le recrutement obligatoire pour la défense du territoire canadien. Pour le service outre-mer, on recourt au volontariat. Cependant, sous la pression des Canadiens anglophones, le gouvernement King décide de tenir un plébiscite en 1942 pour se libérer de son engagement antérieur, en prévision d'une situation qui se détériore en Europe. La campagne référendaire donne lieu à des débats passionnés. Au Québec, 71,2 % de la population refuse de libérer le gouvernement de sa promesse, alors que 80 % accepte dans le reste du Canada. Ainsi, l'anglophobie est une fois de plus vivifiée chez les francophones. Pourtant, le gouvernement King attend jusqu'en 1944 avant d'imposer une telle mesure.

La période de 1930-1945 est une époque où le Québec connaît des hauts et des bas dans son développement, dans son cheminement vers l'ouverture et vers la modernité, où les problèmes économiques et sociaux se concentrent surtout dans de grands centres industriels et les ouvriers canadiens-français sont les principales victimes de la crise. Les deux romans de mœurs urbaines qui font l'objet de notre analyse – l'un prend comme toile de fond Montréal, l'autre, la ville de Québec – nous aideront à mieux connaître le vécu des Canadiens français durant cette époque les changements survenus dans leur mentalité et dans leurs comportements au sein de la famille.

**Exemple 3 : Les Lacasse. Une famille ouvrière
selon *Bonheur d'occasion* de Gabrielle Roy, Montréal,
Éditions internationales A. Stanké, Québec 10/10, 1977**

Ce roman, paru en 1945, a été salué comme un événement littéraire. Il a obtenu le prix Femina en 1947. De nombreuses traductions en langues étrangères lui ont permis d'avoir une place dans la littérature mondiale. Le grand succès qu'il a connu est dû à son tableau social de style balzacien qui peint la misère au temps du chômage causé par la crise économique des années 1930. Nous allons voir dans cette analyse comment une famille ouvrière s'est débattue avec cette misère, quelles étaient ses conditions de vie, quel était son état d'esprit, comment on s'est serré les coudes pour traverser cette époque et comment la famille s'en est sortie.

Présentation de la famille Lacasse

Nous sommes en 1940, dans Saint-Henri de Montréal, quartier populaire où la plupart des habitants sont des ouvriers, des petits employés et des petits commerçants. La famille Lacasse vit dans ce quartier. Elle est composée de dix membres : père, mère et huit enfants. Ce sont Azarius, père de famille, 38 ans, menuisier de métier ; Rose-Anna, mère de famille, 40 ans, d'origine paysanne, femme de ménage et couturière autonome occasionnelle ; Florentine, fille aînée, 19 ans, serveuse ; Eugène, fils aîné, 18 ans, chômeur et puis enrôlé ; Philippe, deuxième fils, 15 ans, enfant de la rue ; Yvonne, deuxième fille, 13 ans, couventine et religieuse en réserve ; Daniel, fils malade, 6 ans ; ainsi que Lucile, Albert et la petite Gisèle dont l'auteure nous parle moins. C'est une famille nucléaire mais nombreuse.

L'environnement urbain

Saint-Henri est bordé au sud par le canal de Lachine, surplombé au nord par Westmount dont le luxe contraste avec la pauvreté du faubourg, traversé par des voies ferrées et sillonné de rails de tramway. D'une animation fébrile, il est pollué par les cris stridents de sirènes, le tintamarre des tramways et la suie crachée par les cheminées d'usines et de locomotives. L'auteure recrée minutieusement l'ambiance urbaine :

> Dès que s'ouvrait la navigation, le cri cent fois répété de la sirène, le cri qui jaillissait au bas de la chaussée Saint-Ambroise depuis le couchant jusqu'à l'aube,

montait sur le faubourg et, porté par le vent, atteignait même le Mont-Royal[6] (p. 33).

Dans la nuit, près du canal, on entend toutes sortes de bruits : galop effréné de la vapeur, long hurlement des sifflets, éclat court et haché de la cheminée des barges, sonnerie grêle, cassée des signaux d'alarme, ronronnements d'hélice. Si l'on s'éveille au milieu de ces bruits, on croirait voyager dans un cargo ou dans un wagon-lit. Au centre de Saint-Henri, quand les barrières des passages à niveau tombent, la foule piétine, des automobiles rangées à la file ronronnent à l'étouffée, les automobilistes exaspérés klaxonnent furieusement contre ces trains qui, d'heure en heure, arrêtent la circulation et passent tout en hurlant.

> Le train passa. Une âcre odeur de charbon emplit la rue. Un tourbillon de suie oscilla entre le ciel et le faîte des maisons. La suie commençant à descendre, le clocher Saint-Henri se dessina d'abord, sans base, comme une flèche fantôme dans les nuages. L'horloge apparut ; son cadran illuminé fit une trouée dans les traînées de vapeur ; puis, peu à peu, l'église entière se dégagea, haute architecture de style jésuite. Au centre du parterre, un Sacré-Cœur, les bras ouverts, recevait les dernières parcelles de charbon. La paroisse surgissait. Elle se recomposait dans sa tranquillité et sa puissance de durée. École, église, couvent : bloc séculaire fortement noué au cœur de la jungle citadine comme au creux des vallons laurentiens. Au-delà s'ouvraient des rues à maisons basses, s'enfonçant de chaque côté vers les quartiers de grande misère, en haut vers la rue Workman et la rue Saint-Antoine, et, en bas, contre le canal de Lachine où Saint-Henri tape les matelas, tisse le fil, la soie, le coton, pousse le métier, dévide les bobines, cependant que la terre tremble, que les trains dévalent, que la sirène éclate, que les bateaux, hélices, rails et sifflets épellent autour de lui l'aventure (p. 37-38).

C'est dans un de ces « quartiers de grande misère », sur la rue Beaudoin, que demeurent les Lacasse.

Les conditions de vie ouvrière

Dans cette famille, seule Florentine touche des payes régulières dont elle donne une part à sa mère. Avec ses maigres revenus, Rose-Anna a du mal à joindre les deux bouts. Elle ne fait que les dépenses strictement nécessaires pour assurer les besoins substantiels, calculant chaque sou. Quand elle part à la recherche d'un nouveau logement, les petits enfants s'accrochent à ses

---

6. Toutes les citations du roman sont tirées de *Bonheur d'occasion*, Montréal, Éditions internationales Stanké, Québec 10/10, 1977.

jupes et crient : « Tu m'apporteras un lapin en chocolat, maman ! Tu m'apporteras une flûte, maman ! » (p. 94) Dans le magasin de sa fille, Rose-Anna hésite devant une petite flûte de métal :

> Achèterai-je la flûte brillante, la flûte mince et jolie, ou les bas, le pain, les vêtements ? Qu'est-ce qui est le plus important ? Une flûte comme un éclat de soleil entre les mains d'un petit enfant malade, une flûte joyeuse, qui exhalera des sons de bonheur, ou bien, sur la table, la nourriture de tous les jours […] (p. 125) ?

Elle examine la flûte brillante et la remet tout de suite à sa place. Florentine offre de lui payer du poulet à quarante « cennes », Rose-Anna, économe, refuse de s'accorder ce plaisir coûteux. C'est sur l'insistance de Florentine et pour ne pas contrarier sa fille qu'elle accepte finalement.

> « Quarante cennes, comme c'est cher ! » Toute sa vie, elle, qui connaissait si bien les prix des aliments, elle, qui avait appris à composer des repas solides et peu coûteux, avait gardé une répugnance de paysanne à payer dans les restaurants un repas qu'elle aurait pu préparer... à un prix tellement plus modique. Mais toute sa vie aussi, elle avait refoulé la forte tentation de s'accorder une fois en passant ce plaisir qu'elle jugeait si extravagant (p. 121).

Elle a enduré tant de peines, depuis dix ans, depuis le début de la crise, qu'elle connaît l'importance de l'argent dans la vie quotidienne et n'ose jamais dépenser n'importe comment. L'auteure décrit l'attachement des Lacasse à l'argent en ces termes :

> […] ils y attachaient leur regard, ils suivaient l'argent une fois donné, par leur pensée, ils continuaient par mille chemins à y tenir encore, comme à une chose d'eux-mêmes, arrachée, perdue. Il arrivait à Rose-Anna de rabâcher sans raison apparente, quand elle était fort lasse, l'emploi peu judicieux qu'elle avait fait autrefois de telle ou telle petite somme (p. 121).

Poursuivie, traquée par la misère, Rose-Anna vit tout le temps dans une angoisse obsessionnelle. Elle n'a que des mots de douleur quand elle engage la conversation avec ses enfants les plus vieux. L'auteure commente :

> C'était là ses vrais mots de salutation. Et peut-être étaient-ce les plus sûrs pour toucher les siens, car sauf les soucis, qu'est-ce donc qui les tenait tous ensemble ? Est-ce que ce n'était pas là ce qui, dans dix ans, dans vingt ans, résumerait encore le mieux la famille (p. 120) ?

Voyons de près la misère qu'endurent les Lacasse dans la vie quotidienne. D'abord, ils sont mal logés. Dix personnes sont tassées dans une petite maison de bois. Dans la salle à manger, deux sofas et un canapé servent de lits aux filles, fillettes et petits garçons. Eugène, fils aîné, installe tous les soirs son lit de camp dans la cuisine, entre la table et l'évier. Les parents partagent la pièce double avec le petit Daniel, malade, qui dort sur un petit lit de fer. Les meubles sont vieux, usés. L'intérieur de la maison est encombré de vêtements d'enfants, de vieux jouets défoncés. Le linge lavé sèche, étalé sur le dossier de la chaise et des bas sont pendus à une corde qui suit le tuyau du poêle. Chaque printemps, les Lacasse sont obligés de déménager.

> Quand Florentine et Eugène avaient l'âge d'aller à l'école, déjà ils ne déména-geaient plus de leur propre gré, mais parce qu'ils ne payaient pas régulièrement le propriétaire, et qu'il fallait bien trouver un logis moins coûteux. D'année en année, il avait fallu chercher un logis moins coûteux, tandis que le prix des loyers montait et que les maisons habitables devenaient de plus en plus rares (p. 96).

Depuis longtemps, Rose-Anna se contente de trouver un logis, n'importe lequel. Elle ne cherche qu'un abri : des murs, un plafond, un plancher. Les Lacasse ont déménagé une vingtaine de fois dans le faubourg, tantôt dans un logis humide au sous-sol, tantôt dans de petites pièces au faîte d'un immeuble crasseux. L'année où se déroule le récit, les Lacasse n'ont trouvé un logement qu'à la dernière minute, que le jour où le nouveau locataire est venu s'installer dans leur logis. Ils déménagent en toute hâte, tard le soir. C'est pitoyable de voir les matelas jaunis, les chaises boiteuses à l'envers, les tables égratignées, les fers de lits rouillés et laids, les miroirs éteints… entassés sur le camion, exposés à la vue des badauds et des enfants qui s'attroupent par curiosité devant le seuil de la maison éclairé.

La nouvelle maison a cinq pièces, mais est très mal située. Elle se trouve dans une impasse ouverte sur la rue du Couvent. Aucun trottoir n'y donne accès. Elle est plaquée immédiatement devant le chemin de fer, à quelque cent pas de la gare. Pour accéder à la porte d'en avant, il faut côtoyer les rails de près et la suie s'y amoncelle si épaisse que cette porte semble ne pas avoir été ouverte depuis des mois. À l'approche du train, la sonnerie d'alarme résonne, grêle, soutenue. Quand le train passe, la maison, avec ses vitres disjointes, ses fondations ébranlées, tremble, frémit longuement.

> Pas étonnant, songeait Rose-Anna, qu'on l'a eue pas cher. Si près des tracks, c'est quasiment pas habitable. Ce bruit-là, je m'y habituerai jamais (p. 282).

Pour un logement pas cher, il y a toujours un inconvénient :

Des fois, c'était l'ombre ; des fois, c'était le voisinage d'une usine ; d'autre fois, c'était l'exiguïté du logement ; ici, c'était la proximité du chemin de fer (p. 282).

Donc, on n'a pas le choix, on s'y résigne.

Ensuite, les Lacasse sont mal vêtus. Les enfants manquent de vêtements, de caoutchoucs, de couvre-chaussures. Ils n'ont pas de linge de rechange. Si le linge n'a pas suffisamment séché durant la nuit, le petit Daniel reste à demi vêtu toute la matinée. Rose-Anna passe la soirée sous la lampe, à ravauder les vêtements d'enfants, à raccommoder les accrocs, à confectionner, dans du vieux, un manteau d'hiver pour l'un ou l'autre des enfants.

Et souvent, elle ne s'était pas fait trop de scrupule de garder les plus jeunes à la maison, faute de vêtements chauds quand, en revanche, elle déployait toute son énergie à envoyer les plus grands en classe ; et cela au prix d'une préférence cent fois marquée qui faisait pleurer les plus petits. Daniel surtout avait été lésé. Il lui apparut qu'à cause de sa maladie, l'enfant avait été privé depuis longtemps de chaussures neuves (p. 179).

Un soir, Azarius fait la lessive à la place de Rose-Anna qui est allée lui chercher un emploi. Il frotte une petite jupe noire, trouée et si usée que, sous ses doigts durs et maladroits, l'étoffe éclate de toutes parts. Même Florentine porte pour travailler des bas qui ont filé.

Quand on décide d'emmener les enfants à la campagne, on s'aperçoit qu'ils n'ont quasiment rien à se mettre sur le dos. Rose-Anna endure la pauvreté avec assez de courage, à la condition qu'elle n'ait pas des gens de sa famille pour témoins. « Aller leur montrer ses enfants en guenille ! Non, elle ne s'y résignerait jamais. » (p. 175) Elle ne veut pas que sa famille connaisse leur misère. Il faut à tout prix sauver la face, d'autant plus qu'on les croit à l'aise en ville. C'est à la dernière minute qu'elle envoie Azarius pour acheter deux verges de serge bleue, quatre paires de bas, une chemise pour Philippe, une paire de chaussures pour Daniel. Elle passe la nuit à coudre. Elle se dit avec amertume :

[...] la pauvreté est comme un mal qu'on endort en soi et qui ne donne pas trop de douleur, à condition de ne pas trop bouger. On s'y habitue, on finit par ne plus y prendre garde tant qu'on reste avec elle tapie dans l'obscurité ; mais qu'on s'avise de la sortir au grand jour, et on s'effraie d'elle, on la voit enfin, si sordide qu'on hésite à l'exposer au soleil (p. 175-176).

Enfin, les Lacasse sont mal nourris. Ils mangent à leur faim, mais mal. On a de quoi se mettre sous la dent, mais pas ce qui est nécessaire pour former les os, les dents, pour assurer la santé. C'est pourquoi les enfants sont, les grands comme les petits, maigres, chétifs, de teint pâle. Un soir, Rose-Anna ne peut leur servir au souper que du pain et un peu de viande froide en disant qu'elle n'a pas eu le temps d'aller aux provisions. Le misérable goût de ce repas, Florentine se le rappelle toujours, comme une nourriture de peine et de ressentiment qui jamais ne passera. Une remarque de sa belle-sœur rappelle à Rose-Anna l'état de santé réel de ses enfants : « Mais ils sont ben pâles tes enfants, Rose-Anna ! Leur donnes-tu de quoi manger au moins ? » s'écrie Réséda. Blessée, Rose-Anna se sent prise de colère. Mais sa colère tombe sitôt qu'elle fait le tour de ses enfants, d'un regard craintif et effaré. Elle s'aperçoit de leur petit visage maigre et de leurs membres fluets. Ses enfants font contraste avec ceux de sa belle-sœur, tous joufflus, robustes, potelés et rosés.

> L'avant-dernier de Réséda s'était traîné vers elle sur de grosses pattes courtes, à demi arquées, potelées aux genoux ; et, tout à coup, au-dessus du bébé, elle avait aperçu une rangée de petites jambes grêles. De ses enfants, assis contre le mur docilement, elle ne voyait plus que les jambes, des jambes pendantes, longues et presque décharnées (p. 196).

Tout compte fait, les Lacasse vivent dans des conditions déplorables, se débattant avec la misère. De quelle manière peuvent-ils s'en sortir ?

La mentalité des Lacasse

Pendant les dix premières années de leur mariage, Azarius et Rose-Anna ont dû vivre de courts moments de bonheur quand Azarius avait des payes régulières et qu'ils avaient moins d'enfants. Mais la crise de 1930 a affecté Azarius parmi les premiers. Au début, il était trop fier pour accepter n'importe quel travail. Il cherchait à reprendre son métier dans l'industrie de la construction sans arriver à réintégrer la corporation. Il a fini par demander le secours de l'État. Durant le grand chômage, il a essayé différents métiers : livreur de lait, livreur de glace, vendeur de magasin, etc. Mais c'est un homme instable, un rêveur. Il faisait souvent des projets absurdes, se croyait capable de tous les métiers et sur le point de faire fortune. Il se risquait dans des entreprises auxquelles il n'entendait rien. Il a utilisé les deux cents dollars que Rose-Anna avait reçus de son père en héritage pour la fabrication de petits meubles de fantaisie. Il a fait faillite. Loin d'être découragé, il a ouvert un commerce de ferronnerie et de réparation avec une centaine de dollars réalisés *de grippe et de grappe*, en association avec un individu dont il connaissait tout juste le nom. Encore une fois, il a échoué, avec la fuite de son associé. Malgré cela, il n'a pas perdu confiance. Il refusait toujours les petits emplois, déclarant qu'il n'était point né pour des besognes de gagne-petit. Il a même tenté sa chance dans une affaire de *sweepstake*. Cette fois, l'auteure rapporte qu'il a eu quasiment maille à partir avec la police. Malchanceux, il essuyait toujours des échecs. C'est durant son chômage qu'il est devenu «hâbleur, grand discoureur, fréquentant les débits de tabac, les petits restaurants du quartier» (p. 161). Et sa réputation de paresseux s'est faite dans le voisinage. On le considérait comme un sans-cœur qui laissait sa femme faire des ménages plutôt que d'accepter un honnête travail.

Au début du récit, Azarius travaille comme chauffeur de taxi. Il dédaigne ce métier de gagne-petit. Au lieu de faire diligence, il va placoter au restaurant des Deux Records, en face de la station, avant l'arrivée du prochain train.

> [...] de jour en jour, Azarius parle de grands projets, il veut quitter son emploi de chauffeur, tenter autre chose, comme si on pouvait être libre de choisir son travail quand on a des enfants à nourrir et, dans la maison, à chaque moment du jour, des soucis frais, comme si on était libre de dire : «Telle besogne me convient, telle autre, je dédaigne.» Ah! Lâcher le sûr pour l'incertain, voilà à quoi, toute sa vie, il s'était complu; voilà bien Azarius! pense Rose-Anna (p. 69).

En effet, Azarius perd sa *job*, se fait *slacquer*, parce que le patron en a assez de lui, et «d'autant plus qu'il veut en remontrer à tout le monde» (p. 71). Peu de temps après, grâce à l'intercession de sa femme auprès d'un entrepreneur, il se remet au travail comme camionneur. Mais l'idée incongrue lui vient un jour de procurer une joie extraordinaire à ses enfants et à sa femme, en les amenant à la campagne, pour visiter la parenté de Rose-Anna. Il projette de ramener de Saint-Denis trente à quarante gallons de sirop pour payer leur voyage. Encore une fois, il joue de malchance. Un accident de route à la campagne révèle qu'il s'est servi du camion sans permission. Le patron le congédie le lendemain de son retour du voyage de *bonheur d'occasion*. De toute façon, c'est un homme dépourvu du sens pratique, «mal ajusté à la vie quotidienne» (p. 50). Il est toujours animé d'un optimisme sans fondement, d'une confiance aveugle en lui-même et en toute chose. «Y est trop porté à tout voir en beau», dit sa belle-mère (p. 97). Au point qu'il ne s'aperçoit pas de la misère dans laquelle il a entraîné sa famille.

À part des soucis quotidiens et des rêves qu'il fait pour s'enrichir, Azarius s'occupe beaucoup de la guerre qui se déroule en Europe. C'est un des sujets de conversation dans les tavernes et les débits de tabac, entre les hommes. Azarius est un de ces Canadiens français chez qui on trouve « à travers les siècles un mystérieux et tendre attachement pour leur pays d'origine, une clarté diffuse au fond de l'être, une vague nostalgique quotidienne qui trouve rarement à s'exprimer mais qui tient à eux comme leur foi tenace et comme leur langue encore naïvement belle » (p. 297). Il aime la France qui lui apparaît comme le soleil qui réchauffe, qui ne tombe jamais. Il est profondément touché par son invasion. Il garde une incurable, une naïve confiance dans le bien, insiste sur sa conviction que cette guerre est pour la justice et le châtiment. Après dix ans d'échecs, de déveines, de peines et de chômage occasionnel, Azarius finit par reconnaître qu'il est rendu « au boutte des bouttes » (p. 371). Saisi d'une fièvre intrépide à la pensée de combattre les grandes afflictions ravageant le monde et, afin de donner quelques années de tranquillité à sa femme et à ses enfants grâce aux allocations et pensions gouvernementales, il décidera de s'enrôler, le jour de la naissance de leur douzième enfant et de la mort due à la leucémie du petit Daniel dans un hospice.

Les échecs successifs d'Azarius peuvent s'expliquer, nous semble-t-il, non seulement par son tempérament personnel, instabilité, jonglerie, disposition aventurière…, mais aussi par l'inadaptation à la réalité urbaine de ceux qui viennent de quitter le milieu rural où ils sont maîtres de leur terre, détenteurs des moyens de production, où ils se permettent tout sur leur propre terre. Une fois installé en ville, on perd son autonomie, entraîné dans l'engrenage de l'économie capitaliste. Nous n'avons pas d'indice dans le récit pour identifier l'origine d'Azarius, mais il s'avère inadapté à la réalité urbaine. Cette inadaptation apparaît sur différents plans.

D'abord, sur le plan professionnel, il n'est pas préparé pour faire n'importe quoi. Il manque d'instruction – notons bien qu'il n'a que le niveau d'instruction primaire – et de connaissances économiques pour faire du commerce.

Ensuite, sur le plan psychologique, il s'en tient trop à la dignité professionnelle. Sauf son métier de menuisier, rien ne l'intéresse réellement et le courage lui manque d'aller « travailler à n'importe quoi, dans les rues, aux égouts […] » (p. 371).

Enfin, sur le plan idéologique, il n'est pas conscient de son appartenance à une classe sociale dépossédée. En ville, il ne vit que de sa force physique. Déshérité et prolétaire, il est, pour ainsi dire, un individu en soi, et non pour soi. Il ne se rend pas compte que sa misère à lui n'est pas un fait social isolé, étant donné que l'existence d'une armée de chômeurs est inévitable dans un régime d'économie libérale, surtout quand l'économie se trouve en difficulté. L'auteure nous parle aussi, dans le roman, d'autres jeunes chômeurs tels que Boisvert, Alphonse, Pitou et Eugène. Quand les autres chômeurs prennent plus ou moins conscience de la réalité sociale, Azarius garde encore une naïve croyance dans la démocratie du régime capitaliste. L'auteure fait parler un petit homme à tête chafouine dans le restaurant des Deux Records : « Ben quiens !… c'est la soupe pour les vieillards, la Saint-Vincent-de-Paul et pis le chomage ; un tiers de la population sur le secours direct et des pauvres diables qui travaillent dans les rues à treize cennes de l'heure pendant quatre, cinq jours au printemps. La v'là, la démocratie » (p. 46). Et Azarius réplique que c'est aussi le droit de dire ce qu'on a sur le cœur. En réalité, la liberté de l'expression des griefs et des plaintes n'est qu'une soupape de la société, elle n'apaise point la faim qui tenaille l'estomac.

En fin de compte, l'échec d'Azarius n'est pas que personnel : c'est aussi celui des émigrants en ville, des inadaptés, des laissés-pour-compte de la crise.

Nous avons suffisamment parlé des soucis qui assaillent Rose-Anna en tant que maîtresse de la maison. Elle déploie tous ses efforts pour aider son mari, pour nourrir et vêtir ses enfants qu'elle considère comme sa seule richesse. La famille est tout pour elle. Elle n'a pas d'ambition. Elle ne vit que pour sa famille. Avec son intelligence pratique, elle ne s'attend jamais à la tombée d'une manne céleste pour améliorer ses conditions de vie. « C'est plus sûr de compter su nos bras, rien que su nos deux paires de bras que de se laisser prendre par des jongleries […] », répète souvent Rose-Anna à Azarius. C'est cette foi inébranlable qui lui donne un courage à toute épreuve. C'est avec abnégation et résignation chrétiennes qu'elle accomplit son devoir d'épouse et de mère. Bref, elle correspond à l'idéal de femme canadienne-française traditionnelle : laborieuse, vaillante, pieuse et féconde.

La mentalité des deux enfants adultes, Florentine et Eugène, est un peu différente de celle de leurs parents. Ils sont nés dans une grande ville industrielle et commerçante où la forte tentation de consommation et l'influence du *peer group* affectent visiblement leur conception de la vie, leur conception de l'argent, leurs habitudes de consommation, leur manière de passer les temps de loisir, etc. Selon David Riesman, dans les familles peu nombreuses des centres urbains, on assiste à un relâchement des vieux modèles disciplinaires. L'enfant attache beaucoup plus d'importance au *peer group*, c'est-à-dire au groupe constitué par ses compagnons du même âge et de la même classe. Les communications de masse, cinéma, radio, bandes dessinées et, d'une façon générale, tous les moyens de culture populaire, renforcent et maintiennent la pression exercée par l'école et le *peer group*. La socialisation des enfants doit dépasser largement le cadre de la famille pour que les enfants réussissent dans la société et s'adaptent au milieu urbain sur le plan conjugal et sur le plan personnel[7]. Dans les chapitres suivants, l'école, l'influence du *peer group* et des médias de masse seront encore plus en évidence dans la socialisation des enfants. Mais chez les enfants des Lacasse, l'impact du milieu est déjà accusé. Eugène ainsi que son frère Philippe, ayant quitté l'école, vagabondent dans les rues. Ils ne rentrent à la maison que pour manger et dormir. Souvent, Florentine tarde à rentrer après les heures du travail. Avec les gars, elle va au cinéma, ou bien avec ses copines, elle va «danser un tour ou deux à la musique d'un juke-box et grignoter des tablettes de chocolat» (p. 16), ou bien lécher les vitrines de la rue Sainte-Catherine. Il est à noter qu'elle est à l'âge où les garçons lui font de l'œil.

> Ses compagnes de travail, Louise, Pauline, Marguerite, toutes sauf Éveline, la «gérante», acceptaient par-ci par-là une invitation faite en blague en se taquinant à l'heure du lunch. Pauline disait que ces aventures n'étaient pas dangereuses à condition que le garçon vînt vous prendre à la maison pour n'aller qu'au cinéma. On avait alors tout le loisir d'étudier son ami et de décider si oui ou non on continuerait à le voir. Louise s'était même fiancée à un jeune soldat qu'elle avait d'abord connu au restaurant (p. 16).

Florentine est sensible à ce qu'elle a vu, à ce qu'elle a entendu autour d'elle. Et cela se traduit dans ses comportements.

Elle n'aime pas son travail. Une serveuse doit être toujours souriante et prête à servir.

> Dieu, qu'elle était fatiguée de cette vie! Servir des hommes mal élevés qui l'offensaient de leurs avances; ou encore d'autres, comme Jean Lévesque, dont l'hommage n'était peut-être qu'ironie. Servir, toujours servir! Et ne manquez pas de sourire. Avoir toujours le sourire quand ses pieds brûlaient comme s'ils eussent été posés sur des lits de braise! Sourire quand la rage lui montait à la gorge en une boule lourde et dure! Sourire aussi quand ses membres endoloris pliaient de fatigue! (p. 19-20)

Le sourire est de rigueur pour ceux qui travaillent dans le secteur tertiaire. C'est un sourire forcé, figé. Florentine le dédaigne. Elle est encore jeune. Il faut jouer immédiatement, pense-t-elle, «tout son charme physique dans un terrible enjeu pour le bonheur» (p. 20). Elle tombe amoureuse de Jean

---

7. David Riesman, *La foule solitaire: anatomie de la société moderne*, Paris, Éditions Artaud, 1964, p. 44-45.

Lévesque, un de ses clients. Qu'est-ce qui la séduit chez Jean? La beauté physique? Oui, mais plus que ça. Elle aime sa mise recherchée, son indifférence pour l'argent, son assiduité pour les études. Elle voit en lui un homme qui réussira bientôt dans la vie.

> Jamais elle n'avait rencontré dans sa vie un être qui portât sur lui tant de signes de succès. Il pouvait bien, ce garçon, n'être qu'un mécanicien en ce moment, mais déjà elle ne doutait pas plus de sa réussite dans l'avenir, dans un avenir très rapproché même, que de la justesse de l'instinct qui lui conseillait de s'en faire un allié (p. 22).

Avec lui, elle réalisera son idéal de vie, et se débarrassera à jamais de la misère. Quel est son idéal de vie? Pour Florentine, la vie idéale consiste en ce qui la tente tous les jours dans la rue Sainte-Catherine: une femme bien vêtue, bien nourrie, satisfaite et allant à des divertissements qui se paient cher.

> Et soudain, elle évoqua la rue Sainte-Catherine, les vitrines des grands magasins, la foule élégante du samedi soir, les étalages des fleuristes, les restaurants avec leurs portes à tambours et leurs tables dressées presque sur le trottoir derrière les baies miroitantes, l'entrée lumineuse des théâtres, leurs allées qui s'enfoncent au-delà de la tour vitrée de la caissière, entre les reflets de hauts miroirs, de rampes lustrées, de plantes, comme en une ascension si naturelle vers l'écran où passent les plus belles images du monde: tout ce qu'elle désirait, admirait, enviait, flotta devant ses yeux (p. 21).

Nous voyons bien que dans son évocation éblouissante, le bien-être matériel est primordial. Comme le dit sa mère, Florentine est pratique, ce qui la distingue de son père rêveur et de sa mère un peu rêveuse aussi. Pour réaliser son projet existentiel, elle s'efforce de paraître attrayante, coquette, au risque d'être ridicule en se poudrant sans cesse et en se mettant trop de rouge à lèvres, au risque de se compromettre en invitant Jean Lévesque à la maison en l'absence de ses parents. Après avoir été abandonnée par celui-ci, elle ne se soumet pas à son destin. Elle se redresse de son chagrin d'amour et joue tous ses petits tours de jeune fille: coquetterie, jalousie, mensonge... pour faire tomber Emmanuel Létourneau dans le filet qu'elle lui tend, sans qu'il ne s'en aperçoive. Elle réussit cette fois. Elle se marie avec Emmanuel qu'elle n'aime pourtant pas, mais qui lui servira de paravent, lui assurera la sécurité et le salut. Même plus que ça. «Emmanuel... arriverait peut-être à lui donner le goût de vivre, un nouvel orgueil, de la joie encore à être bien mise, coquette et irrésistible.» (p. 334) Elle fait un mariage-éclair. Le bonheur de sa vie conjugale est de courte durée et passager. Au bout d'une quinzaine de jours, son mari part au front de l'Europe. Mais avec l'argent qu'il lui a donné et la pension qu'elle va toucher, Florentine devient riche. «Son petit cerveau pratique» est maintenant rempli de toutes sortes de considérations nouvelles, agréables et consolantes. Elle aura une vie tranquille et aisée. Elle étendra «cette aisance, cette tranquillité à sa mère, à ses sœurs et frères avec l'orgueilleuse sensation de se racheter pleinement» (p. 384). Elle leur payera des vêtements neufs, louera une maison aussi belle que celle des Létourneau. Enfin, les difficultés s'éloignent, une nouvelle vie commence. Tandis que Rose-Anna ne se console pas de l'engagement d'Azarius dans l'armée, Florentine pense que c'est la plus belle chose que son père ait faite dans sa vie.

Est-ce qu'on doit conclure que la génération de Florentine n'a plus la même mentalité que celle de sa mère? Peut-on prévoir que Florentine s'adaptera mieux, avec son sens pratique, avec son matérialisme, à la réalité urbaine, à l'économie marchande, à la société de consommation qui surgira bientôt après la Deuxième Guerre mondiale?

Le mariage, les mœurs sexuelles

Dans une grande ville industrielle, pour la plupart des salariés, et surtout pour les ouvriers déshérités, le mariage n'a plus pour but de faire durer le nom de la famille et le bien familial comme nous l'avons vu dans *Le Survenant* et *Marie-Didace*. Bien sûr, cela n'exclut pas des réflexions sur le bon ou mauvais parti. Florentine épouse Emmanuel, c'est un beau mariage aux yeux des Lacasse. Mais les parents d'Emmanuel ne l'apprécient pas du tout, parce qu'ils tiennent compte de l'écart social des deux familles qui entrent en alliance par le mariage de leurs enfants. Que le fils d'un marchand d'objets de piété, respectable et nanti, se marie avec la fille d'une femme de ménage et d'un menuisier qui se sont mis pour un temps à leur service, voilà qui rebute particulièrement monsieur Létourneau.

> — Folie! murmure M. Létourneau en lissant ses moustaches. Jamais ce garçon ne tiendra son rang (p. 134).

Les parents peuvent exprimer leur avis sur le choix de leur enfant, mais c'est l'enfant qui prend la décision. Aux yeux des parents d'Emmanuel, Florentine n'est qu'une «petite serveuse en butte aux grossièretés, née pour cet emploi et destinée à y rester toute sa vie» (p. 137). Ils se montrent froids à son égard, mais ils ne peuvent empêcher Emmanuel de l'épouser. S'ils n'aiment pas leur belle-fille, celle-ci peut limiter leurs relations à la plus stricte politesse. « Et même cela, elle s'en passerait si Emmanuel n'insistait pas », pense Florentine (p. 385).

Quand Rose-Anna épouse Azarius, madame Laplante n'apprécie pas non plus le choix de sa fille. La mère a moins d'amitié pour Azarius, citadin, que pour ses autres beaux-fils de la campagne. Mais elle laisse faire, tout en mettant en garde Rose-Anna :

> — Tu crois p't-être ben te sauver de la misère à c'te heure que tu vas aller faire ta dame dans les villes, mais marque ben ce que je te dis : la misère nous trouve. T'auras tes peines toi aussi. Enfin, c'est toi qui as choisi. Espérons que tu t'en repentiras pas (p. 199).

En tout cas, on respecte le choix de l'enfant. Tout en respectant la volonté de Florentine, Rose-Anna, inspirée de l'enseignement de sa mère et de ses propres expériences, avertit sa fille que le mariage est un engagement lourd de conséquences, qu'il implique non seulement des joies mais aussi des peines. Elle veut s'assurer que Florentine se marie de plein gré avec Emmanuel et dit à sa fille, sans comprendre la vraie raison de son mutisme et de son peu d'enthousiasme au jour de son mariage :

> — Des fois, si tu penses t'être trompée, dit-elle tout à coup, si c'est contre ton gré que tu te maries, si t'aimes que'qu'un d'autre, il n'est pas trop tard. Faut le dire […] (p. 345).

En effet, Florentine se marie contre son gré. Elle est obligée de se marier rapidement, puisque Jean Lévesque est parti, sans laisser d'adresse, après l'avoir mise enceinte. À l'époque, même dans les villes où les mœurs sexuelles sont moins rigoureuses, et les fréquentations des garçons et filles très libres, on accepte mal une fille qui perd sa virginité avant le mariage, et encore moins une fille-mère. De retour de Saint-Denis, ayant appris que Florentine a reçu un jeune homme à la maison durant leur absence et que ce jeune homme est parti très tard le dimanche soir, Rose-Anna se trouble : elle a peur d'un malheur plus « irrémédiable » que la perte du travail d'Azarius. Florentine est bien sûr consciente de sa faute. Elle est fort inquiète lorsque les symptômes apparaissent et qu'elle ne peut plus lutter contre la certitude qui l'envahit. Rose-Anna commence à se douter de son état : « "Mais qu'est-ce que t'as donc, toi ! Hier, à matin, pis encore à soir… On dirait que t'es…" dit-elle d'une voix violente, en la regardant sans pitié, sans amitié, sans bonté, rien que de l'horreur plein les yeux » (p. 263). Florentine se retient d'avouer la faute à sa mère qui a déjà trop de peines. Son amie Marguerite, avertie, s'aperçoit des ruines sur le chemin que parcourt Florentine et s'attendrit :

> Que ferait-elle, si jeune…? Que ferait-elle, si jolie, cette pauvre Florentine?
> Serait-elle renvoyée du magasin? Dans son désespoir, à quelle extrémité ne se
> porterait-elle pas? (p. 268)

Marguerite, qui pourtant porte sur l'amour hors du mariage un jugement
plein de sévérité et de dédain, offre d'aider et de défendre Florentine.
Cependant, la honte est trop grande pour que Florentine avoue la vérité à
Marguerite. À un moment donné, Florentine est désespérée au point de
penser au suicide. Mais tout de suite, elle renonce à ce projet et décide de se
livrer à une attente passive.

Jean Lévesque éprouve aussi la crainte de payer durement la faute, d'engager irrémédiablement sa liberté. L'auteure exprime ses regrets en ces
termes :

> Ce qui l'irritait encore le plus, c'était de ne pas retrouver cette pleine possession
> de soi qui exclut tout sens de responsabilité. Où donc avait-il eu la tête?
> Jusqu'ici, il avait su limiter sa curiosité à des tentatives prudentes, à des demi-
> avances qui n'engagent pas le partage de l'être (p. 210).

Cependant, la crainte de la pauvreté et ses ambitions pour l'avenir le
décident à «abattre tout ce qu'il y a derrière» (p. 213), à se dégager de la
responsabilité. L'individualisme triomphe de son faible sentiment d'honnêteté. Vingt ans plus tard, dans les années 1960, les jeunes n'auront plus ce
genre de tourment, ni les filles ni les garçons. Mais à cette époque, la sexualité
prénuptiale est à tous les égards une faute qui stigmatise moralement et
psychologiquement les commettants.

L'époux et l'épouse

Rose-Anna a dû épouser Azarius vers le début des années 1920 malgré la réticence et l'avertissement de sa mère. Elle ne se repent jamais de son choix.

> Par lui, elle avait eu froid et faim, par lui elle avait vécu dans de misérables
> abris, éprouvé la peur du lendemain la rongeant jour après jour; mais par lui
> aussi elle avait bien entendu les oiseaux à l'aube; – «T'entends-ti le p'tit merle
> sur le toit, ma femme?» disait-il en se réveillant; – par lui elle avait perçu encore
> que le printemps venait. Par lui, quelque chose de sa jeunesse, un frémissement
> s'était conservé, une faim peut-être qui endurait les années (p. 172-173).

Elle aime son mari qui l'aime aussi. Le couple partage joies et peines.
Comme la plupart des femmes de sa génération, Rose-Anna prend au sérieux
le mariage, le considérant comme un engagement irrévocable. Se marier,

c'est comme s'embarquer dans un bateau fatal. Une fois qu'on y est, il faut tenir jusqu'au bout, jusqu'à la fin du voyage, le mener jusqu'à l'autre rivage de la vie. Le ménage, une fois établi, ne se défait plus. Cet attachement à la famille déjà constituée marque profondément les femmes mariées de l'époque, d'autant plus qu'il est encouragé par l'opinion publique et l'enseignement religieux. Rose-Anna fait tous ses efforts pour aider son mari, faisant des ménages chez les autres, acceptant des commandes de robes de mariage qu'elle confectionne à la maison, entreprenant des démarches pour lui trouver du travail. La solidarité des deux conjoints est parfaite. Ils conjuguent leurs efforts pour sauver la famille.

Rose-Anna est affectueuse. Pour guérir Azarius de ses illusions, pour le consoler de ses défaites, elle lui murmure parfois « Pauvre enfant! » en le gardant entre ses bras ainsi qu'un enfant. Déménagés dans une maison à proximité du chemin de fer en pleine nuit, les deux époux ne trouvent pas le sommeil. Azarius se rend compte de sa responsabilité dans la misère des siens qu'il n'a pas voulu voir pendant des années. Rose-Anna, assise à côté de lui, sur le matelas, se met à lui parler comme à un enfant :

— On est encore ensemble, Azarius. On a encore not'force, not'santé. Qu'est-ce que tu veux qui nous arrive encore de pire? C'est encore avec nos paires de bras qu'on se tirera d'affaire, va, crois-moi. Des jongleries, c'est pas ça qui aide. Des jongleries! (p. 283)

Rose-Anna est très maternelle. Elle prépare le lunch qu'Azarius apporte sur le chantier. Il trouve toujours à midi, dans sa boîte, quelque chose d'appétissant : une belle pomme rouge, un petit pâté à la viande, une poignée de beaux raisins verts, des galettes de sarrasin, dont il ne se fatigue jamais.

Depuis deux semaines, elle se levait la première, très tôt, pour préparer le déjeuner d'Azarius. Il lui rappelait souvent qu'il pouvait se faire du café en un tour de main ; il la priait de rester au lit, mais avec une hésitation, une nuance d'espoir qui ne la trompait pas. Elle savait qu'Azarius trouvait du réconfort à l'entendre traîner ses savates sur le lino de la cuisine alors qu'il se rasait aux premières lueurs grises qui franchissaient les fenêtres. Elle ne pouvait douter qu'il aimât entrer dans une pièce déjà tiède où le feu crépitait et où la vapeur cernait et embuait les carreaux. Même elle était sûre qu'il goûtait davantage le pain qu'elle lui présentait beurré, le café qu'elle lui versait en retenant la manche ample de son kimono. Des regards passaient alors entre eux qui étaient brefs et éloquents. Rose-Anna ne tenait point à d'autres récompenses. D'ailleurs, pour l'homme qui partait travailler – et il avait maintenant des heures bien dures – aucun signe de respect ne lui paraissait trop grand. Elle allait jusqu'à la porte, l'ouvrait pour lui, puis frissonnante et s'effaçant à demi, elle le saluait sans tendresse trop ouverte, sans élan, mais avec une sorte de dignité qui exigeait le courage (p. 164-165).

La tendresse et l'attention amoureuse semblent contrebalancer ici la carence du bien-être matériel dans la vie conjugale.

Azarius, lui aussi, n'aime que Rose-Anna. Il est un mari fidèle. Dans le quartier, on dit qu'il est sans-cœur, paresseux, incapable de faire vivre sa famille. On ne peut pas lui attribuer toute la responsabilité de la misère. La société elle-même doit en assumer une grande partie. Sur le plan affectif, chaque fois qu'Azarius voit partir Rose-Anna pour aller laver chez les autres, il se cabre intérieurement. Seulement, la chance ne lui sourit pas, lui qui est né pour les aventures. Rose-Anna connaît son homme avec ses défauts. Le jour de son douzième accouchement, Rose-Anna se demande pourquoi Azarius rentre si tard, de peur qu'il ne soit poussé, à cause de la mort de Daniel, à des actes téméraires. Elle l'excuse de sa responsabilité de leur pauvreté, se reproche de ne pas être assez patiente avec lui.

Elle l'avait tenu responsable de leur pauvreté et, à cette heure, il lui parut que pourtant il avait fourni son effort. « Un homme supporte moins qu'une femme, pensa-t-elle. J'aurais dû avoir plus de patience. Il avait ses peines, lui aussi. » (p. 367)

En effet, Azarius, sur un coup de tête, s'engage dans l'armée.

Pour ce qui est de la maternité, Rose-Anna semble reproduire le modèle d'Alphonsine, femme d'Euchariste, et de sa mère. Elle accepte passivement les maternités successives qui la fatiguent et l'épuisent comme la génération antérieure des paysannes. L'auteure nous rappelle les peines dont souffre la mère de Rose-Anna :

Mᵐᵉ Laplante avait élevé quinze enfants. Elle s'était levée la nuit pour les soigner ; elle leur avait enseigné leurs prières ; elle les avait fait répéter leur catéchisme ; elle les avait vêtus en filant, tissant et cousant de ses fortes mains ; elle les avait appelés à une bonne table, mais jamais elle ne s'était penchée sur aucun d'eux avec une flamme claire et joyeuse au fond de ses durs yeux gris fer. Jamais elle ne les avait pris sur ses genoux, sauf lorsqu'ils étaient au maillot. Jamais elle ne les avait embrassés, sauf, du bout des lèvres, après une longue absence ou encore, au jour de l'An, et cela avec une sorte de gravité froide et en prononçant des souhaits usés et banals.

Elle avait eu quinze petites têtes rondes et lisses contre son sein ; elle avait eu quinze petits corps accrochés à ses jupes ; elle avait eu un mari bon, affectueux, attentif, mais toute sa vie elle avait parlé de supporter ses croix, ses épreuves, ses fardeaux. Elle avait parlé toute sa vie de résignation chrétienne et de douleurs à endurer (p. 198).

Madame Laplante ne croit pas au bonheur d'ici-bas. Elle a, selon son expression, « enduré son purgatoire sur terre » en vue de se ménager « un séjour confortable là-haut » (p. 197). Rose-Anna se résigne comme sa mère, de façon presque stoïque, au sort qui est réservé à une femme mariée. Elle accomplit de façon admirable son devoir d'épouse. Il semble qu'Azarius et Rose-Anna ne se rendent pas compte que la famille nombreuse, en tant que valeur sociale, ne correspond plus à la réalité urbaine. Les ouvriers citadins n'ont pas de terre productive, de vaches laitières et de potager familial pour nourrir autant d'enfants. Si la famille nombreuse répond au besoin des bras sur la terre, elle est insupportable pour les citadins qui vivent de leur petit salaire, qui doivent payer tout en argent comptant. Chez les Lacasse, quand on est dix, c'est déjà difficile d'arriver, mais on aura encore une bouche de plus à nourrir. Si Rose-Anna avait eu moins d'enfants, elle aurait peut-être eu moins de misère et Daniel ne serait peut-être pas mort. Pas de planning familial, pas de mesures contraceptives. Entraîné par la force de l'habitude – « [...] t'as envie d'en élever une quinzaine comme sa mère, je crois ben, » dit son frère. « Ben, c'est de famille, Ernest. Qu'est-ce que tu veux ! » réplique Rose-Anna (p. 195) –, on fait des enfants sans tenir compte du nouveau milieu de vie et du coût pour les élever en ville. Voilà une autre inadaptation, à propos de la maternité, qui contribue à plonger les Lacasse dans la misère.

La mère et les enfants

Chez les Lacasse, c'est à Rose-Anna qu'incombe la gouverne de la maison puisqu'Azarius manque de sens pratique. Elle n'est pourtant pas née pour mener, étant douce de caractère. Mais il lui faut essayer de conduire la barque qui flotte sur l'océan de misère et risque à tout moment de couler. Elle tient bon, réunit tout le monde autour d'elle. Elle gouverne non avec autorité, mais avec amour maternel. Son immense amour maternel couvre tous ses enfants, y compris Azarius qu'elle traite parfois comme tel quand elle le console des coups durs de la vie. Elle aime ses enfants, qui constituent sa seule richesse et son seul espoir. Elle souffre les privations pour qu'ils soient nourris et vêtus. Elle compose, de son mieux, de bons repas à prix modique, mais elle mange toujours après, au coin du fourneau.

Ainsi, elle trouvait moyen de mettre une part double pour les enfants et de ne se réserver qu'un croûton de pain sans que son sacrifice fût apparent (p. 93).

Depuis longtemps, elle ne s'est pas acheté une robe neuve. Son vieux manteau noir tourne au verdâtre. Elle porte son petit chapeau fané. Elle utilise le sac à main usé, défraîchi, que Florentine lui a passé. Faute de moyens pour acheter des vêtements neufs pour tous les enfants, elle fait, dans du vieux, des manteaux chauds pour Yvonne et Daniel. Elle passe la soirée à coudre malgré la fatigue.

Émigrée en ville, elle reste au fond une paysanne. Avec ses enfants, pas plus qu'avec Azarius, elle ne se livre que rarement à des épanchements. La tendresse s'exprime toujours chez elle par des regards discrets et des mots familiers. Elle n'est pas très loquace non plus avec ses jeunes enfants. Le langage établi entre elle et ses petits en est un de tendresse silencieuse et d'amicale gronderie. Quand Eugène commet des petites fautes, de menus larcins, elle entreprend des démarches pour le couvrir. Elle va au poste de la police pour l'excuser de son vol d'une bicyclette. Elle est une mère indulgente. Quand Florentine, ennuyée et tourmentée par son amour pour Jean, a envie de fumer, ne voulant pas lui faire toujours des reproches, elle dit simplement, en toussotant un peu et avec un accent de doute : « Tu trouves ça bon ! Ben, si t'aimes ça, Florentine… » (p. 170) Même quand elle surprend Philippe qui fume les mégots de son père ou de son frère, elle ne lui fait pas de reproche non plus. Durant sa permission, Eugène revient à la maison pour lui emprunter de l'argent, elle lui donne le seul billet de dix dollars qu'elle garde en prévision du déménagement.

Chez les Lacasse, nous ne trouvons pas de conflits d'intérêts entre les parents et les enfants. C'est une famille ouvrière. Il n'y a pas de problème d'héritage, ni le nom de la famille à faire durer comme chez les Moisan ou chez les Beauchemin. On vit ensemble, on se solidarise pour mieux combattre la misère. On est plus uni dans des conditions de vie pénibles. Chacun donne du sien pour aider la famille. Les deux enfants adultes, Florentine et Eugène, en sont conscients. Eugène a plusieurs raisons pour s'enrôler : il en a assez de rester oisif, de quêter l'argent de poche, et il n'a pas de métier ni d'instruction… Mais l'une des plus importantes, c'est qu'il veut aider sa famille. « C'est ben la première fois de ma vie quand même que je vais y donner quelque chose, » pense-t-il (p. 74).

— 'Coute, m'man, lui dit-il à l'oreille. Ça va ben vous aider, tu sais. Tout le temps que je vais être dans l'armée, tu vas recevoir vingt piasses par mois (p. 75).

Eugène croit avoir agi par désintéressement en entrant dans l'armée. Il ne comprend pas que sa mère aime mieux qu'il reste chômeur, auprès d'elle que d'aller risquer sa vie dans des pays lointains.

Un sanglot lui vint aux lèvres. Elle tira sur son tablier. Et, soudain toute sa rancune de l'argent, sa misère à cause de l'argent, son effroi et sa grande nécessité de l'argent tout à la fois s'exprimèrent dans une protestation pitoyable.
— Vingt belles piasses par mois! se reprit-elle à murmurer à travers ses hoquets. Pense donc si c'est beau : vingt piasses par mois! (p. 75-76)

Sur ces vingt piasses, Eugène, velléitaire comme son père, va reprendre la moitié et ne la rendra jamais à sa mère. Malgré cela, il faut reconnaître qu'il a la bonne volonté d'aider sa mère et de sauver la famille.

Quant à Florentine, elle apporte ses payes entières à sa mère. C'est quasiment elle qui fait vivre la famille. Elle reçoit le plus de respect et d'affection de la part de ses parents qui sont fiers d'elle, qui n'ont que des éloges à son égard. Aux yeux de Rose-Anna, Florentine, si débrouillarde, si assurée, serait leur salut. «Elle fera ceci... Elle décidera cela; ce sera à elle de décider puisqu'elle nous aide tant...», pense Rose-Anna (p. 168). Florentine est en effet plus consciente de son devoir filial qu'Eugène. Elle aime sa mère dont le courage est pour elle exemplaire. Chaque fois qu'elle évoque sa mère, elle s'attendrit. Elle se propose d'être pour sa mère un soutien sûr, de ne jamais l'abandonner à l'insouciance de son père et de son frère. Lors du passage de Rose-Anna dans son magasin, Florentine la régale du poulet à quarante cennes, lui donne, malgré son dépit, deux dollars supplémentaires qu'elle se réserve pour s'acheter des bas de soie. Sitôt après le départ de son mari pour le front, elle pense déjà étendre la tranquillité et l'aisance acquises, grâce à son mariage, à sa mère et à ses frères et sœurs.

La fille semble davantage attachée à la mère et comprendre ses difficultés. Est-ce que la compréhension s'établit plus facilement entre la mère et la fille qu'entre la mère et le fils, parce qu'elles sont toutes deux femmes? C'est difficile à dire. Florentine remplit ses devoirs filiaux et c'est tout. Cela ne veut pas dire qu'elles se comprennent mieux. Nous constatons que le fossé des générations existe quand même entre la mère et la fille. Nous avons déjà montré que la mentalité de Florentine est différente de celle de sa mère. Prenons un autre exemple concernant la maternité. Quand Rose-Anna confie, un soir, à Florentine son état de grossesse, celle-ci est presque fâchée.

— Vinguienne, sa mère, vous trouvez pas qu'on est assez?

— Qu'est-ce que tu veux, Florentine, on ne fait pas comme on veut dans la vie; on fait comme on peut (p. 89-90).

Florentine n'accepte pas la passivité de sa mère sur la conception de la vie. Elle se dit: «C'est pas vrai. Moi, je ferai comme je voudrai. Moi, je n'aurai pas de misère comme sa mère» (p. 90). Nous voyons en elle l'éveil de conscience d'une femme de type nouveau: la prise en main de son propre sort. Cependant, cet éveil ne l'empêche pas de sympathiser avec sa mère. Elle regrette tout de suite la mauvaise phrase qui lui échappe. Et elle console sa mère en disant: «Laisse faire, sa mère. Inquiète-toi pas, on va s'arranger. On a passé à travers pire que ça» (p. 90).

L'idéal de vie que nourrit Florentine est étranger à Rose-Anna. Elles sont liées par le sang et non par l'idéal. C'est là l'incompréhension fondamentale des deux femmes. Quand Florentine tombe enceinte et qu'elle a envie d'en parler à sa mère, elle trouve auprès d'elle des malheurs si grands, si nombreux, qu'elle en perd le courage. Elle se sent vraiment solitaire avec sa peine. Cette solitude, cette incompréhension dues à l'écart des mentalités, au manque de communication entre les enfants et les parents, ainsi qu'aux autres problèmes économiques, tendent à s'aggraver dans les années à venir. Nous reviendrons sur ce sujet dans le chapitre suivant.

Dieu, source du courage

Les Lacasse sont des catholiques pratiquants. Ils vont régulièrement à la messe le dimanche matin. Où qu'ils déménagent, ils emmènent avec eux deux choses importantes: les portraits des ancêtres et les images saintes qui sont toujours présents à la maison. Avant de quitter la maison de la rue Beaudoin, Rose-Anna n'oublie pas de prendre quelques objets de piété dont elle ne se sépare jamais. Nous trouvons aussi dans la chambre des parents, comme dans la chambre d'Euchariste Moisan, les images saintes qui veillent sur la vie intime du couple.

> Dans l'ombre, directement au pied du lit, la figure ensanglantée d'Ecce Homo meublait la muraille d'une vague tache sombre. À côté, faisant pendant, une Mère des Douleurs offrait son cœur transpercé au rayon blafard qui se jouait entre les rideaux (p. 76).

Rose-Anna dit ses prières tous les soirs avant de s'endormir. Toute sa vie spirituelle s'alimente à des brochures de piété. Dieu est la source de son courage. Dans l'église de Saint-Thomas-d'Aquin, elle se plaint dans sa prière de l'injustice qui frappe ses enfants et énumère toutes ses peines. Mais Dieu semble faire sourde oreille à ses plaintes. Elle se dit : « Peut-être qu'il oublie des fois. Il y a tant de misère qui s'adresse à lui » (p. 102). L'auteure commente :

> Ainsi, la seule fêlure dans sa foi venait de cette candide supposition que Dieu, distrait, fatigué, harassé comme elle, en arrivait à ne plus accorder qu'une attention éparse aux besoins humains (p. 102).

Mais en déménageant, avant le démarrage du camion, elle jette un coup d'œil sur la vitre derrière elle pour s'assurer que les enfants sont tous dans le camion. À part Florentine enfuie par révolte, Eugène enrôlé et Daniel hospitalisé, elle les trouve tous debout ou perchés sur les vieux meubles entassés : tout ce qu'elle a pu sauver du désastre est bien autour d'elle et, même, il lui reste encore une grande part intacte de sa richesse. Alors, elle regrette d'avoir douté de la bonté divine, d'avoir perdu confiance à un moment donné. Malgré sa dévotion, il lui arrive d'avoir du mal à se concentrer au moment de la prière, étant donné que les biens temporels sont plus impérieux que les biens spirituels.

> Rose-Anna chercha les mots de prière qu'elle récitait tous les soirs, seule, mais l'esprit n'y était point. Elle voyait, au lieu de cette statuette de son enfance qui, mystérieusement, venait souvent se placer devant sa vision intérieure quand elle se recueillait, elle voyait des billets, tout un rouleau de billets qui se détachaient les uns des autres, s'envolaient, roulaient, tombaient dans la nuit, le vent soufflant très fort sur eux. Les billets. Le vent dans la nuit... (p. 76)

L'argent est pour elle une obsession. Dieu peut lui donner du courage pour endurer la misère, mais non des billets pour acheter quoi que ce soit.

Florentine croit aussi en Dieu. Elle prie la Sainte Vierge pour qu'elle revoie Jean le jour même en faisant toutes sortes de promesses : faire une neuvaine, assister à la messe tous les matins, s'abstenir d'aller au cinéma pendant six mois, aller à l'oratoire de Saint-Joseph en grimpant les marches sur les genoux... Mais il faut que son souhait soit accompli pour qu'elle tienne sa promesse. « Autrement, ça ne compte pas », dit-elle. Ce petit marchandage avec la Vierge – qui fait sourire le lecteur – fait montre, une fois de plus, du sens pratique de Florentine, même dans sa foi catholique.

Yvonne est plus pieuse, plus sincère que Florentine. Elle va à la messe tous les matins, beau temps mauvais temps, avant d'aller au couvent. Dans sa classe, il y a un cœur percé. Chaque petite fille qui assiste à la messe matinale a le droit en entrant en classe d'aller enlever une des épines du cœur transpercé. Un matin, les parents l'empêchent par la force de partir à cause du grand froid. Yvonne dit en pleurant: «Oh! Maman, il y a tant de méchants qui, tous les jours, plantent des épines dans le cœur de Jésus. Laisse-moi aller à la messe» (p. 94-95). Sa naïve croyance va la conduire jusqu'à la vocation religieuse. Elle promet d'offrir sa vie à Dieu pour que Daniel guérisse. Bien que la guérison de Daniel ne soit pas réalisée, Yvonne accomplit brillamment sa première tâche évangélique. Lors de sa visite à l'hôpital, elle apporte à Daniel une orange, des friandises, des images saintes et des livres pieux. Elle explique à son frère qu'il aura tout ce qu'il aime au ciel, y compris son manteau neuf, qu'il n'aura plus faim, plus froid, plus de bobo, qu'il sera bercé dans les bras de la Sainte Vierge comme l'Enfant Jésus, et qu'il chantera avec les anges. Dès lors, grâce aux visions qu'Yvonne a fait naître en lui, Daniel devient indifférent, ne parlant plus, ne demandant plus rien, et s'éteint tout douce-ment, sans plaintes, sans souffrances, quelques jours plus tard. Ce que Daniel ne peut obtenir sur terre, il l'aura au paradis.

Le salut par la guerre

Avant de terminer notre analyse, nous voudrions commenter l'impact de la guerre mondiale sur le destin des personnages du roman.

Le Parlement du Canada déclare la guerre à l'Allemagne le 10 septembre 1939. Le roman se déroule de la mi-mars au début de juin 1940. Plus de six mois se sont passés depuis la déclaration et la ville de Montréal baigne dans l'atmosphère de la guerre. La radio, les journaux rapportent les nouvelles du front de l'Europe. Les affiches publicitaires invitent à l'enrôlement, sensibilisent le public. Dans les débits de tabac, dans les tavernes, la guerre est le principal sujet de conversation des habitués. Il y a des défilés militaires, dans les rues, qui attirent la foule sur leur passage. Les soldats en uniforme ouvrent la marche, suivis des nouvelles recrues en civil qui sont composées surtout des chômeurs et des assistés sociaux. Dans le quartier Saint-Henri, on entend presque tous les soirs la rumeur de pas cloutés et le roulement du tambour.

La vision de la guerre varie avec les gens. Certains entrevoient la guerre comme une chance personnelle, chance d'une ascension rapide. Jean Lévesque, arriviste, se fait engager dans une des plus importantes usines de munitions du pays. Il croit que les gars qui restent en arrière et font de l'ar-gent avec la guerre vont changer le monde. D'autres s'enrôlent pour avoir un manteau d'hiver, ou pour se marier: «Pensez donc si c'est pas ben arrangé: dix jours de permission pis une petite pension pour la madame pendant que le gars va se faire casser la gueule pour payer ses noces. » (p. 62) Et d'autres, animés d'un certain idéal de justice, pensent détruire la guerre par la guerre. Emmanuel, idéaliste, est de ceux-là. Eugène espère échapper au chômage. Azarius s'engage pour toutes sortes de raisons valables : pour la justice, pour la France qui le fait rêver depuis qu'il est sur le banc d'écolier, pour « un grand besoin d'aventures, de périls, de hasards, lui qui a si misérablement échoué dans les petites choses » (p. 374), et enfin pour se sauver lui-même et sauver sa pauvre famille à la fois.

> [...] aucun d'eux n'allait faire la guerre dans le même but ; il y en avait qui s'en allaient chercher au bout du monde l'assurance que leur Empire durerait. Il y en avait qui s'en allaient au bout du monde tirer des balles, recevoir des balles, et c'est tout ce qu'ils savaient. Il y en avait encore qui s'en allaient chercher au bout du monde le pain de leur famille (p. 379-380).

De toute façon, la Deuxième Guerre mondiale met fin au grand chômage qui se prolonge depuis 1930 et donne un second souffle à l'économie du Canada.

> Protégé par son éloignement des zones principales de combat, le Canada est en mesure de produire, en quantités considérables, les aliments et les munitions dont ont besoin les armées alliées, ce qui par ricochet donne une forte impulsion à son agriculture et à son industrie[8].

La famille Lacasse est enfin sauvée de la misère par la guerre qui vole à Rose-Anna et son mari, et son fils, et son gendre. La famille Lacasse se voit désunie, dispersée. Se retrouvera-t-elle un jour réunie au complet ? On ne saura jamais. L'auteure écrit non sans amertume cette phrase pleine d'ironie : « Le salut par la guerre ! »

Exemple 4 : Les Plouffe. Une famille ouvrière selon *Les Plouffe* de Roger Lemelin, Québec, Institut littéraire du Québec, 1954

Ce roman représente la même époque que *Bonheur d'occasion*, mais il montre un quartier populaire de Québec, un village dans la ville où la population s'agrippe autour du curé, qui agit auprès de ses ouailles comme un père spirituel. Mais son influence commence à décliner. Les contraintes religieuses et familiales provoquent déjà des conflits au sein de la famille. Le nationalisme lié à la xénophobie, la foi catholique et la famille sont plus ou moins

---

8. Linteau et autres, *op. cit.*, p. 133.

remis en question par la jeune génération. Nous allons voir comment tout cela s'est passé dans la famille Plouffe.

Présentation de la famille Plouffe

La Deuxième Guerre mondiale sert de toile de fond au récit et marque le destin des membres de la famille Plouffe. L'histoire se déroule de l'été 1938 au mois de juin 1940, avec un épilogue rappelant la fin de la guerre.

Nous sommes à Québec, dans Saint-Sauveur, juste au pied de la falaise, ligne de démarcation entre la haute-ville et la basse-ville, entre une population nantie, composée de fonctionnaires et de riches commerçants, et une population ouvrière. Saint-Sauveur est réputé pour sa concentration d'habitants déshérités de la ville. Les maisons s'y agglomèrent les unes contre les autres comme «une flotte de vieux bateaux français abandonnés à l'Amérique et forment un village dans un port asséché[9]» (p. 38). Le quartier est en effet marqué par un certain style, une certaine couleur française. Les rues sont étroites, les chaussées, parsemées de flaques d'eau. Il y a peu de verdure. La contiguïté des maisons permet un voisinage très serré et une vie communautaire comme dans un village. Tout le monde y connaît tout le monde.

C'est dans ce quartier pauvre, qualifié par l'auteur de «cimetière des rêves de toute une classe» (p. 38), que demeure la famille Plouffe.

Elle est composée de six personnes. Ce sont Théophile, père de famille, 62 ans, typographe au journal *L'Action Chrétienne*; Joséphine, mère de famille, 60 ans; Cécile, fille aînée, célibataire, 40 ans, piqueuse d'empeignes à la manufacture de chaussures; Napoléon, l'aîné des garçons, 32 ans, employé aussi de la fabrique de chaussures; Ovide, deuxième fils, 28 ans, tailleur de cuir dans la même usine que sa sœur[10]; Guillaume, troisième fils,

---

9. Toutes les citations du roman sont tirées de Roger Lemelin, *Les Plouffe*, Québec, Institut littéraire de Québec, 1954.

10. Trois enfants de la famille travaillent dans la même usine. Cela nous fait penser à la constatation des sociologues: la parenté sert souvent d'introduction à l'engagement des ouvriers. «L'entraide familiale [...], écrit Andrée Fortin, sociologue et professeure de l'Université Laval, ne se limite pas à la sphère domestique; elle s'étend aussi à celle du travail. Quand on a une "bonne job", on essaie de "parler pour" les gens de sa famille, de les faire entrer au service de son entreprise. [...] [D]ans certain cas, on travaille avec son frère à la même place que son père. Le plus souvent, ce sont les pères qui "placent" leur fils ou leur fille dans l'entreprise où ils travaillent.» «Il est entendu que dans le cas des grandes entreprises comme celle du textile, continue-t-elle plus loin, la régulation familiale du travail fait l'affaire des compagnies, qui trouvent une main-d'œuvre déjà socialisée à la tâche et au milieu du travail par l'entremise de ses réseaux familiaux. Quant aux familles, cela fait aussi leur affaire de pouvoir placer leurs

sportif sans emploi. C'est donc une famille nucléaire dans la mesure où les enfants, déjà adultes, vivent encore sous le toit de leurs parents, avant de fonder leur propre foyer. Les enfants qui ont leur salaire payent chacun une pension de quatre dollars à leur mère. Avec le salaire de son mari et les pensions de ses enfants, Joséphine ne semble pas avoir trop de soucis pécuniaires. Les Plouffe sont assez bien logés, vêtus et nourris. La maîtresse de maison est satisfaite et contente de *sa petite vie*. « On est uni, déclare Joséphine avec fierté, on s'aime tous ensemble, on fait notre religion et on ne fait pas de bruits. » (p. 106) C'est en effet une famille ouvrière parmi tant d'autres de la basse-ville, menant une vie tranquille, régie moralement par l'Église catholique jusqu'au jour où sa tranquillité, du moins apparente, est troublée par l'intrusion d'un pasteur protestant et les événements engendrés par la situation internationale.

La mentalité des Plouffe

Théophile est un ancien champion de course cycliste. Trente-cinq ans auparavant, il a gagné un premier prix. Il en est fier. Dans le salon, son portrait de cycliste est pendu au mur. Il saisit toutes les occasions pour se faire valoir en montrant son portrait : « Mademoiselle Toulouse ! Vous voyez le cycliste sur le mur ? Le reconnaissez-vous ? C'est moi. » (p. 81) À l'âge de 62 ans, il va encore au travail en vélo, malgré ses jambes arthritiques. Bien qu'aucun de ses enfants ne suive sa trace et qu'il le regrette, Napoléon est quand même un amateur de sport et un collectionneur de photographies d'athlètes fameux du continent américain depuis quinze ans, et Guillaume est un champion d'anneaux et de baseball. La joute des anneaux entre la basse-ville et la haute-ville et le match de baseball, épreuve réclamée par les Reds de Cincinnati, dont Guillaume est sorti victorieux, ont rendu célèbre la famille Plouffe dans le quartier.

Ovide semble être différent de ses frères par le goût. Il est un amateur d'opéra, doué d'une belle voix de ténor. Il déteste le sport parce qu'il craint que cela le garde dans la médiocrité. « Toujours le sport, les athlètes, les champions. Partout ! Mais la musique ! », se plaint-il (p. 10). Le sport lui apparaît comme un jeu physique, tandis que la musique classique est un divertissement de bon goût, un jeu intellectuel. Il éprouve un profond dégoût

---

membres dans une entreprise donnée. On voit donc que famille et industrie s'épaulent et se renforcent mutuellement [...] ». Voir « La famille ouvrière d'autrefois », *Recherches sociographiques*, vol. XXVIII, nᵒˢ 2 et 3, 1987.

pour le monde d'aujourd'hui qui n'aime que le jazz et les champions. Il a envie de se retirer au monastère des Pères blancs d'Afrique. Ce qui l'attire dans la vocation religieuse, c'est de se voir «vêtu de la robe immaculée, convertissant, baptisant, absolvant les nègres, et jouissant du respect et des égards dus au noble état de la prêtrise» (p. 10). Au fond, Ovide n'est pas loin de son père et de ses frères. Ces derniers aiment le sport, lui l'opéra. Le dénominateur commun de ces simples ouvriers, c'est le goût de star qui symbolise, pour ainsi dire, l'envie de sortir de leur humble état social, une manifestation de confiance en soi. Ce goût de star est généralisé chez tous les paroissiens. Lorsque la nouvelle court qu'un Américain forme une équipe afin de mettre les talents de Guillaume à l'essai et que cette équipe va affronter le fameux club Canadien, la paroisse est atteinte de la fièvre du baseball. Tout le quartier espère avoir un champion à vénérer. L'esprit sportif, c'est l'esprit compétitif. Il devient non seulement l'expression de l'envie de sortir de l'humble état social, mais aussi l'expression du nationalisme québécois qui marque profondément l'esprit des Plouffe et de leurs coparoissiens. L'auteur rapporte qu'à Québec comme ailleurs, le sport donne lieu à d'ardentes manifestations de nationalisme :

> Qui l'aurait cru ? C'est Guillaume Plouffe qui allait servir de symbole à plusieurs de ses compatriotes. La nouvelle que sa réputation avait dépassé les frontières et qu'il allait être soumis à une épreuve publique par des éclaireurs des Reds de Cincinnati, alluma un feu de joie dans les cœurs serrés par la menace de la guerre. Les journaux et la radio se mirent de la partie, si bien que ce dimanche-là, quoique l'épreuve fût annoncée pour trois heures, la foule des fans envahissait déjà le terrain de base-ball à midi (p. 212).

À l'opposition de Joséphine qui ne veut pas que son fils aille jouer au baseball aux États-Unis, pays «de débauches et d'artistes», le père réplique :

> [...] Ma femme, on a un enfant qui a du sang de Plouffe dans les veines, du sang de champion. Il commence à être temps qu'on soit connu dans le monde entier. C'est le temps de prouver que nous autres, de la Basse-Ville, on est capable d'atteindre les sommets, même à l'étranger (p. 196).

Le nationalisme devient encore plus accentué à mesure que la guerre approche. Les Canadiens français gardent toujours le souvenir amer de la conquête anglaise de 1760. Leur nationalisme va de pair avec l'anglophobie. Ils refusent de servir de chair à canon aux Anglais. Pendant la Première Guerre mondiale, plusieurs Canadiens français ont fui la conscription en se réfugiant dans la forêt. Nous pouvons en trouver des indices dans *Trente arpents*. Bien que le gouvernement de Mackenzie King ne proclame la conscription qu'en 1944, les Canadiens français se tiennent sur leurs gardes et s'opposent farouchement à une conscription éventuelle. La raison en est simple : refuser de servir les conquérants et survivre physiquement et culturellement. Théophile se révèle une forte tête. Il refuse de pavoiser sa maison lors de la visite des souverains anglais à Québec, en dépit de la recommandation du Cardinal qui, dans une lettre pastorale, demande à tout le diocèse de se parer des plus beaux atours pour recevoir le roi et la reine d'Angleterre. Malgré le mécontentement de sa femme et la sagesse du curé, Théophile s'entête dans son refus total.

> Tes petites pointes ne me feront pas changer d'idées, ma femme. J'ai dit qu'on ne posait pas de drapeaux. C'est clair ! Peuh ! Le roi ! Ça vient nous voir quand c'est mal pris. Il a peur d'Hitler, il vient nous parler en français pour mieux nous rouler dans la conscription (p. 115).

Joséphine lui rappelle que la désobéissance pourrait lui nuire à *L'Action Chrétienne*, qui imprime des pages complètes pour dire que les Canadiens français sont les sujets les plus fidèles des souverains. Théophile s'en tient à sa conviction politique :

> — Tu veux pas discuter, ma femme, mais tu te creuses la tête pour me faire peur et installer tes maudits pavillons. *L'Action Chrétienne*, c'en est d'autres qui ont un visage à deux faces… Moi, j'ai pas deux faces. Mes idées politiques passent avant ma job. Je suis contre le roi, pis je pose pas de pavillons. Je me montrerai pas le nez dehors pour le voir passer. J'ai dit ! (p. 117)

Qui plus est, lors du passage du cortège royal devant la maison dénudée des Plouffe, Guillaume met en œuvre son habileté du lanceur. Il lance à travers la rue une balle de baseball qui érafle presque le pare-brise de la limousine dans laquelle les souverains restent debout pour passer en revue leurs sujets rebelles. Cette action d'éclat constitue un outrage public aux souverains de l'Angleterre. Théophile paie cher la farce de son fils. Il perd son travail à *L'Action Chrétienne*. On le congédie sous prétexte qu'il est trop vieux. Lors d'une réunion de grévistes, à la vue de l'arrestation de Denis Boucher qui dénonce le sabotage de la grève et incite à se révolter, Théophile, pris d'un accès de colère, crie à plein gosier :

> Arrêtez-les, arrêtez-les, c'est des Anglais ! C'est eux autres qui mènent l'Action, c'est eux autres qui nous font crever de faim. La guerre s'en vient, ils veulent nous enrôler… j'ai pas mis de drapeaux pour le roi, c'est pour ça que j'ai été

mis dehors… et je vas l'écrire, et je vas le crier jusqu'à ma mort: les maudits Anglais! […] (p. 205)

Son émotion est telle qu'il tombe paralysé. Il déteste l'Angleterre qui a conquis la Nouvelle-France d'une part; d'autre part, il n'éprouve pas de sympathie pour la France anticléricale de la IIIᵉ République. L'alliance de l'Angleterre et de la France ne fait à Théophile ni chaud ni froid. Il est contre la guerre qui se déroule d'ailleurs loin en Europe, de l'autre côté de l'Atlantique. Le curé recommande une position neutre. La préoccupation fondamentale qui détermine la position du curé et de Théophile Plouffe face à la guerre, c'est de conserver la jeunesse – les forces vives des Canadiens français. Ce nationalisme étroit ne semble pas être bien suivi par les Canadiens français qui, pour toutes sortes de raisons, sont portés à s'enrôler volontairement.

> L'attitude des Québécois face à la guerre ne se résume pas à leur rejet de l'en-rôlement obligatoire. Ils sont peu sensibilisés et mal informés sur les motifs du conflit et sur la situation en Europe. Ils sont néanmoins beaucoup plus nom-breux à s'enrôler que pendant la Première Guerre et forment 19 % des effectifs (contre 12 % en 1914-1918). Le désir d'échapper au chômage et le goût de l'aven-ture sont certainement des facteurs incitatifs[11] […].

Guillaume, Ovide et Denis Boucher font partie de ces jeunes qui, poussés par la crainte du chômage et le désir de l'aventure, vont s'enrôler. Ovide est cependant refusé à cause de sa faible santé. Aux yeux de Théophile, l'enrô-lement est une trahison à la patrie. C'est pourquoi l'apparition de Guillaume en uniforme militaire sur le seuil de la maison porte un coup mortel à un Théophile paralytique qui meurt soudain, d'indignation et de désespoir.

En fin de compte, la mentalité des Plouffe peut se résumer en quatre points: la conscience de compétition et l'ambition de sortir de leur humble état social, la conservation de la race et la sauvegarde de l'identité culturelle. Les deux premiers points sont des manifestations plutôt récentes qui annon-cent le cheminement du Québec vers l'ouverture, et les deux derniers, des manifestations plus traditionnelles, mais bien entretenues par le bas clergé et visiblement caricaturées sous la plume de l'auteur.

---

11. Linteau et autres, *op. cit.*, p. 138-139.

L'Église catholique et son impact

L'Église continue à jouer un rôle important dans la vie quotidienne des Canadiens français. Le récit des Plouffe est situé dans la paroisse Saint-Joseph où le curé Folbèche se comporte comme un vrai chef spirituel de la grande famille paroissiale.

> Sa paroisse! C'était une famille de plusieurs milliers d'enfants, à la mesure de son rêve de prêtre, et dont il avait charge vingt-cinq ans auparavant. Il lui semblait les avoir adoptés et tenus tous au berceau, même les vieillards. Et il les avait élevés avec la poigne solide d'un vrai père, leur appliquant du haut de la chaire de magistrales fessées et au besoin leur racontant des histoires de croquemitaines pour venir à bout de leurs caprices de gamins, ou pour les punir de n'avoir pas obéi à leur mère la Sainte Église (p. 54).

Le curé fait savoir aux paroissiens comment les Anglais les ont envahis, comment ils ont essayé de leur faire perdre la foi et la langue, comment l'Église les a combattus pour conserver leur identité culturelle. Du haut de la chaire, il dicte la ligne de conduite que ses ouailles doivent suivre. Il confesse les gens, visite les familles, surveille les mœurs. Il est omniprésent dans la paroisse. Lors de presque tous les événements qui marquent l'histoire de la famille Plouffe, on voit apparaître «monsieur le curé». La visite du pasteur protestant Tom Brown, celle des souverains anglais, la déclaration de la guerre du Canada à l'Allemagne, le retour d'Ovide du monastère, le désastre de Dunkerque et le départ annulé de Guillaume pour les États-Unis... sont immédiatement suivis ou précédés de l'apparition du curé à la maison des Plouffe. Il sermonne Denis Boucher qui n'a pas bien boutonné sa chemise: «Tu prends ta paroisse pour une plage, je pense! Habille-toi et tu verras que tu seras mieux protégé contre le feu» (p. 55). Il semonce à la confesse Cécile à propos de son amour, pourtant bien chaste, pour un homme marié. Il défend à la gendarmerie royale d'arrêter Guillaume qui a outragé les souverains anglais: «It is my business. It is my parish, you know. Him a good boy. I order you to give liberty to Guillaume. Understand?» (p. 138) Il intervient en faveur de Théophile congédié pour que *L'Action Chrétienne* le reprenne. Il se méfie de la littérature et cherche à censurer le roman que Denis va écrire sur la paroisse.

> [...] À propos de ton roman, si tu y tiens tant, tu viendras me soumettre tes chapitres de temps en temps. Je n'ai pas écrit de roman, mais j'ai fait mon cours classique et je pourrais peut-être t'aider. Et puis, si parfois tu disais, sans t'en apercevoir, des choses désagréables pour la paroisse, nous pourrions les enlever. Il vaut mieux laver son linge sale en famille (p. 190).

Il se préoccupe de contrôler la conscience de ses ouailles pour qu'elle ne soit pas pénétrée de l'hérésie protestante. Il considère l'intrusion du pasteur protestant dans sa paroisse comme un danger grave, une catastrophe, il craint que celui-ci n'y sème le germe du schisme. Il réprimande donc Denis Boucher et menace de ne pas lui donner la lettre de recommandation nécessaire à l'accès au poste de reporter à *L'Action Chrétienne* :

> [...] Révérend Tom Brown! Et un Anglais, encore! Ça se faufile avec un petit air innocent dans de bonnes familles catholiques et ça leur met le doute au cœur. Ensuite c'est le désordre. Et c'est toi, un gars qui veut être reporter à *L'Action Chrétienne*, qui te fais ami avec un pasteur protestant et qui l'emmènes dans ma paroisse organiser un club de base-ball! Et tu viens me demander une lettre de recommandation! Ou bien t'es un hypocrite qui m'as trompé ou bien t'es imbécile! (p. 57)

Le fait que le prêtre insulte un jeune homme pris en faute est exagéré par l'auteur qui voulait mettre en relief l'autorité absolue du père spirituel. Mais la sainte colère du curé révèle qu'il veut bien maintenir sa petite société paroissiale dans un état de fermeture pour mieux exercer son contrôle social. Il ordonne en effet à Joséphine de ne plus laisser entrer le pasteur protestant dans sa maison. Pourtant le mal est fait, comme l'a dit le curé Folbèche. L'intrusion du pasteur protestant dans sa paroisse devient un défi qu'il se voit obligé de relever. Pour assurer sa popularité et reconquérir l'affection de ses ouailles, il décide de se mêler à leurs jeux, accepte d'ouvrir la partie de baseball selon la suggestion de Denis Boucher. Sensible à la flatterie, il se fait bafouer par ce jeune homme astucieux qui a prié le pasteur de jouer le rôle de vaincu. Sous la plume de l'auteur, l'image du curé Folbèche est plus ou moins caricaturée. Mais on ne peut pas affirmer que ce père spirituel de la paroisse ne se rend pas compte du déclin de son autorité.

> La famille ne se rebiffait-elle pas aujourd'hui que le père voulait se reposer? Elle le traitait de vieux démodé et prétendait user de la formation et de l'esprit catholique pour se conduire elle-même. Elle avait lu les journaux, interprétait à sa façon la Guerre d'Espagne et discutait les sermons, critiquait les prélevés sur les revenus que le père exigeait d'elle. Jusqu'aux marguilliers qui voulaient prendre des décisions (p. 54).
>
> Au moment où il ne doutait pas de son autorité absolue sur les membres de sa grande famille paroissiale, réduire Denis Boucher à un humiliant silence lui eût été un jeu. Mais depuis l'apparition de certains symptômes de désobéissance, son infaillibilité lui paraissait moins certaine (p. 59).

Théophile refuse de pavoiser sa maison en dépit du sage conseil du curé. Ovide se retire du monastère au moment où il doit y rester pour éviter l'enrôlement. Malgré son opposition, Guillaume s'enrôle. Après l'entrée en guerre du Canada, Denis Boucher refuse catégoriquement au curé Folbèche de se lier à la cause nationaliste : « Mon parti politique, maintenant, c'est moi. Ce qui m'intéresse, c'est de me tailler un avenir… J'ai vu trop de chômage, j'ai vu trop de sacrifices aveugles et inutiles faits au nom d'un idéal truqué… La lutte ne réussit qu'à nous appauvrir » (p. 221). Il s'enrôle aussi et s'embarque pour l'Angleterre, travaillant dans le service de la propagande avec un salaire d'officier. La paroisse finit par tomber en miettes, les jeunes la désertent.

> Il était vaincu : sa paroisse n'était plus imperméable. Elle faisait jour de toutes parts et il ne suffisait plus à la tâche de la calfeutrer. Pour la première fois il eut hâte qu'on le nommât chanoine, ou à défaut, aumônier de quelque monastère, loin de sa paroisse, où il garderait intact au moins le souvenir de la grande famille qu'il avait élevée, et où il ne la verrait pas se désintégrer (p. 189).

L'emprise de l'Église décline. Le curé Folbèche reporte la responsabilité aux « généraux » ecclésiastiques qui lisent trop, font trop de marchés avec les politiciens et n'écoutent pas les avis des humbles « caporaux » comme lui. Peu importe qu'il ait raison ou non. Ce qui nous intéresse, ce sont les symptômes de contestation. La désagrégation de la famille paroissiale annonce le déclin de l'emprise de l'Église catholique au Québec. Et en effet, la Deuxième Guerre mondiale va mettre un point final à un Québec qui se retranche derrière le catholicisme pour se conserver – une stratégie défensive qui ne correspond plus à une réalité modelée par l'industrialisation du pays.

Le mariage, les mœurs sexuelles

Les quatre enfants des Plouffe sont en âge de se marier, mais aucun d'entre eux ne l'est. Le benjamin est peut-être cependant un peu jeune pour se marier. Les trois autres ? « On est pris avec des drôles d'hommes ici, remarque Cécile. Pas un ne sort avec les femmes. » (p. 18) Napoléon prétexte que les femmes sont dangereuses pour les athlètes comme la boisson et les cigarettes. Guillaume dit une partie de la vérité : « Les femmes coûtent cher. On n'a pas d'argent. Donc, pas de femmes » (p. 18). Il est vrai que Napoléon et Ovide ne gagnent pas gros. Monter le ménage, ça coûte cher. Les sorties, il faut les payer. Les conditions économiques pourraient devenir des empêchements pour le mariage, mais pas des empêchements décisifs. Dans le récit, les frères et sœur ont chacun leurs aventures amoureuses. On remarque que les tourments des amoureux proviennent surtout des contraintes familiales et religieuses.

Cécile et Onésime sont des amis d'enfance et ils s'aiment. Mais Cécile craint d'avoir des enfants, et sa mère veut que sa fille unique reste célibataire en lui disant que le mariage n'apporte que la misère. Donc, Cécile devient vieille fille. Au moment où elle découvre l'amour, il lui est inaccessible : Onésime s'est marié avec une autre. Mais ils continuent à se fréquenter comme de vieux amis. Onésime vient tous les jours, après le travail, dire bonjour à Cécile. Ils s'assoient côte à côte sur le banc de tramway au bout de la galerie pour bavarder. Cette fréquentation fait jaser les voisins. Monsieur le curé pose des questions à Joséphine sur l'amour de sa fille et semonce Cécile en confession. La femme d'Onésime vient voir Joséphine, se plaint d'être seule avec ses enfants, délaissée par son mari, elle accuse Cécile de vouloir « se bâtir sur son terrain », et en a assez d'être en butte à la risée publique. Sous la pression familiale, religieuse et sociale, Cécile cesse pour un certain temps de recevoir Onésime à la maison. Elle poursuit cependant son aventure d'une autre manière : en écrivant des lettres d'amour. Ensuite, elle lui donne rendez-vous à l'église à l'insu de ses parents. Et enfin, elle se promène dans l'autobus conduit par Onésime, histoire de le voir, de rester auprès de lui. « Je me sens bien quand je suis avec lui, c'est tout » se défend-elle (p. 242). Entre Onésime et Cécile, c'est un amour platonique. Onésime n'a même jamais embrassé Cécile. Cependant, leur comportement contrevient à la norme sociale de l'époque. Leur amour bute sur l'opposition des parents et du curé. À un moment donné, Cécile en a assez de la correspondance, elle se révolte et défend son droit d'aimer. Elle menace de faire reprendre à Onésime son banc de tramway sur lequel Théophile se plaît à prendre son repos en s'exposant au soleil, si l'on refuse de recevoir son ami de cœur à la maison. Devant l'intransigeance de sa mère, elle s'arme de son dernier recours : « J'ai sorti quarante-cinq piastres de ma banque depuis que vous avez perdu votre place, le père. C'est assez, vous n'aurez plus un sou à part de ma pension » (p. 195). Cette fois, Joséphine s'affole et flanche, mais elle pose une condition qui sous-tend sa crainte du péché qu'il y aurait éventuellement entre sa fille et Onésime marié : il faut qu'elle soit là quand Onésime vient à la maison. Le marché est ainsi conclu. Mais le véritable ennemi de l'amour de Cécile, ce n'est ni la femme d'Onésime, ni les racontars, ni la mère Plouffe, mais Ovide drapé dans son auréole d'intransigeance religieuse. Le lendemain de sa rentrée du monastère, à la sortie de la messe matinale, Ovide sermonne sa sœur en ces termes :

[…] je ne crois pas aux longues amitiés entre hommes et femmes sans qu'ils en viennent aux caresses défendues… Je te crois quand tu dis qu'il n'y a pas eu péché entre lui et toi. Mais tu te sens bien à ses côtés, tu désires sa compagnie. Le mal c'est comme un fruit. Tant qu'il est vert, on lui résiste. On se dit qu'on y touche pas. Et puis il est très mûr tout à coup. Il suffit de l'effleurer pour qu'il tombe… Mais vous êtes enfin mûrs pour le mal. Je le sens. Je le vois dans tes yeux. Pourquoi t'acharnes-tu à menacer ce foyer, à déshonorer ta famille, à gâcher ton avenir ? Rappelle-toi les malheurs de la femme adultère (p. 241-242).

Ovide dit ce qu'on croirait sorti de la bouche de monsieur le curé Folbèche. Cécile est atterrée par les reproches de son frère et en pleure. Elle a quarante-trois ans, elle ne peut plus tomber amoureuse d'un jeune garçon. C'est justement la sauvegarde du foyer des Ménard, l'honneur de sa famille et sa réputation personnelle qui la tourmentent et la retiennent à la limite de son amour platonique. Son indépendance économique ne la pousse pas encore à ne penser qu'à la réalisation de son bonheur individuel. Les valeurs religieuses et les normes sociales l'acculent à l'impasse, malgré sa contestation et sa défense du droit d'aimer. Pour l'en faire sortir, l'auteur se montre ingénieux en imaginant un accident qui entraîne la mort d'Onésime. Après la mort de son ami de cœur, Cécile peut se comporter comme une vraie veuve, sans que personne n'y trouve à redire.

Depuis la mort d'Onésime, la vieille fille parlait sans cesse du défunt au point que, après plusieurs mois, elle semblait s'imaginer avoir été sa femme. Cécile, à cause de son sens inné de l'économie, tirait donc de la disparition d'Onésime le seul avantage que ce décès lui présentât : elle pouvait enfin ouvrir son cœur et parler d'Onésime comme de son mari, sans que la famille y trouvât à redire, et il est tacitement entendu, dans la maison, que le disparu était une sorte de gendre ou de beau-frère dont Cécile pouvait tous les jours évoquer l'image avec le prestige de veuve (p. 312).

Enfin, après le départ des trois gars de la maison paternelle, Cécile adopte le plus jeune des enfants d'Onésime.

L'amour d'Ovide pour Rita Toulouse est d'un ordre un peu différent. L'aliénation religieuse et le conflit caractériel entrent en jeu. Ovide est un jeune homme intelligent mais prétentieux, profondément imprégné des valeurs traditionnelles. Son goût pour l'opéra lui donne l'impression d'être supérieur aux autres. Il tombe amoureux de la fille qui lui convient le moins. Rita Toulouse est l'aînée d'une famille modeste de nombreux enfants. Elle se bourre de magazines cinématographiques, admire les cabotins et les champions sportifs, prend plaisir aux chansons populaires québécoises. Légère et vaniteuse, elle confond le plaisir et le bonheur et ne sait rien faire avec mesure. Ovide cherche à la conquérir par l'opéra. Malheureusement, elle n'entend rien à la musique classique. La soirée musicale qu'Ovide donne pour la séduire est un échec total, gâchée par la fugue de Rita et Guillaume, qui quittent la soirée et vont se promener sur la falaise et se livrer à mille ébats audacieux, affectueux et puérils. Le lendemain, Ovide devient la risée de ses compagnons de travail parce que Rita a raconté les cocasseries de la soirée « Paillasse » à la manufacture. Harassé par les sarcasmes, Ovide se sent humilié, indigné et dégoûté. Il va se retirer au monastère des Pères blancs d'Afrique comme frère convers. Cependant, la réclusion et les méditations ne le dissuadent pas de renoncer au bonheur temporel. L'inquiétude du sort de sa famille après la perte du travail de son père, la guerre et surtout l'amour pour Rita le décident à quitter sa vie monastique et à redevenir un homme ordinaire. « J'en ai assez de cette existence asséchante, dit-il au Supérieur, où c'est l'amour qui manque le plus. » (p. 235) Il aime mieux revenir dans la vulgaire mêlée que de rester prisonnier d'une auréole spirituelle. Mais l'abandon de la vocation religieuse ne le laisse pas tranquille. Après une année de sacrifices, de prières et de mysticisme, il a peur d'être accusé de désertion, de faire figure de Luther, car aux yeux des siens, « un défroqué paraît presque aussi renégat que n'importe quel laïque qui ne va pas à la messe depuis dix ans, si ce défroqué n'a pas la maladie pour excuse » (p. 235). Endoctriné et aliéné par les leçons religieuses qui pèsent lourd sur sa conscience, il ne peut accéder au bonheur temporel tout de suite. Lors de son aventure au pied du mur du monastère des Franciscains, il se comporte comme un défroqué encore tiraillé entre Dieu et Satan. Il voit en Rita, prête à se donner à lui sous l'effet du Singapore, un petit démon qui l'entraîne dans le péché de la chair.

> Ovide se mit à grelotter de tous ses membres. Ses yeux embués créaient des spectres aux dents pourries qui ricanaient dans les failles du mur, se préparaient à le saisir pour l'entraîner en enfer et le plonger dans la mare d'huile bouillante des luxurieux (p. 272).
>
> Dans le champ de sa conscience, défilaient tous les supplices et mépris qu'au monastère on promettait aux luxurieux. Il était damné. Son âme commençait à pourrir. Ça lui donnait mal au cœur. Ah ! S'il pouvait se confesser ! Jamais il ne pourrait passer la nuit dans cet état (p. 273).

Ovide court vers le presbytère. Mais le curé, encore fâché contre lui, refuse de le confesser après l'avoir sermonné à propos de son renoncement à la vocation religieuse, au nom du nationalisme et de la religion catholique. Désespéré, il rentre à la maison paternelle et passe une nuit d'angoisse.

Une longue conversation avec le père blanc Alphonse remet en place un Ovide plein de contradictions intérieures.

> Vous êtes entré au monastère par dépit, par orgueil, si vous voulez. Et tout ce qui vous est arrivé par la suite était inspiré par l'orgueil. Si vous aviez su être vraiment humble, vous n'auriez pas souffert ainsi... C'est aussi de l'orgueil que de refuser la place que la Providence nous assigne dans la société, sous prétexte que cette place n'est pas à la hauteur de nos ambitions (p. 304).

Si son orgueil a provoqué sa première rupture avec Rita Toulouse comme l'a indiqué le père Alphonse, il nous semble que l'aliénation religieuse est à la source de sa deuxième rupture, en l'empêchant de se livrer aux ébats amoureux. En tout cas, c'est grâce à la sagesse de ce missionnaire chevronné qu'Ovide finit par se libérer de la vocation religieuse qu'il n'a pas, de son ambition, de son orgueil et de son angoisse. Il retrouve sa place dans la société, celle d'un humble salarié. Il doit se contenter toute sa vie d'un petit salaire, acceptant de travailler comme aide-cuisinier, ambulancier ou employé du magasin de disques, et il se marie enfin avec Rita.

Par comparaison avec Ovide, Napoléon est un homme sans complication. Son aventure est un chant de l'amour pur. Par un petit matin du printemps, dans sa randonnée en bicyclette, il aperçoit une jeune femme qui tombe évanouie sur l'avenue Grande-Allée. Il lui prête secours. Ainsi fait-il, par hasard, connaissance avec Jeanne Duplessis. Celle-ci a trente ans. En 1931, lors de la crise, sa famille a quitté Trois-Rivières et est allée s'installer sur une terre inculte à une trentaine de milles de Québec, afin de fuir le chômage. Sans les connaissances essentielles qu'il faut au colon, aux prises avec un sol ingrat, son père ne parvient pas à se tirer d'affaire avec une famille nombreuse. Découragé, il s'est mis à boire. Jeanne, aînée d'une marmaille de neuf enfants, pour soulager le fardeau de son père, est partie pour Québec où elle travaille depuis cinq ans comme servante à vingt dollars par mois. Elle envoie cet argent à sa mère, ne dépensant pas un sou et s'habillant avec le vieux linge de «madame». L'auteur explique l'amour de Jeanne pour Napoléon en ces termes:

> Au moment où Napoléon l'avait rencontrée, elle était lasse à en pleurer, de sa solitude et de son esclavage. Il lui était apparu comme un sauveur. Il était l'homme, la sécurité, une petite machine à dévouement. Le monde était compliqué, Napoléon était simple... il allait se donner à elle, complètement, pour

toute la vie. Jeanne le sentait et elle s'agrippait aveuglément à ce billot fidèle qui lui permettait de flotter tout le long de l'existence (p. 126).

Napoléon l'aime aussi. Ils formeront bien un couple qui pourrait partager la joie et la peine. Mais leur amour bute sur une mère acariâtre. Madame Plouffe garde encore le souvenir amer d'une Rita Toulouse mutine et capricieuse qui a bouleversé la famille et expédié Ovide au monastère. Elle éprouve une vague antipathie à l'endroit de Jeanne lorsque celle-ci vient pour la première fois chez les Plouffe, à l'occasion de la visite du roi dont le cortège va passer devant leur maison. Madame Plouffe la reçoit froidement, la toise de manière méfiante, lui pose des questions méchantes et fait des commentaires sur sa santé et son habillement.

> — Vous toussez pas mal creux! Le rhume en été, c'est pas normal. Faudrait vous soigner (p. 133).
> — Comme vous avez du beau linge! Ça doit vous coûter cher pour vous habiller! (p. 134)
> — C'est sûrement pas Napoléon avec son petit salaire qui pourrait vous payer de l'étoffe comme ça! (p. 135)

Joséphine trouve Jeanne trop grande – «Ils ont l'air de Muttand Jeff», dit-elle. (p. 133) – et trop bien habillée pour Napoléon qu'elle ruinerait et conduirait par le bout du nez si elle devenait sa femme. La mesquinerie de Joséphine et la naïveté de Napoléon qui, pour rassurer sa mère, révèle en public que sa blonde s'habille du vieux de sa «madame», font partir finalement Jeanne, désemparée, honteuse. C'est la rupture. Jeanne ne veut plus revoir Napoléon. Celui-ci souffre de chagrin d'amour et ne sait pas comment s'en sortir. Sa mère désapprouve son choix. Elle a deux raisons principales: la santé de la jeune fille et la situation économique de son fils. «C'est une fille malade, dit Madame Plouffe, qui va mourir jeune et qui lui [à Napoléon] coûterait les yeux de la tête» (p. 160). En effet, Jeanne entre, peu de temps après, dans le sanatorium à cause de la tuberculose pulmonaire. Mais Napoléon, comme une fourmi obstinée, s'attaque avec une ferveur aveugle aux obstacles qui le séparent du bonheur. Il va voir régulièrement Jeanne à l'hôpital et prie Dieu tous les jours. Peut-être Dieu est-il ému de sa persévérance: Jeanne recouvre petit à petit la santé et devient finalement son épouse.

Les aventures amoureuses des enfants Plouffe dévoilent un fait frappant: les valeurs traditionnelles régissent encore le comportement des jeunes dans le domaine de l'amour, du mariage et des mœurs sexuelles. Les jeunes commencent à les contester, à se révolter, mais ils sont encore loin d'avoir le courage de s'en débarrasser, étant donné les fortes pressions familiale, sociale et religieuse. «On a beau dire et beau faire, dit Napoléon à Ovide, nos amours ont l'air de sentiments défendus quand nos parents ne les approuvent pas» (p. 299).

L'époux et l'épouse

Le récit commence lorsque Théophile et Joséphine ont déjà respectivement 62 et 60 ans. Nous pouvons présumer qu'ils se sont mariés entre 1895 et 1896. Joséphine a eu vingt-deux *maladies*. Mais la plupart des grossesses n'ont pu être menées à terme, «soit à cause d'une chute dans l'escalier, soit à cause d'une violente prise de bec avec Théophile, soit d'un danger qu'avait couru ou Napoléon, ou Cécile, ou Ovide» (p. 223). Comme Rose-Anna et d'autres femmes de sa génération, Joséphine se trouve épuisée par de trop nombreuses grossesses. Elle devient une vieille femme aux chairs amples, flasques et ridées. Elle a un teint jaune à cause d'une maladie du foie.

> Avec un fatalisme aveugle qui n'était même pas de la résignation, madame Plouffe avait subi ses épreuves sans murmurer, d'un air à peine ennuyé: ses fausses couches, son mari ivrogne, ses enfants capricieux. Depuis quarante ans elle allait et venait dans sa cuisine, préparait les repas, lavait la vaisselle, mangeait les restes de nourriture que les enfants n'aimaient pas (p. 65).

Par son dévouement et par ses sacrifices, Joséphine s'impose à la maison dont la représentation est réduite à une cuisine – c'est son domaine de plein droit et le centre du foyer. Elle est de la trempe de Rose-Anna. Citadine, elle reste une femme traditionnelle: vaillante, économe, dévote et féconde. Chez les Plouffe comme chez les Lacasse, c'est la mère qui mène la barque. Joséphine, avec le salaire de son mari et les pensions de ses enfants, établit le budget, planifie les dépenses, fait manger et habille les enfants, contrôle la consommation de bière de son mari (un verre par jour), surveille le comportement de ses enfants et intervient dans leurs amours. «C'est moi qui mène ici», dit madame Plouffe (p. 196). Elle est le vrai chef de famille, avec l'appui moral du curé.

Cependant, l'autorité maternelle ne dépasse pas, en réalité, les quatre murs de la cuisine dans laquelle la mère ne tolère aucun partage de l'autorité et supporte mal la présence encombrante du chômeur.

> La catastrophe… c'était l'énorme présence de Théophile dans la maison durant la journée. Il furetait partout, refaisait l'ouvrage de sa femme, insistait pour mettre la table, laver les planchers, car s'agitant ainsi, il chassait le spectre du

chômage, qui commençait de l'effrayer. Après deux journées de ce régime, Joséphine avait complètement perdu patience (p. 159).

Le lendemain soir, après le souper, Théophile offre son aide et Joséphine explose : « Veux-tu bien me laisser mon ouvrage, fatigant. T'es une vraie plaie. Si tu continues à m'embarrasser, c'est moi qui vas aller travailler. J'en ai assez de vous avoir dans les jambes, toi et Guillaume » (p. 159). Théophile se résigne à ce « despotisme de cuisine ».

Mais devant les problèmes qui dépassent le cadre de la cuisine, Théophile ne cède jamais à sa femme. Il conteste son avis, brave son opposition, commente même son comportement déplacé en la traitant d'imbécile ou de grosse bête. Joséphine considère le protestant comme hérétique, Théophile affirme que la religion est une affaire personnelle. Joséphine s'oppose au départ de Guillaume pour les États-Unis, Théophile déclare qu'il est temps que les Canadiens français soient connus dans le monde entier. Joséphine croit qu'il vaut mieux répondre à l'appel du Cardinal en pavoisant la maison en honneur du roi de l'Angleterre, Théophile s'en tient à ses convictions politiques et s'entête à boycotter la visite du roi.

> Joséphine prit un air soumis et n'osa protester trop fort car, si elle avait la haute main sur la régie interne de la maison, elle nourrissait un respect aveugle pour les vues politiques de son mari (p. 116).

Lorsque Joséphine empêche Théophile d'aller participer à la réunion des grévistes et parader dans les rues, celui-ci l'accuse carrément d'être lâche. Joséphine désapprouve l'amour de Napoléon et le somme de cesser d'aller voir Jeanne, tuberculeuse. Théophile, peu avant sa mort, donne quant à lui son accord à Napoléon et lui dit d'épouser Jeanne.

Entre époux et épouse, les conflits sur le plan politico-idéologique se déroulent tout au long du récit, jusqu'à la mort de Théophile. Cependant, les conflits ne les empêchent pas de vivre ensemble et de s'aimer l'un l'autre. Théophile n'a aimé qu'une fois de sa vie, il n'a jamais eu l'occasion de tromper sa femme. Joséphine est une de ces femmes qui, malgré une apparence dominatrice et irascible, ont le cœur tendre et sont prêtes à se donner. Pas très intelligente peut-être, Joséphine est tout de même une femme bonne. Elle aime son mari au point de le considérer comme son bien personnel, d'où l'égoïsme qui se traduit dans son comportement.

Les parents et les enfants

Nous assistons dans le récit à deux scènes violentes où le père tente de prouver son autorité paternelle. La première a lieu après la soirée musicale. Théophile corrige Guillaume, malgré la protestation de Joséphine en lui appliquant un coup de courroie de cuir qui sert à aiguiser son rasoir. La deuxième se déroule quand Théophile demande à Napoléon d'aller avec lui à la parade des grévistes. Le refus de Napoléon met en colère le père qui menace de le battre en brandissant la large ceinture de cuir : «Tu veux défier ton père, lui désobéir?» Mais Napoléon lui tient tête en répliquant : «Je suis assez vieux, je sais quoi faire. J'ai trente-trois ans… je n'ai pas peur de vous, le père, avec votre petite ceinture. Mais frappez-moi jamais» (p. 194-195). Grâce à l'intervention de Cécile, Napoléon s'enfuit en laissant Théophile interloqué et aux prises avec l'esprit de justice de Cécile. Cette fois, Joséphine se range du côté de son mari, puisque l'autorité des parents est en jeu. Mais rien n'y fait. À mesure que les enfants vieillissent et acquièrent l'indépendance économique, l'autorité parentale décline. Théophile ne peut plus exercer son autorité paternelle, alors que Joséphine voit son domaine se rétrécir par tranches.

> Ovide disait : «Mon gramophone, mes disques, mon piano, mon silence.» Il emplissait toute la maison de chants compliqués que madame Plouffe ne comprenait pas, et devant lesquels ses chansons à elle avaient dû baisser pavillon. De peur de déplaire à Ovide, elle chantait toujours, à mi-voix, des berceuses, des mélopées inintelligibles. Le grand bahut appartenait aux albums de Napoléon. Elle n'entrait dans la chambre à coucher des garçons que pour en faire les lits et épousseter. (Ils avaient chacun un coffre fermé à clé dans lequel ils cachaient leurs trésors.) La grande chaise berçante de la cuisine était réservée à Théophile, qui avait aussi main mise sur la commode de la chambre nuptiale pour y déposer ses pipes à moitié pleines. Et Cécile, sous prétexte qu'elle était plus jeune que sa mère, s'était adjugé sa table de toilette et le grand miroir ovale. Enfin, hier soir, Napoléon, couvert de trophées, était entré d'un pas triomphal dans le salon, en était ressorti avec les deux belles fougères que madame Plouffe chérissait, et les avait déposées sur le plancher de la cuisine. Ses trophées avaient pris sur le piano et devant la fenêtre, la place des fougères (p. 65).

Madame Plouffe aime ses enfants comme la poule qui protège ses poussins sous ses ailes. Ses quatre enfants adultes sont plus ou moins gâtés et capricieux. Elle les sert comme une vieille bonne. Elle s'applique à bien empeser les cols de chemise d'Ovide, de peur d'être grondée par ce fils de prédilection. Elle aide Napoléon à s'habiller, demande à Guillaume ce qu'il aimerait manger au souper. Elle ne vit que pour son mari et ses enfants. Elle peut faire tous ses sacrifices pour la famille à condition que tout marche selon son souhait : Théophile apporte son salaire à la maison et s'abstient de boire ; Cécile reste célibataire auprès d'elle et cesse de voir Onésime ; Napoléon continue à collectionner ses photos des vedettes du sport, mais renonce à son amour pour une tuberculeuse ; Ovide se fait père blanc pour honorer la famille ; Guillaume ferait mieux de rester chômeur que d'être lanceur des Reds de Cincinnati. Malheureusement tout va à l'encontre de sa volonté. Les valeurs qu'elle incarne et l'autorité dont elle témoigne sont sans cesse contestées par ses enfants. Les chicanes qu'elle a eues avec eux la rendent lasse.

> Elle ne se sentait plus de taille à lutter. Avant, se présentait-il un obstacle, elle l'écrasait du pied. Maintenant toute difficulté familiale rongeait son énergie comme un acide (p. 225).

Les enfants sont adultes, ils ont leurs propres idées. Ils travaillent, gagnent leur vie. Les pensions et les économies de Cécile aident beaucoup à boucler le mince budget familial. Les enfants ont leur mot à dire, comme Jean-Charles Falardeau l'a analysé :

> Gagner un salaire rendait les enfants moins dépendants de leurs parents et les incitait à une plus grande émancipation. D'où conflit, car la structure et la mentalité de l'institution familiale demeurèrent à la ville ce qu'elles avaient été à la campagne, maintenues et renforcées par la structure et l'enseignement de la paroisse[12].

Le fait que la mentalité ne rattrape pas la réalité urbaine est à la source du déclin de l'autorité maternelle et de la désagrégation de l'ancienne structure familiale. « Son pied, formé par les bottines hautes de 1900, ne pouvait chausser l'époque nouvelle. » (p. 223)

Tout le drame de Joséphine vient de cette inadaptation à la nouvelle réalité. C'est pourquoi elle se sent seule et abandonnée. Ovide renonce à la vocation religieuse, Cécile la défie avec Onésime, Napoléon s'entête à courir après une malade contagieuse, Guillaume, prêt à partir aux États-Unis, finit par s'enrôler. « On va faire notre petite vie » (p. 192), c'est le rêve de Joséphine durant toute sa vie. Maintenant, il s'écroule avec la Deuxième Guerre mondiale. La famille Plouffe n'est plus unie, ne fait plus sa religion comme auparavant, et qui plus est, fait beaucoup de bruit dans le quartier. Après la

---

12. Falardeau, *op. cit.*, p. 132.

mort de Théophile, Joséphine voit sa famille éparpillée comme la paroisse tombée en miettes.

La solidarité et le conflit d'intérêts entre les enfants

Le petit salaire de Théophile constitue le revenu principal de la famille avec lequel Joséphine défraye toutes les dépenses quotidiennes. Les enfants sont bien conscients de cette situation chancelante de l'économie familiale. Ils n'ont pas un père aux nombreux écus pour soutenir leurs études ou pour les aider à s'établir. Ils doivent se débrouiller dans la vie et se tailler une situation dans la société. Si Napoléon et Ovide se marient à un âge avancé, une des raisons est qu'ils n'ont pas les moyens pour monter le ménage. Napoléon doit faire des économies en se passant de la crème glacée qu'il avait pris l'habitude de manger tous les soirs après le souper. Il faut à Ovide accéder au poste de vendeur de disques, avec un meilleur salaire pour se marier. Ils savent bien l'importance de l'argent pour réaliser leur bonheur individuel. Mais ils savent aussi remplir leur devoir filial : aider les parents autant que possible. Quand ils ont leur salaire, ils payent leur pension. Même Guillaume le benjamin donne dix dollars par semaine à sa mère, dès qu'il reçoit mille dollars avancés par les Reds de Cincinnati. À ce sujet, les parents n'ont rien à redire au comportement de leurs enfants.

Théophile est cent pour cent prolétaire. Pas de biens immobiliers, pas d'économies. Il ne peut rien laisser à ses enfants après la mort. Donc, le problème de l'héritage ne se pose pas chez les Plouffe. Les enfants n'ont pas à se disputer le bien paternel. En ce sens, les enfants n'ont pas de conflit d'intérêts au sens strict du mot. Au contraire, ils ont à donner chacun du sien dans la mesure du possible pour sauver la famille. Théophile étant paralysé, la famille perd son principal soutien financier. Joséphine a peur que l'huissier ne vienne saisir ses meubles. L'argent devient tout à coup le premier souci et le meilleur mot de consolation. Guillaume sanglote tout en consolant son père : « Pauvre papa ! Pauvre papa ! Que je vous aime donc ! Tout l'argent que je vas gagner, c'est pour vous » (p. 210). Ovide s'inquiète, au monastère, du sort de sa famille : « Mon Dieu ! Comment vont-ils faire pour arriver ? » (p. 178) Napoléon réagit comme un homme prêt à accepter ses responsabilités de bon cœur : « Viourge ! Ça me fait deux malades ! Vous inquiétez pas. Ça va s'arranger » (p. 209). Quoique Cécile se serve de sa « puissance économique » comme moyen de pression pour défendre son droit d'aimer, elle n'a pas hésité à utiliser ses économies pour aider sa mère à équilibrer le budget familial.

Les chicanes entre les frères et sœur se produisent surtout à propos du partage équitable de la charge. Cécile se sacrifie pour la famille. Si elle s'était mariée, si elle n'avait pas mis de côté 422,48 $ à la banque, que deviendrait sa famille, après le congédiement de son père ? Elle a le droit de réclamer à ses frères de travailler dès que possible pour partager la charge familiale. C'est ce qui arrive entre elle et Guillaume quand le benjamin s'ennuie à la maison sans oser sortir à la suite de sa mauvaise farce à l'occasion de la visite du roi à Québec. Cécile gronde : « Trouve-toi une job. Ça fait assez longtemps que je vous fais vivre, que je me sacrifie pour vous autres. Je commence à en avoir assez » (p. 142). Une autre fois, Cécile, en complicité avec Joséphine, presse Ovide défroqué à reprendre le travail : « Dans la vie, faut travailler à la sueur de son front, gagner de l'argent » (p. 277). Et Ovide l'accuse d'être sans cœur.

À part ces conflits concernant la parité de la charge familiale, les frères et sœur, sont solidaires, se soutiennent, la plupart du temps, pour défendre leur droit d'aimer, chacun à sa manière. Quand Napoléon souffre de sa peine d'amour et de l'opposition de ses parents, Ovide lui donne de bons conseils, promet de l'aider à avoir un accès facile à l'hôpital, le rassure qu'il n'est pas contre son grand amour.

> — Contre ? Es-tu fou ? On ne fait sa vie qu'une fois. Et puisque tu as la chance de posséder un grand amour, donne-toi à lui complètement, sans te soucier des autres (p. 238).

À ces mots, Napoléon pleure d'émotion. Son amour pour Jeanne trouve enfin une sorte de définition dans la bouche d'Ovide. Cela lui donne du courage pour faire ses pèlerinages et lui permet de garder confiance en la guérison de sa bien-aimée. De même, Napoléon ne s'oppose pas à ce qu'Ovide défroque et reste à la maison. Quand Théophile menace de battre Napoléon, qui a hâte d'aller voir Jeanne à l'hôpital au lieu de l'accompagner à la parade, Cécile intervient en faveur de son frère et proteste hautement :

> — Allez-vous le laisser tranquille, ce garçon-là ? C'est rendu qu'on n'a pas le droit d'aimer qui on veut dans cette maudite maison. Tiens, ton chandail, Napoléon, fit-elle en le prenant des mains de sa mère éplorée. Va, va retrouver celle que tu aimes (p. 195).

Cécile a aperçu Ovide et Rita la main dans la main à l'arrêt de l'autobus, et Ovide l'a vue aussi, assise à l'avant de l'autobus, de biais avec le chauffeur Onésime. Le soir, à la maison, tous deux se taisent sur ce qui s'est passé dans la journée. Quand Ovide a besoin de dix dollars pour aller danser avec Rita au Château Frontenac et essuie le refus de Guillaume, Cécile le tire de la situation embarrassante en lui prêtant la somme qu'il lui faut, dans le dessein inavoué d'obtenir la faveur d'Ovide pour son amour défendu. La complicité s'établit ainsi entre le frère et la sœur. D'une part, Ovide sermonne farouchement, en particulier, Cécile sur son amour pour Onésime, mais d'autre part, il rassure sa mère sur le compte de sa sœur : « Cécile, laissez-la donc tranquille. Ce n'est pas grave. Onésime est un vieil ami d'enfance. Il faut bien qu'elle ait un peu de distraction » (p. 254). Guillaume est aussi témoin de la promenade d'Ovide avec Rita dans la rue. Il s'allie à son frère en gardant le silence. La complicité fraternelle s'établit de la façon suivante :

> — Je sais pourquoi t'es content. Rita Toulouse. Je t'ai vu avec. J'étais en bicycle.
> — Leur as-tu dit ?
> — Es-tu fou ? On est des Américains ou bien on n'en est pas. J'suis pas un placoteux.
> — C'est là que je vois que t'es un homme. Tu nous feras honneur aux États-Unis.
> — Ouais ! j'suis un homme et j'aime ça coucher tout nu. Je parlerai pas si tu dis à la mère de pas me faire mettre le maudit pyjama rouge et blanc. Je meurs de chaleur là-dedans.
> — Marché fait. Tu couches tout nu et tu te fermes la boîte. Et surtout, ne pense pas à mal. Tu verras, mon vieux, un jour, que les questions de femmes, c'est compliqué. L'important, c'est que maman ne sache pas. Ça lui ferait de la peine (p. 251).

Quand Joséphine et Cécile somment Ovide, défroqué, de reprendre le travail, Napoléon dit : « Lâchez-le tranquille. On a la tête fatiguée quand on sort du couvent. C'est comme un hôpital. Qu'il se repose. Si vous avez besoin de l'argent, j'en gagnerai ! » (p. 278) Après sa deuxième rupture avec Rita, Ovide essaie de remédier à sa bêtise, mais retrouve une Rita digne et froide. Il fait en vain des efforts de réconciliation. Déçu, il rentre à la maison et trouve Cécile dans un état hystérique à cause de la mort d'Onésime. Elle l'accuse d'avoir jeté un sort à son ami de cœur et de l'avoir tué. Ne sachant plus où donner de la tête, Ovide a envie de pleurer. C'est Napoléon qui vient le consoler et lui tend une planche de salut en lui proposant d'aller voir le père Alphonse. Napoléon éprouve aussi de la sympathie pour Cécile, qui perd son seul amour, et pense faire quelque chose pour la consoler.

Ainsi va la vie des Plouffe, du calme à la tempête, des scènes violentes aux propos de tendresse. On se solidarise pour affronter la pauvreté, on se dispute pour le partage équitable de la charge, on se resserre pour assurer le bonheur de chacun. La famille Plouffe se mue, à la fin de la guerre, en plusieurs foyers « filiaux ». Et un autre cycle de famille recommence, avec d'autres conceptions de la vie et de nouvelles valeurs, qui correspondent à la nouvelle réalité d'après-guerre et engendrent d'autres conflits au sein de la famille.

Bilan

L'industrialisation et l'urbanisation ont pour conséquence directe la prolétarisation des Canadiens français qui quittent la campagne, la terre, pour aller vivre de leurs bras dans les centres urbains et industriels. C'est un phénomène inévitable, apparu au cours de la modernisation d'une société majoritairement agricole. La crise des années 1930 met à nu l'appauvrissement du prolétariat québécois et éveille sa conscience de classe. Étant donné qu'il n'existe pas chez les Canadiens français de bourgeoisie financièrement puissante – à ce propos, notons que le mot bourgeois désigne aussi chez certains sociologues québécois le clergé et les gens de profession libérale qui possèdent un capital intellectuel –, l'industrialisation bénéficie largement des investissements étrangers, à savoir britanniques, canadiens anglais et américains. Ainsi, la conscience de classe chez les Canadiens français est étroitement liée à la conscience nationale. Les propos de Théophile en sont la preuve : « […] c'est des Anglais ! crie-t-il… C'est eux autres qui nous font crever de faim » (p. 205). Chez Théophile comme chez Azarius, la conscience nationale s'avère plus forte que la conscience de classe. Les deux familles éprouvent à différents degrés le besoin de l'argent qui devient à leur bouche « mot de salutation » et mot de consolation. Mais ni Azarius ni Théophile ne se rendent guère compte de la cause véritable de leur misère.

En passant de la situation de petits exploitants agricoles à celle d'ouvriers urbains, les Canadiens français subissent pendant quelques décennies un processus de transformation douloureux et accentué par la crise économique. L'inadaptation à la société industrielle se manifeste dans les domaines professionnel (manque d'instruction) et culturel (attachement aux traditions).

Pourtant, les Canadiens français ne sont plus ceux du début du siècle. Car la modernisation n'implique pas seulement le déplacement spatial de la population, l'émigration de la main-d'œuvre excédentaire de la campagne vers les centres industriels et urbains, mais aussi le renouvellement des valeurs et le changement du mode de vie. L'échange commercial avec les pays étrangers dont l'économie nationale dépend largement met définitivement fin à la fermeture de la société. La pénétration de la culture étrangère et surtout américaine, véhiculée par les médias de masse, incite à la compétition et invite à s'en sortir. Jean Lévesque et Denis Boucher en incarnent deux exemples, peut-être extrêmes. Leur individualisme se développe au point que l'un décide d'abattre tout ce qu'il y a derrière et que l'autre pourrait faire pendre son père. Nous ne parlons pas beaucoup de ces cas extrêmes parce qu'ils sortent du cadre familial. On dirait qu'ils sont deux Rastignac québécois.

Les enfants des Lacasse et des Plouffe ne sont pas comme eux. Mais leur conception de la vie, de l'amour – les relations sexuelles prénuptiales dans ces deux romans, bien que condamnables, ne sont plus un cas particulier comme dans *Trente arpents* –, du mariage, de la maternité et leurs habitudes de consommation ne sont plus pareilles à celles de leurs parents. La radio, la presse, le cinéma, ces produits de la civilisation moderne, ainsi que la tentation des vitrines publicitaires des grands magasins jouent beaucoup pour renouveler les valeurs sociales et le mode de vie. La famille et la paroisse ne peuvent plus en monopoliser la transmission. Dans *Le Survenant* et *Marie-Didace*, la paroisse joue autant que la famille pour transmettre les valeurs. Dans *Les Plouffe*, la famille paroissiale se désagrège. Elle perd en importance. Pourtant, la famille en tant que centre de consommation, lieu de socialisation, d'enracinement identitaire, reste encore une institution sociale de base, centre d'affection et de solidarité où les membres de la famille se serrent pour combattre le chômage et la misère. Elle apparaît encore comme une valeur qui assure la sécurité sociale et le bonheur individuel. Ainsi, la constitution d'une famille par un beau mariage est perçue comme un moyen de se débarrasser de la pauvreté ou comme la réalisation du bonheur personnel.

Si l'institution familiale est encore très forte, les relations interpersonnelles au sein de la famille se retrouvent modifiées, connaissant une mise au point en fonction de la situation ouvrière et du milieu urbain. Dans *Trente arpents*, *Le Survenant* et *Marie-Didace*, les hommes sont des personnages centraux. Leur autorité est intouchable. Ils sont maîtres de la terre. Ce sont eux qui décident quand, comment et à qui transmettre la terre ancestrale. Les femmes ne jouent qu'un rôle secondaire. Dans *Bonheur d'occasion* et *Les Plouffe*, les femmes prennent le dessus dans le rapport époux/épouse, étant donné que la scène familiale change de décor, l'urbain remplace le rural. L'autorité maritale décline. Jean-Charles Falardeau fait remarquer que dans les romans de mœurs urbaines, les familles où le personnage dominant est la mère sont en général de condition ouvrière. Il qualifie ce type de famille de matricentrique[13]. Cet attribut est juste dans la mesure où le père salarié n'arrive pas à garantir une sécurité économique aux siens. Sans aucun patrimoine à transmettre, il est purement et simplement prolétaire. Professionnellement vulnérable et économiquement faible, le père «inadapté» perd de son importance au sein de la famille. Et l'autorité parentale se déplace du côté maternel, puisque désormais c'est la mère qui, avec le petit salaire du père, doit tout gérer: nourriture, vêtements et logement. C'est à la mère qu'incombe la planification des dépenses quotidiennes pour joindre les deux bouts. L'homme pioche, la femme dispose. Cette division du travail renforce pour ainsi dire l'autorité de la mère, au détriment de celle du père qui, sous le poids de la charge familiale ou sous la menace du chômage, tend à noyer son chagrin dans la bière et à esquiver sa responsabilité par une insouciance volontaire. C'est le cas du père de Jeanne Duplessis et celui de Théophile Plouffe qui sont présentés comme «ivrognes», et celui d'Azarius Lacasse, comme «rêveur» ou «idéaliste». La velléité du père force la mère à prendre en main la gestion de la misère. Ce serait catastrophique si elle ne se montrait pas plus forte que son homme. C'est pourquoi nous constatons dans ces deux romans l'importance des personnages féminins dans la gestion financière de la famille. Rose-Anna est aidée de Florentine, qui lui donne presque toute sa paie, et Joséphine, de Cécile qui sort ses économies de la banque après le congédiement de son père. Jeanne Duplessis envoie quant à elle tout son salaire de servante à sa mère. Est-ce qu'on peut dire, par là, que la naissance ou la survivance de Marie-Didace symbolise déjà la fin d'une époque, celle des hommes de la terre et le début d'une autre, marquée par les femmes et les villes? Il faut indiquer que l'autorité maternelle est plus ou moins «émoussée» par l'indépendance économique des enfants qui travaillent, comme nous l'avons constaté dans *Bonheur d'occasion* et surtout dans *Les Plouffe*.

L'époque où se situent ces deux histoires imaginaires apparaît comme une passerelle entre l'ancien et le nouveau. Chez les enfants des deux familles, les conflits intérieurs sont acharnés. Ils sont tiraillés entre le nouveau et l'ancien. La famille et l'Église en tant qu'institutions porteuses des valeurs traditionnelles constituent des contraintes dans les comportements des jeunes et la réalisation de leur bonheur, d'où les conflits entre les parents et les enfants. Les jeunes tendent à se débarrasser des contraintes familiales et religieuses et osent réclamer leur droit d'aimer et négocier une place plus

---

13. Falardeau, *op. cit.*, p. 81.

égalitaire. Ils courent après le bonheur personnel malgré l'autorité parentale et l'aliénation religieuse qui pèsent lourd sur leur conscience. Le fossé des générations s'élargit dans les villes.

Bref, la vocation agricole, la foi catholique et la famille nombreuse, trois piliers qui supportent le Québec traditionnel, commencent à s'écrouler : finie la vocation agricole, déclinée l'Église, atomisée la famille. La société québécoise se modernise malgré tout et se dresse, industrialisée, à travers la crise et la guerre.

CHAPITRE III

La famille à l'époque
de la Révolution tranquille

Le contexte socioéconomique

La société québécoise a connu comme plusieurs sociétés occidentales la prospérité de l'après-guerre. Mais tant dans le domaine institutionnel que sur le plan des mentalités, on remarque au Québec un retard par rapport au développement économique. Les historiens et les sociologues sont d'accord pour imputer en grande partie ce retard à Duplessis qui s'en tient, durant 16 ans, à faire la promotion d'un Québec catholique et rural. La mort de Duplessis en 1959 met fin au conservatisme anachronique et donne le signal de départ à une révolution sociale accélérée. L'avènement au pouvoir du Parti libéral, dirigé par Jean Lesage, inaugure ce qu'on appelle la Révolution tranquille[1].

L'idée principale de la Révolution tranquille est celle du changement inscrite dans le slogan du Parti libéral: *Il est temps que ça change,* ou du rattrapage selon le sociologue Marcel Rioux. Inspirée du keynésianisme, l'élite québécoise se fait sociodémocrate. Elle s'appuie sur le pouvoir détenu entre ses mains pour entreprendre une série de réformes souvent étiquetées comme étant de l'interventionnisme étatique.

---

1. Cette expression peut s'interpréter différemment. Au sens strict, elle désigne la période de réformes politiques, institutionnelles et sociales réalisées entre 1960 et 1966 par le gouvernement libéral de Jean Lesage. Au sens large, elle couvre l'ensemble des années 1960 et 1970 durant lesquelles s'affirme la modernité de la société québécoise, puisque les gouvernements subséquents ne font que consolider et développer les acquis du début des années 1960. Nous adoptons ici cette expression au sens large, car elle est commode pour décrire la toile de fond des deux romans analysés dans ce chapitre.

L'intervention de l'État dans les activités économiques remonte à l'époque de la grande crise des années 1930. Désormais, elle prend une tournure néonationaliste. À partir de la Révolution tranquille, de nombreuses sociétés d'État sont créées, telles que la Société générale de financement (1962), la Sidérurgie du Québec (1964), la Société québécoise d'exploitation minière (1965), la Caisse de dépôt et placement du Québec (1965), la Société d'habitation du Québec (1967), la Société d'exploitation et de développement forestier (1969), la Société d'énergie de la Baie James (1971), la Société de développement industriel (1971), la Société nationale de l'amiante (1978), etc. La création de ces sociétés publiques ne modifie ni la structure fondamentale de l'économie capitaliste, ni n'affaiblit l'importance des capitaux américains et anglo-canadiens dans l'économie nationale. Mais l'État peut utiliser son pouvoir de contrôle et de réglementation pour favoriser le développement d'une bourgeoisie nationale francophone, promouvoir l'implantation de cadres francophones dans le secteur économique, et accélérer la modernisation par la construction d'infrastructures.

L'intervention ne se limite pas aux activités financières et productives, elle s'étend aussi aux domaines de l'éducation, de la santé et des services sociaux. Ces trois secteurs, autrefois privés et sous le contrôle du clergé, passent à l'État.

En 1964, le gouvernement crée le ministère de l'Éducation. La déclérication accélère la modernisation de l'enseignement. On accorde beaucoup plus d'attention à l'enseignement scientifique et technique. En 1967, le gouvernement crée le CEGEP (Collège d'enseignement général et professionnel) qui garantit à tous les étudiants la gratuité et l'accessibilité aux études collégiales. Ces nouveaux collèges préparent d'une part une main-d'œuvre ayant une formation spécialisée pour le marché du travail, d'autre part de meilleurs candidats aux études supérieures. L'Université du Québec, mise sur pied en 1969 avec ses campus dans plusieurs villes, et les universités privées bénéficient désormais d'un important soutien financier du gouvernement ; elles forment des personnes ressources en toutes disciplines, en vue de répondre aux besoins de la société québécoise. La réforme scolaire est un enjeu politique des années 1960. Prenons l'exemple du Parti libéral. Il met en évidence, dans sa publicité électorale, les pourcentages suivants :

50 % de nos enfants quittent toute école à 15 ans. La plus basse fréquentation scolaire du Canada !

60 % de nos gens sont ouvriers ou cultivateurs. Seulement 24 % de nos étudiants universitaires sont leurs fils !

93 % de nos écoliers n'iront pas à l'université, dans l'état actuel des choses! (rapport Lefebvre, avril 1960)

77 % de nos enfants n'ont pas dépassé leur 8e année! (rapport JOC, 1959)

Puis il propose quatre solutions :

1. Considérer l'instruction à tous les degrés, comme problème familial et responsabilité provinciale.

2. Gratuité scolaire totale – de la petite école à l'université inclusivement pourvu que l'étudiant ait le talent et la volonté requis.

3. Gratuité des manuels dans toutes les écoles publiques.

4. Allocation de soutien couvrant logement, pension et vêtement – selon les besoins de l'étudiant[2].

Le slogan *Qui s'instruit, s'enrichit* traduit l'importance que les hommes politiques attachent désormais à l'éducation pour le changement et la promotion sociale. À titre d'exemple, l'État consacre à l'enseignement, en 1960-1961, 24 % de ses dépenses totales et, en 1970-1971, 29 %.

En ce qui concerne la santé, le gouvernement instaure l'assurance-hospitalisation en 1961 et l'assurance maladie en 1970. Ces deux régimes garantissent la gratuité des soins médicaux et hospitaliers pour l'ensemble de la population. On crée aussi des programmes spécialisés, comme les soins dentaires gratuits pour les enfants et adolescents et le remboursement du coût des médicaments aux personnes âgées et aux assistés sociaux. De plus, au fil des années 1970, les Centres locaux de services communautaires (CLSC) sont mis sur pied un peu partout dans la province et fournissent, entre autres, des soins médicaux préventifs.

Dans le domaine des services sociaux, le gouvernement décide en 1968 de verser, en plus des allocations familiales fédérales, ses propres allocations familiales. En 1969, il adopte une loi qui reconnaît le droit de chaque citoyen à l'assistance sociale et il verse un montant mensuel pour payer le logement, la nourriture et le vêtement à toute personne en ménage incapable de se procurer un revenu. Ainsi, « les vieilles notions d'indigent et de charité publique font place à celles de droits des citoyens et de justice sociale[3]. » Les travailleurs et les démunis sont mieux protégés. Le Parti québécois, réputé pour son préjugé favorable envers les travailleurs, entreprend, dès son avènement au pouvoir en 1976, d'amender le code du travail en interdisant le

---

2. Cette affiche publicitaire du Parti libéral est reproduite par Linteau et autres, *op. cit.*, p. 600.
3. Linteau et autres, *op. cit.*, p. 581.

recours aux briseurs de grèves et en rendant obligatoire la retenue à la source des cotisations syndicales. Le gouvernement péquiste de René Lévesque adopte en 1979 la loi sur la santé et la sécurité au travail qui régit le salaire minimum, les conditions de travail, les vacances payées, les congés de maternité, etc., et impose aux employeurs de financer le programme d'assurance qui paie les indemnités en cas d'accident de travail.

Toutes ces mesures politiques, institutionnelles et législatives, à saveur sociodémocrate, transforment complètement le Québec.

L'État-providence prend forme alors que le Québec se modernise, et sa modernité présente les caractéristiques suivantes :

1. L'urbanisation est un fait accompli. La population urbaine passe de 74,3 % à 78,3 % entre 1961 et 1966 pour atteindre 80,6 % en 1971. La majorité de la population québécoise se concentre dans deux grandes villes : Montréal et Québec. La totalité des habitants de la région métropolitaine de Montréal passe de 2,1 à 2,8 millions entre 1961 et 1981, et celle de Québec, de 0,35 à 0,57 million. En 1976, 79,1 % des Québécois vivent en milieu urbain contre 20,9 % dont le domicile est situé en milieu rural sans être nécessairement agriculteurs. La population totale du Québec est cette année de 6 234 445, alors que la population agricole ne compte que 191 110, soit 3,1 % de la population totale[4].

2. La tertiarisation de l'économie est chose faite, ce qui constitue un des signes d'une société hautement industrialisée. Les activités qui composent le secteur tertiaire comptent 57 % du produit intérieur brut (PIB) du Québec en 1961. Elles atteignent 66 % en 1981. La part de la population active qu'elles regroupent s'accroît également, passant de 52 % en 1961 à près de 63 % en 1981.

3. Le niveau de vie s'améliore sensiblement et le style de vie change. Selon les statistiques officielles, le revenu moyen disponible par personne passe de 1 347 $ en 1961 à 2 470 $ en 1971 pour atteindre 7 343 $ en 1980[5]. Malgré l'inflation, les travailleurs obtiennent des augmentations de salaires bien supérieures à celles des prix. L'amélioration du pouvoir d'achat contribue à la prospérité du marché. La consommation devient phénoménale avec la production en masse, chez les Québécois comme chez les autres Américains du

---

4. Voir *Annuaire du Québec 1979-1980*, édité par le Bureau de la statistique du Québec, 57ᵉ édition, chapitre 3, Louis Duchesne, « Population : L'évolution démographique du Québec, 1970-1979 », p. 186.

5. *Ibid.*, p. 451.

Nord. Les statistiques compilées par l'ONU sur le niveau de consommation du monde indiquent que le Canada se trouve en deuxième place après les États-Unis pour l'année 1980. Les progrès scientifiques et techniques élèvent la productivité et réduisent le prix de revient, et cela permet une consommation massive. La commercialisation des produits et la promotion publicitaire font en sorte que le slogan *la production en masse, la consommation de masse* devienne réalité.

Une véritable explosion de la consommation caractérise les années 1960-1970. Tous y participent de façon distincte : hommes, femmes, jeunes ou adultes. L'éventail des produits offerts est de plus en plus vaste. Les progrès des transports et des techniques d'entreposage et de distribution en améliorent l'accessibilité et la disponibilité. Suivant de près celle des États-Unis, la consommation québécoise est soumise aux modes qui font et défont les vedettes du commerce de détail. Elle fait une plus large place aux produits jetables, au prêt-à-porter, aux aliments préparés et au service rapide ainsi qu'aux multiples formats et sous-produits (préparation régulière, légère et enrichie, naturelle, etc.).

L'alimentation fournit un bon exemple de ces transformations. Le panier de provisions de 1980 est fort différent de celui de 1960. Aux légumes de base traditionnels – pommes de terre, carottes, haricots et petits pois – s'ajoutent de plus en plus le brocoli, les diverses variétés de laitue et de courges, etc. La plupart deviennent disponibles presque à l'année longue. Les rayons des fruits s'enrichissent de produits exotiques comme le kiwi ou la clémentine. La consommation de vin monte en flèche. La congélation améliore la conservation et permet d'élargir encore plus l'éventail. Du côté de l'automobile, la diversité du choix s'étend avec l'arrivée sur le marché des voitures importées, tandis que le choc pétrolier des années 1970 sonne le glas des grosses cylindrées. Les progrès de la technologie donnent naissance à la radio portative, à l'ordinateur personnel et au magnétoscope[6].

Les statistiques montrent qu'en 1961, la quasi-totalité des foyers du Québec possède déjà une radio, un téléviseur noir et blanc et pour 43,9 % des foyers, au moins un tourne-disque. À partir de 1966, la télévision diffuse en couleurs et la câblodistribution apparaît à partir de 1970. En 1980, 80,3 % des foyers disposent au moins d'un téléviseur couleur ; 40,4 % s'abonnent au câble ; 77,7 % possèdent au moins un tourne-disque et 38,3 %, au moins un magnétophone. Le pourcentage des foyers qui possèdent une automobile passe de 56 % en 1960 à 75 % en 1976. Le parc automobile passe entre 1960 et 1971, de 1,1 à 3,2 millions de véhicules (dont 2,6 millions de voitures

---

6. Linteau et autres, *op. cit.*, p. 568-569.

particulières). Linteau et ses collègues affirment que cette évolution donne naissance à une véritable civilisation de l'automobile, autour de laquelle s'organisent l'habitat et la vie quotidienne[7]. La réduction du temps de travail (cinq jours par semaine) au début des années 1970 et l'allongement des vacances permettent aux Québécois d'avoir plus de temps libre. La civilisation du loisir se développe et s'institutionnalise sous les auspices de l'État-providence. Le tourisme devient la mode. Des centres culturels et sportifs, des bibliothèques publiques, des parcs et des terrains de jeu se multiplient. Pour mieux encadrer et structurer les activités récréatives, le ministère du Loisir est créé en 1979. L'hédonisme se répand dans la population, véhiculé par la publicité qui incite à la consommation des biens matériels comme des biens non matériels. La course à l'épanouissement de la personne, à la jouissance matérielle et à la satisfaction du désir individuel se généralise à toutes les couches sociales.

4. La société se décléricalise. La Révolution tranquille fait perdre à l'Église catholique sa forte influence dans les domaines de l'éducation, de la santé et des services sociaux. Les religieux et les religieuses se retirent petit à petit des écoles, des collèges et des hôpitaux. La vie civile se sépare de la vie religieuse. L'Église ne peut plus servir de directrice de conscience à toute la société. De plus en plus de Québécois abandonnent la pratique. Même au sein du clergé, la protestation s'élève contre la rigidité des structures cléricales et l'obéissance aveugle. *Les Insolences du frère Untel*, ouvrage qui dénonce le passéisme de l'Église, a des répercussions aussi bien chez les religieux que chez les laïcs. L'Église se trouve à un certain moment en plein désarroi. De nombreux religieux et religieuses défroquent. D'après Linteau, vers 1960, on compte 8 400 prêtres, mais en 1981, leur nombre n'est plus que de 4 285. Quant aux communautés de religieuses, elles voient leurs effectifs passer de 45 253 à 29 173 membres entre 1961 et 1978. Les communautés d'hommes sont davantage touchées, avec une baisse de 75 %[8]. Même si les clercs et les religieuses ne quittent pas leur communauté, ils vieillissent et adoptent une tenue plus discrète : ils abandonnent durant ces années le port de la soutane ou de l'habit avec cornette.

5. Enfin, la Révolution tranquille oriente le Québec sur le plan idéologique vers une société ouverte, vers le pluralisme. Les Québécois et Québécoises n'ont jamais été autant politisés. Chez eux foisonnent différents

---

7. *Ibid.*, p. 476 et 677.
8. *Ibid.*, p. 592.

courants idéologiques. Voici quelques courants politiques et idéologiques qui retiennent notre attention :

Le néonationalisme québécois

Ce courant s'appuie sur deux thèmes. Le premier consiste à définir la nation comme une société distincte, majoritairement francophone, dans un terri toire particulier ; la langue française doit prévaloir dans tous les domaines de la vie politique et économique ; la culture se veut à la fois traditionnelle, innovatrice et engageante. Le second consiste à rattraper les retards en se modernisant. Ce nationalisme se débarrasse de toute dimension religieuse, se sécularise et passe de la défensive à l'offensive. Linteau le qualifie de « nationalisme d'affirmation, de revendication et de changement[9] », par opposition à celui des années 1930.

Toutes les formations politiques de l'époque se réclament de ce nationalisme, que ce soit le Parti libéral, l'Union nationale ou le Parti québécois. Y adhèrent les étudiants, les professeurs, les journalistes, les écrivains, les artistes, les syndicalistes, les hommes d'affaires francophones et même une partie du clergé. Deux tendances s'opposent sur les moyens de mettre en œuvre ce néonationalisme. L'une préconise l'augmentation des pouvoirs du Québec au sein du système fédéral, l'autre revendique la souveraineté et l'indépendance.

Le nationalisme canadien

Pierre Elliott Trudeau, Gérard Pelletier et Jean Marchand sont les chefs de file de ce deuxième courant. Ils sont membres du Parti libéral du Canada qui accède au pouvoir fédéral en 1965. Ils appuient les réformes de la Révolution tranquille, mais opposent à l'indépendantisme un Canada bilingue et multiculturel. Ils admettent la spécificité linguistique et culturelle du Québec, mais non son droit de s'autogouverner sur un territoire particulier.

Ces deux courants s'affrontent sur les problèmes politiques et constitutionnels, mais se rejoignent sur les questions économiques et sociales. Ils affirment l'un et l'autre la nécessité de réduire les inégalités flagrantes et celle d'assurer à chaque citoyen une éducation suffisante, des conditions de vie décentes et une sécurité sociale aussi large que possible, sans toutefois remettre en question les fondements du libéralisme que sont la propriété

---

9. *Ibid.*, p. 616.

privée, la liberté d'entreprise et la loi du profit. Ce néolibéralisme qui peut remonter aux années 1930, constitue en matière sociale l'idéologie dominante de l'époque.

Les courants de gauche

Les courants d'inspiration marxiste pénètrent dans les milieux universitaires du Québec par suite de l'ouverture de la société, de l'affaiblissement de l'influence cléricale et conservatrice et de la démocratisation des institutions et des mentalités.

La gauche donne la primauté aux questions sociales, cherche à supprimer le système capitaliste de l'exploitation de l'homme par l'homme, à remplacer la société capitaliste par une société égalitaire. Elle se divise en deux tendances principales : l'une d'inspiration communiste, l'autre d'inspiration socialiste.

La première est plus radicale que la deuxième. Elle préconise l'abolition de la propriété privée, la nationalisation de l'économie, le renversement de l'État bourgeois et l'instauration du pouvoir prolétaire. Parmi ses adeptes, il y a des trotskistes, des maoïstes et des léninistes. Pendant la première moitié des années 1970, cette tendance gagne en partie les universitaires et les syndicalistes. La deuxième est plus modérée. Elle préconise la nationalisation des entreprises monopolistes et des ressources naturelles, la planification économique, l'intervention étatique, la distribution équitable du revenu, la laïcisation de la société, la participation ouvrière aux profits et à la propriété des entreprises. Mais il n'est pas question de socialiser les moyens de production et de changer fondamentalement les structures de la société.

Malgré leur progression dans le Québec d'après 1960, les courants de gauche exercent peu d'impact sur l'évolution sociale. Mais certaines idées de tendance socialiste seront récupérées par le Parti québécois et par des syndicats comme la CSN et la CEQ.

À côté de ces courants politiques, se remarquent trois courants socio-idéologiques dont les répercussions sont parfois très fortes. À savoir :

- Le féminisme, qui réclame l'émancipation des femmes et l'égalité entre les hommes et les femmes dans les domaines du travail, de l'économie et de la politique, et revendique la libéralisation du divorce et l'avortement ;
- L'écologisme, qui condamne la pollution et la destruction de l'équilibre écologique, l'utilisation de l'énergie nucléaire, réclame la sauvegarde de l'environnement naturel et architectural, la protection des espaces verts,

le développement du transport en commun, les droits des non-fumeurs, etc. ;
- La contre-culture, qui se répand surtout parmi les jeunes. Sous cette étiquette se mélangent des tendances très diverses qui peuvent aller du psychédélisme à l'orientalisme en passant par l'occultisme, le végétarisme, la méditation transcendantale, etc.

En fin de compte, les années 1960 et 1970 constituent une époque pleine de bouleversements marquée par des événements tels que l'Exposition universelle en 1967, les Jeux olympiques en 1976, la visite du général de Gaulle qui crie « Vive le Québec libre ! » sur le balcon de l'Hôtel de ville de Montréal en 1967, le terrorisme du FLQ et la mise en œuvre de la loi des « mesures de guerre » en octobre 1970, la victoire électorale du Parti québécois qui porte René Lévesque au pouvoir en 1976, l'adoption de la loi 101 en 1977, le référendum en 1980 qui se solde par l'échec du Oui… Le Québec n'a jamais été aussi enthousiasmé, aussi politisé, aussi fier et confiant. Nous pouvons affirmer, sans exagération, que le Québec est modernisé. Comment les Québécois et Québécoises de l'époque se comportent-ils dans la vie quotidienne, et surtout au sein de la famille ? Nous allons voir ce que nous décrivent André Major et Francine Noël, respectivement dans *Le Cabochon* et dans *Maryse*. Comme *Myriam première*, suite de *Maryse*, fait écho à la réalité de l'après-référendum, nous allons l'analyser séparément dans le chapitre suivant.

Exemple 5 : Les Plamondon. Une famille ouvrière selon *Le Cabochon* d'André Major, Montréal, Parti pris, 1980

L'auteur a écrit ce récit quand il était étudiant. Il y fait avec véhémence une critique sociale, remet en question l'ordre établi, les valeurs démodées et l'institution familiale. La révolte du héros est celle de toute une génération. Selon les indices temporels du récit, l'histoire des Plamondon se situe entre le mois d'octobre 1963 et le mois d'avril 1964. C'est le début de la Révolution tranquille. Nous allons voir, dans cette analyse, comment se sont déroulés les conflits entre enfants et parents, quels sont les motivations et les résultats de la révolte du héros.

Les Plamondon et leurs conditions de vie

La famille Plamondon est composée de six personnes. Ce sont monsieur Plamondon, employé à la Voirie municipale de Montréal, chômeur saisonnier, dont l'auteur n'a nulle part dans le récit mentionné le prénom ; Eugénie, sa femme, maîtresse de maison ; Antoine, fils aîné, 18 ans environ, étudiant à l'école secondaire et livreur de pharmacie à temps partiel ; Sophie, 17 ans, employée d'une entreprise privée ; Jacques, deuxième fils, étudiant à l'École de l'automobile ; Raymond, benjamin, étudiant à l'école secondaire. Voilà une famille de taille moyenne et de type nucléaire.

Les Plamondon demeurent à Montréal, sur l'avenue De Lorimier, près du boulevard Ontario. C'est un quartier à la charnière du centre-ville commercial et de la banlieue industrielle, où les gratte-ciel contrastent avec les maisons basses délabrées, un quartier pollué par les bruits et les fumées industrielles.

> Midi. Les gens vont et viennent. Navette entre les usines et les restaurants. Cette partie de la ville est toujours en effervescence. Des buildignes partout. Des cheminées qui soufflent dans le ciel leurs fumées grasses et lentes. Une circulation dense, des chauffeurs nerveux qui ont le klaxon facile[10] (p. 115).

Les Plamondon habitent au premier étage, dans une maison vétuste aux briques sales et vieilles, avec son escalier en tire-bouchon aux marches creuses et branlantes, sa porte de vieux bois vert pomme, son balcon pourri et sa cour puante et boueuse. C'est un logement de cinq pièces et demie. Les parents occupent la chambre principale ; Antoine, le boudoir ; Jacques et Raymond partagent la troisième chambre ; Sophie n'a comme chambre à coucher qu'un coin du salon, séparé du reste par une tenture, où elle peut à peine bouger, sans parler du manque d'intimité pour une fille qui est sur le point d'être majeure. Les meubles sont vieux. Les ressorts du fauteuil grincent au moindre mouvement. Le linge sèche sur des cordes qui traversent la maison. On n'a pas de laveuse ni de sécheuse, mais le poste de télévision est là, dans le salon, qui informe et distrait parents et enfants.

Le roman commence au moment où le père de famille vient de perdre son travail à la Voirie municipale. La mère annonce la triste nouvelle aux enfants et leur demande de « se serrer la ceinture pendant un bout de temps » (p. 10). On mange à sa faim grâce à l'assurance-chômage – à cet égard, les Plamondon sont ici plus chanceux que les Lacasse quelque 20 ans plus tôt. Mais on vit à l'étroit. La mère s'occupe du mince budget familial et les enfants qui travaillent doivent payer leur pension. Comme Florentine et Cécile, Sophie aide ses parents grâce à ses payes régulières. Maintenant que le père est devenu chômeur, elle est prête à payer le double de pension. Ainsi,

---

10. Toutes les citations du texte sont tirées de *Cabochon*, Montréal, Parti Pris, 1980.

il lui restera juste assez d'argent pour payer ses autobus et son jus d'orange du midi. Elle devra même retarder un peu son mariage parce que ses parents ont besoin de sa pension pour équilibrer le budget familial. Antoine travaille le soir à la pharmacie pour un salaire dérisoire, avec quoi il paye son transport et son tabac. Jacques travaille pendant les vacances afin de ramasser de l'argent pour défrayer ses études. C'est l'époque où le disque devient un des divertissements favoris des jeunes. Sophie a envie d'avoir un phono. Faute d'argent nécessaire, elle est ravie d'accepter la proposition de son ami Bob et de s'en faire monter un, avec des pièces détachées, par le frère de Bob.

Bref, la prospérité de l'après-guerre permet aux ouvriers québécois d'avoir de meilleures conditions de vie, sans doute. Mais la chance ne sourit pas à tout le monde. Les mesures sociales mises sur pied depuis la grande crise des années 1930 aident la classe laborieuse à mieux parer aux coups de la vie. Les Plamondon n'éprouvent pas la même misère que les Lacasse. Mais la pauvreté chez les défavorisés saute aux yeux puisque l'apparition de la société de consommation n'implique absolument pas la disparition des écarts sociaux. Les Plamondon représentent en fait la même fraction de la classe ouvrière que les Lacasse, compte tenu de l'augmentation globale du niveau de vie réalisée en l'espace d'une vingtaine d'années.

Les préoccupations des parents

Monsieur Plamondon et sa femme Eugénie font partie de cette génération qui est très attachée aux valeurs traditionnelles malgré la nouvelle réalité. Leur vie de couple reste axée sur les enfants. Chacun des deux époux a son rôle bien défini dans la famille : le père est le pourvoyeur et le détenteur de l'autorité ; la mère, l'éducatrice et la ménagère. Les deux époux ont le sens des responsabilités et assument avec conscience leurs rôles. Ayant perdu son emploi, le père éprouve un sentiment de honte devant ses enfants. Il craint d'être considéré comme « vieil impotent », alors qu'il est encore dans la force de l'âge. Cependant, « quand on n'a pas de protection, c'est ça qui arrive, y a plus à faire, bonjour, à la prochaine ! » (p. 11) La croissance économique n'assure pas forcément à chacun un emploi permanent. Surtout quand on n'a pas beaucoup d'instruction. Jacques a raison de commenter le chômage de son père en ces termes : « Pour avoir du travail au jour d'aujourd'hui, faut avoir un métier. Sans ça, on va pas loin » (p. 10). Monsieur Plamondon doit avoir conscience de l'importance qu'un jeune soit instruit et professionnel-lement bien préparé avant de se jeter sur le marché du travail. C'est pour cette raison que les deux époux font des sacrifices pour envoyer Antoine au collège et Jacques à l'École de l'automobile, au détriment de Sophie – les parents n'ont-ils pas cette arrière-pensée : les gars réussissent mieux que les filles dans la vie ? Ou bien les filles, une fois mariées, vont rester au foyer comme leur mère ? En réalité, plusieurs femmes de cette génération vont retourner au travail quand les enfants seront grands ou à la suite d'un divorce, mais en 1960, les parents ne le savent pas encore.

Monsieur et madame Plamondon espèrent que leurs enfants auront un meilleur destin que le leur : Sophie fera un beau mariage ; les garçons auront un bon métier avec leur diplôme.

C'est pourquoi le père voit d'un bon œil la fréquentation de Sophie avec Hubert, fils de bourgeois, malgré la déception d'Eugénie.

> C'est une maudite bonne chose que ta fille sorte de sa coquille, dit-il à sa femme, pis qu'a cherche à se trouver un mari convenable, un grand avenir. Même que ça m'surprend de sa part… J'la pensais plus niaiseuse… Un beau parti comme ça, tu vas pas cracher dessus, sa mère, ça serait pas raisonnable (p. 56).

Antoine se dit avec ironie que son père commence à s'apercevoir qu'Hubert lui ferait un gendre intéressant : « Pensez donc, un mariage avec un fils de la Haute ! » (p. 57)

Quant aux garçons, les parents misent beaucoup sur leurs études. Ainsi, ils surveillent de près leurs résultats scolaires, ceux d'Antoine en particulier. Ils poussent celui-ci dans le dos pour qu'il travaille dur, qu'il ne perde pas son temps et son argent avec les filles. Ils le sermonnent, menacent même de le retirer du cours classique si Antoine n'a pas de meilleurs résultats scolaires. Tout ça, dans l'espoir que leur fils aîné réussira plus tard dans la vie. C'est pourquoi Antoine n'ose dire à ses parents qu'il sort avec une petite amie, Hélène. Il veut que cette fréquentation demeure secrète malgré l'opposition d'Hélène à ce sujet.

> Si les parents apprenaient la chose, ça serait mal pour lui, tout un drame ! Ils lui ont fait comprendre qu'ils se saignaient à blanc pour lui payer son classique, que lui aussi devait faire sa part, travailler le soir et ne pas perdre son temps et son argent avec les filles. D'ailleurs les fréquentations, rien de plus nuisible à de pareilles études, le Père Boileau disait l'autre jour au cours de religion. D'un côté comme de l'autre, on verrait d'un mauvais œil toute aventure sentimentale. Ce qui compte dans la vie, c'est la réussite. L'opinion de tout le monde. Ça doit être la vérité. Il fallait donc qu'il se mette ça dans la tête et se mette aussi au travail. Il n'avait pas le choix, pour dire vrai, on surveillait ses allées et venues, contrôlait ses résultats scolaires avec un soin archi-scrupuleux (p. 12).

Monsieur et madame Plamondon n'ont, pour ainsi dire, que deux préoccupations principales : l'argent pour pourvoir aux besoins substantiels de tous les jours et l'éducation des enfants pour leur assurer un meilleur avenir. La première est récurrente, nous l'avons évoquée au chapitre précédent. La deuxième est nouvelle.

Des chicanes, des prises de bec et des scènes violentes entre les enfants et les parents se déroulent, toutes, autour de ces deux problèmes. En effet, la mère refuse de donner de l'argent de poche à Raymond sous prétexte que cela va l'habituer à dépenser. Antoine doit travailler le soir à la pharmacie comme livreur de médicaments : « Ça paie ton transport », dit la mère (p. 11) ; « Et pis, ça t'habitue à gagner ton sel », dit le père (p. 12). Antoine veut acheter un phono. Les parents disent que c'est du gaspillage, qu'il perdra son temps. « La musique c'est bon pendant les vacances et encore ! » dit la mère (p. 24). Quand Antoine aura ses payes régulières de manœuvre à la boulangerie, la mère ne tarde pas à lui réclamer la pension :

> As-tu pensé, Toine, que ça fait déjà trois semaines que tu travailles et que t'as pas donné une cenne de pension ?… J'trouve qu'y serait normal, dans not'situation, vu que ton père travaille pas, qu'on a tout fait par le passé pour t'instruire, y serait normal qu'aujourd'hui tu fasses ta part. J'te demande pas de donner toute ta paye, non, mais ça serait ben convenable que tu en donnes une partie, même dix piasses, me semble que ça aurait du sens (p. 86).

Devant l'attitude récalcitrante d'Antoine, le père intervient :

> […] la pension, Sophie la paye, pis vous autres aussi, les gars, vous allez la payer quand vous travaillerez. T'as un salaire, t'as pas beaucoup de dépenses, on te fait vivre, j'me demande pourquoi on ferait une exception pour toé. J'vois pas de raisons (p. 86).

Il est évident que la sévérité des parents quant au problème de l'argent n'implique pas que les besoins familiaux, mais vise aussi une prise de conscience indispensable par les enfants : la valeur de la famille. Les parents se donnent de la peine pour élever les enfants, en contrepartie de la gratitude de ceux-ci et de leur aide quand ils se trouvent dans la difficulté. Ainsi, le problème de l'argent est, aux yeux de monsieur et madame Plamondon, étroitement lié à la socialisation des enfants.

Cette socialisation des enfants s'exerce aussi à propos des bonnes manières et de la bonne conduite. Les parents y sont très sensibles. On doit aviser les parents où l'on va quand on sort le soir : « Vous êtes pas capables de dire où c'est que vous allez quand vous sortez ! » dit la mère à Sophie et Antoine

(p. 23). On ne doit pas parler la bouche pleine à table : « J't'ai dit bien des fois de jamais parler la bouche pleine », dit la mère à Jacques (p. 10). Antoine veut emporter sa tasse de café dans son boudoir, mais la mère l'en empêche : « Non, tu saliras pas mon plancher tout frais ciré ! » (p. 70) Antoine échoue à l'examen de maths. Le père attribue l'échec à sa sortie du soir au centre de loisir de la paroisse tandis que la mère l'impute à Lise, qu'Antoine a amenée à la maison le jour de l'An.

De semblables reproches et réprimandes face aux moindres gestes ou conduites déplacés de la part des enfants ne peuvent se justifier que par ce souci fondamental : élever les enfants comme il faut et les préparer à l'épreuve de la vie sociale.

L'autorité parentale

Monsieur et madame Plamondon prennent au sérieux leur devoir éducatif. Ils recourent à l'autorité parentale pour subordonner les enfants aux valeurs qu'ils ont la ferme intention de propager. Ils ne se rendent toutefois pas compte que cette autorité ne correspond plus à la réalité où les médias de masse et les loisirs publics pullulent et promeuvent de nouvelles valeurs au jeune public influençable. De plus, ils sont trop attachés aux sacrifices qu'ils font pour leurs enfants, ce qui se traduit dans leurs reproches, dans leurs plaintes, et dans leur accès de colère. Les effets vont souvent à l'encontre de leur bonne volonté.

Prenons quelques exemples pour montrer comment les parents font taire Antoine ou Sophie chaque fois que l'un ou l'autre essaie de se défendre.

À propos de la sortie du soir sans préavis, la mère réprimande Sophie :

— T'es partie en me laissant avec les vaisselles (sic) !

— On peut pas avoir un moment libre ici ? réplique Antoine à la place de Sophie.

— Vous êtes pas tout seuls dans la maison. Nous autres aussi, on existe. Ça vous avancera pas de faire les p'tits indépendants, mettez-vous ça dans la tête ! dit le père.

— … On est juste allés au restaurant prendre un café… c'est pas un crime… explique Antoine.

— Prendre un café ? dit le père. T'as autre chose à faire, mon gars. Tes études, tu y penses des fois ? J'te garantis que si ton prochain résultat du mois est pas meilleur que le dernier, tu vas en entendre parler !… mais qu'est-ce que tu fais quand t'as ta soirée libre ? Tu vas la perdre au restaurant. Ça vaut la peine de se désâmer pour des ingrats… (p. 23-24)

Sophie disparaît dans sa chambre et Antoine discute encore un peu avec son père, pour sauver la face, ensuite il se retire lui aussi dans son boudoir. «Le père a le dernier mot, comme toujours.» (p. 24) Est-ce que les enfants lui obéissent? Non, ce ne sont plus ceux des Plouffe ou des Lacasse. Ils tiennent tête à l'autorité parentale, ils osent répliquer et justifier leur conduite.

Quand le père sermonne longuement Antoine à cause de ses mauvais résultats scolaires et lui impose soit de bûcher dur, soit de laisser les études et de travailler comme tout le monde, Sophie défend son frère en disant qu'on ne peut toujours être le premier de sa classe et qu'il est inutile de chialer. Le père réagit violemment à cette intervention impertinente:

> Papa voit rouge, il abat un de ses poings sur la table, comme il en a l'habitude, et tout le monde retient son souffle et se raidit. Le coup de poing, c'est l'autorité qui parle, ôtez-vous de là! (p. 27)

Antoine décide d'abandonner ses études et de se trouver un travail. Sophie intervient en faveur de son frère, en disant que c'est le seul moyen d'avoir un peu d'argent et d'agir à sa guise. Elle cite son propre exemple: «[...] quand elle était étudiante, c'est tout juste si elle avait de quoi se mettre sur le dos pour aller à l'école, et jamais elle n'a eu d'argent à dépenser, même pour une sortie» (p. 78). À ces mots, les parents accusent Sophie de tous les égoïsmes et de toutes les ingratitudes (p. 79). Quand Antoine se fait tirer l'oreille pour payer sa pension, le père lui lance un avertissement sévère:

> — Pèse tes mots, Toine! Oublie pas qu'on est pas tes égaux: on est tes parents. C'est pas toé qui fais la loi dans la maison, mets-toé ça dans la caboche (p. 86).

Dans la dispute entre Sophie qui veut écouter un disque et Raymond qui veut voir un film télévisé, le père intervient en faveur du benjamin et il dit à Sophie d'aller installer son phono dans le boudoir d'Antoine. Sophie réplique et réclame une chambre pour elle seule. Le père la sermonne sur un ton menaçant:

> — Moe, j'comprends une chose, ma p'tite fille, c'est que j'te permettrai pas d'être grossière. Tu m'parleras pas comme on parle à un chien. J't'ai dit c'que j'pensais de l'affaire, y a pas de discussion possible, fais c'que j'te dis ou bien ça va aller mal! (p. 89-90)

Ces exemples montrent bien que monsieur et madame Plamondon manquent de douceur, de «style démocratique», de compréhension et de respect à l'endroit de leurs enfants. Le fait que les parents s'en tiennent à leur autorité parentale est tout à fait démodé. La famille devient ainsi un milieu conflic-tuel. La tension entre les parents et les enfants s'exacerbe d'autant plus que le chômage rend le père irascible et que la crise idéologique rend le fils rétif. Comment se sortira-t-on de ces conflits?

La révolte d'Antoine et ses motivations

Antoine est en âge où un jeune homme commence à former ses propres idées et aussi à vivre ses problèmes. Il se sent mal à l'aise à la maison où règne une atmosphère tendue et étouffante. Chez lui, il ne peut bouger d'un pouce sans déclencher une querelle. Ses frères se moquent de lui, sa mère lui adresse des remarques toujours désagréables, son père lui demande l'impossible et ne lui parle jamais d'égal à égal, sa sœur n'a plus rien en commun avec lui. On vit sous le même toit, mais chacun a ses tracas. «On est comme des parallèles, on avance sans jamais se rencontrer» (p. 18). Le manque de communication et de compréhension et l'autorité parentale font souffrir Antoine.

> C'est pas une vie, pense-t-il. On est comme des étrangers à la maison. Qu'est-ce que ça donne d'être ensemble, si on est toujours à couteaux tirés? (p. 19).

La famille lui semble un empêchement à son épanouissement personnel. Voilà un conflit de valeur. L'épanouissement personnel l'emporte sur la famille, contrairement au cas de Cécile Plouffe, qui se sacrifie, ou de Flo-rentine Lacasse et de Sophie Plamondon, qui donnent presque toute leur paye à leur mère – les filles semblent plus attachées à la famille et plus sen-sibles à la misère. Antoine a envie de prouver qu'il est capable de vivre sa vie sans personne à ses côtés pour lui dire quoi faire, qu'il n'est pas un gars qu'on peut traiter n'importe comment, qu'il peut décider de son sort seul. Aussi pose-t-il trois gestes de révolte : il abandonne ses études sans avoir demandé l'avis de ses parents ni de son amie Lise ; il quitte sa famille, trois semaines après avoir été engagé à la boulangerie, pour aller vivre tout seul dans une maison de chambres, rue Ontario ; il part en voyage dans le nord de Montréal après avoir perdu sa job.

Ces gestes de révolte sont l'expression de sa conception personnelle et profonde de l'existence.

Le premier, remet en cause l'idée reçue concernant la vie. Ses parents et son amie souhaitent qu'il continue ses études. Selon eux, c'est la condition pour réussir dans la vie. Mais il pense autrement :

> Réussir, qu'est-ce que ça signifie quand tu vois les autres crever de misère? Se faire un nom, une réputation, avoir une clientèle, posséder des choses, se faire

accroire qu'on fait partie de quelque chose parce qu'on se distingue du commun, parce qu'on devient quelqu'un, pas n'importe qui, quelqu'un ! Moi, l'intérêt, je comprends pas ça (p. 109).

Animé par l'idée de justice, il déteste les étudiants de philo qui ne pensent qu'à faire fortune après être sortis de l'école.

Prends les gars de philo, tout ce qu'ils veulent c'est finir leurs études le plus vite possible et s'installer et faire de l'argent sur le dos des gens… L'autre jour, Paul disait qu'une fois son bureau payé, y s'arrangerait pour faire du foin et aller passer trois quatre mois en Floride, comme les hommes d'affaires et les parvenus. Y z'ont qu'une idée en tête, c'est ça qui me choque, faire fortune en exploitant le monde (p. 38).

S'il pense ainsi, ça ne signifie pas que les études lui répugnent. Non, il aime les études et lit beaucoup les grands auteurs tels que Camus, Malraux, Steinbeck. Ce qui lui répugne, c'est se servir des connaissances acquises à l'école comme moyen de réussir dans la vie, de grimper l'échelle sociale, de faire fortune en exploitant le monde, comme Jean Lévesque et Denis Boucher. Ceci dit, Antoine n'écarte pas ses conflits intérieurs. D'une part, il veut sortir de la médiocrité, ne pas manquer sa vie, d'autre part, il refuse de travailler dur. On ne voit pas bien comment il peut échapper au même sort que son père sans être instruit et professionnellement préparé. Antoine pose la question : quel est le sens de la vie, sans néanmoins savoir y répondre.

Le deuxième geste est le refus des contraintes familiales. Il s'agit là, aussi, d'une conception de l'existence contraire à la conception conventionnelle. Antoine l'exprime dans sa critique de Bob et de Sophie.

On dirait qu'ils n'ont pas d'intérieur, pas d'âme, pense-t-il. Qu'ils se préparent un petit avenir bien ordinaire, semblable à celui dont rêvaient leurs parents. Le mariage, un emploi, les assurances, un bon logement, deux semaines de vacances, des enfants, une auto, bien sûr, pour promener la famille le dimanche après-midi… (p. 112)

Il semble détester cette vie sécuritaire avec un emploi assuré et une famille heureuse et sécurisante. Mais dès la première semaine de sa vie solitaire dans une maison de chambres délabrée, le mal de dents – la douleur physique – lui fait penser à ses parents. Il se sent seul et souffre de la solitude et du manque de communication. Il aurait aimé parler de son mal avec son père, Sophie, ou même Raymond. Mais il lui a fallu tout endurer en silence. C'est ça qui est vraiment insupportable dans la souffrance, ne pouvoir la communiquer aux autres. (p. 101)

La contradiction entre ce qu'il ressent et ce qu'il pense nous permet d'affirmer qu'il ne s'oppose pas au fond à l'obtention d'un emploi stable et à l'institution d'une famille-refuge. Ce qu'il réprouve, c'est une vie bornée – on ne voit pas plus loin que la paroisse, comme il l'a fait remarquer à Lise –, et une famille astreignante où les parents imposent leurs idées périmées, leur autorité absolue. Il cherche une vie d'ouverture vers de nouveaux horizons, une famille pleine d'amour et d'harmonie : c'est quelque chose d'inédit chez les jeunes de l'époque, une nouvelle conception de famille, une nouvelle valeur. Le dénouement de l'histoire va confirmer notre observation.

Le troisième geste de révolte est dirigé contre la société globale, et il est dû au vécu d'Antoine et à ses observations dans la vie.

Débarrassé des contraintes familiales, Antoine se soumet aux impératifs sociaux. Il doit gagner sa vie et travailler comme un garçon *à tout faire* à la boulangerie. Ce modeste gagne-pain est à la fois harassant et ennuyeux. Il est complètement épuisé à la fin de la journée et n'a plus le goût de suivre le cours du soir. Il s'y résigne : c'est le coût de la liberté. Un jour, il a mal aux dents et s'en fait arracher une par le dentiste. Après une nuit de douleur et de cauchemar, il arrive le lendemain en retard au travail. Le contremaître le sermonne cinq bonnes minutes durant. À l'heure du dîner, Antoine refuse d'aller faire des commissions au restaurant pour les autres employés, et de sortir les sacs, comme d'habitude, à cause du froid et de son mal de dent. Le contremaître, intransigeant, se met en colère :

> — Viens pas me dire qu'on gèle dehors, mon p'tit gnochon, on est en mars et pis y fait 30 degrés ! À part ça, nous autres, tes bobos ça nous regarde pas ! T'es payé pour sortir les sacs, pas pour se plaindre, pour sortir les sacs ! (p. 103)

Antoine essaie de tenir tête au contremaître ; le vieux gardien le tire de cette situation embarrassante en lui offrant de l'aider à sortir les sacs. Voici les sages conseils que le vieux gardien lui donne :

> — Prends su'toé ! Ferme ta grande yeule ! Oublie jamais que quand on est valet, on n'est pas roi. Essaye pas de discuter avec les bosses, ça t'avancera à rien. Y vont se débarrasser de toé s'y voient que t'as pas la langue dans ta poche. Faut que tu comprennes qu'y sont les plus forts et pis que, toé, t'as rien qu'à dire oui, oui tout le temps. Sans ça, mon gars, tu te feras jamais une bonne réputation. Une réputation, ça compte. Crache pas sur les gros, ça va te retomber sur le nez. J'parle par expérience… J'ai déjà été comme toé, plus fendant même. J'pensais pas à mon avenir… mais j'ai fini par comprendre que j'étais pas grand-chose dans c't'e gamique-là, pis que le mieux c'était de dire comme eux autres.

Après tout, l'argent, c'est eux autres qui l'ont. Si on était à leur place, on ferait pas mieux. Tu feras c'que tu voudras, mais à ta place j'la fermerais parce que, comme c'est là, tu dois pas peser lourd dans leur balance (p. 104-105).

Dans la jungle de la société, la loi du plus fort prédomine. Antoine éprouve pour la première fois la froideur et l'atrocité de l'être humain. Une autre expérience lui confirme cette impression. Dans un restaurant, un gars se fait battre par un autre, et personne n'intervient. La foule reste spectatrice comme à un match de boxe. On encourage les lutteurs et on applaudit celui qui l'emporte. Antoine a envie d'intervenir, mais son voisin le retient par son bras : « Mêle-toé de tes oignons, oké ! » (p. 114) Antoine ne comprend pas pourquoi les gens deviennent mauvais, indifférents : « laisser un gars fesser l'autre quand y est à moitié assommé » (p. 114). En observant les gens de son quartier, il s'aperçoit que « tout ce monde-là s'agite du matin au soir, et jour après jour, sans fin. Jusqu'à la retraite. [...] Et puis d'autres les remplacent. Ça court tout le temps. Ça se jette d'un bord à l'autre sans prendre le temps de respirer, de regarder un peu autour de soi » (p. 115-116). Antoine se demande s'ils sont heureux comme ça. Il suppose qu'ils répondraient qu'il faut bien gagner son pain. Antoine trouve atroce de passer sa vie à gagner son pain. Sa conclusion : « La vie, d'après ce que je vois, dit-il, c'est l'art de devenir chien ou de se laisser mordre par les chiens » (p. 109). Il cherche le moyen d'échapper à ça, de sortir du cirque. Il refuse de jouer un rôle comme tout le monde, de « passer sa vie dans la marde jusqu'au cou » (p. 106).

Antoine finit par perdre son travail à la boulangerie par suite d'une absence non accordée. Cette expérience lui fait comprendre une chose : « Une fois qu'on appartient à un patron, on n'a plus de droit sur soi-même. On est bel et bien vendu. Si on exige sa liberté, on l'a, mais on vous pousse dehors avec votre liberté de crever. » (p. 119)

Ces expériences pleines d'amertumes et de leçons élargissent son esprit, approfondissent sa vision du monde et raffermissent son refus face à l'ordre social établi. Il passe de la révolte contre le système de l'éducation, contre l'institution familiale, à celle contre la société dans son ensemble. Dans sa lettre à Lise pour expliquer son départ pour la campagne, il écrit ceci :

[...] pour toi vivre c'est s'adapter à la société. Et pour moi c'est tout le contraire ! Je crois, et cette conviction est de plus en plus profonde, que pour s'affirmer et développer son aptitude à la liberté, il est nécessaire de se soustraire aux impé ratifs et conventions de la société et même de leur opposer un refus absolu (p. 121).

Le noyau de sa conception de la vie est pour ainsi dire la quête de la liberté et de l'indépendance. Il expliquera à Lise plus tard :

> Si je suis parti comme ça, tout d'un coup, c'est pas seulement parce que j'avais perdu ma djobbe ou pour le plaisir de l'aventure. C'est surtout pour montrer que j'étais indépendant, pour me prouver que j'étais libre de faire ce que je voulais… Je me demande si c'est la seule raison… J'pense que oui (p. 141).

L'idée lui vient de quitter la ville – cette jungle pleine de misère et d'injustice –, et d'aller voir comment vivent les ruraux, après avoir vécu deux mois avec des employés de boulangerie. Il part vers le nord de Montréal en auto-stop. À New Glasgow, à Sainte-Sophie, à Saint-Lin, il ne trouve qu'une campagne déserte. Il souffre là-bas de la faim et du froid. Finalement, il tombe évanoui de faim sur le trottoir et est ramassé et ramené par la police à la maison paternelle.

L'enfant prodigue finit par retourner à la maison. À son étonnement, il est très bien accueilli par ses parents. Sa révolte n'est pas couronnée d'un succès complet, mais elle n'est pas non plus une défaite totale. Un petit bilan de cette révolte nous paraît utile pour bien cerner l'image du jeune de cette époque qui part à la recherche de son identité, de son indépendance, de sa liberté, tout en remettant en cause l'institution familiale, les conventions et impératifs sociaux et l'ordre établi.

Les acquis de la révolte d'Antoine

L'indépendance et la liberté individuelle qu'Antoine recherche ne semblent être que des notions farfelues et vides de sens quand on est obligé de travailler dur pour un salaire de crève-faim. Il déteste les bourgeois et le système de l'exploitation de l'homme par l'homme. Mais sous un régime capitaliste où l'argent est le nerf de la guerre, malgré la répugnance personnelle et la révolte individuelle, Antoine n'échappe pas à l'impératif social : il faut travailler dur si l'on veut améliorer sa situation socioéconomique. C'est une leçon pour Antoine : à quoi ça sert l'indépendance et la liberté individuelles si on crève de faim ?

La conscience nationale d'Antoine est désacralisée. Le lecteur n'aperçoit plus l'Église dans son rôle de directrice de conscience et dans le nationalisme québécois.

> Regarde autour de toi : notre misère sociale, notre misère morale, nos chefs… écrit-il dans sa lettre à Lise. Rien que de la médiocrité. Pas d'hommes libres

dans notre pays. Nous n'avons pas d'Histoire, une suite de défaites. Menacés et affaiblis, nous n'avons même pas la volonté de révolte, la volonté de devenir des hommes. Serons-nous toujours des domestiques et insatisfaits ? Ce sont là, Lise, des questions vitales [...] (p. 121).

Antoine exprime par là le désir de sa génération et des générations antérieures, avoir un gouvernement fort qui sache débarrasser les Québécois de la servitude économique « étrangère », et bâtir une société plus humaine où le partage sera plus équitable, de sorte que les Québécois deviendront réellement maîtres chez eux. Dans l'idée d'Antoine, la politique n'est plus mêlée au catholicisme transcendantal.

Antoine cherche à comprendre ce qui se passe à partir de ses propres expériences. Pourtant, ce qu'il trouve, c'est l'injustice sociale. « Autour de lui, les gens sont écrasés et ils disent : c'est comme ça, on y peut rien, faut ben se faire une raison. » (p. 108) On s'y résigne. Le policier qui ramasse Antoine à Saint-Lin dit carrément à celui-ci qu'il n'existe pas de justice sur terre. Mais Antoine continue à y croire. C'est cette conviction qui l'anime dans sa quête du sens de la vie et le pousse à se révolter contre toutes formes de contraintes familiales ou sociales. Malgré sa déception sur le plan social, il obtient quand même des gains sur le plan familial.

Son départ de la maison chagrine son père et incite celui-ci à repenser son autorité. Dès le retour d'Antoine, le père s'explique avec lui, il lui parle d'égal à égal. Il fait comprendre à son fils qu'il ne vit que pour eux, que pour les rendre heureux. S'ils ne sont pas heureux, il n'a plus sa raison d'être. Voilà une prise de conscience chez le père : une nouvelle vision de la famille qui remplace la famille « traditionnelle ». Et il demande pardon à son fils de s'être comporté comme un mauvais père. Après cette explication, « ils ont le cœur léger, comme s'ils avaient conclu un pacte d'amitié après un long combat » (p. 145). Désormais, le père et le fils sont « comme les doigts de la main ». Le conflit connaît ainsi un dénouement heureux. La famille redevient le centre de solidarité, d'affection et l'abri sûr contre les coups de la vie, avec la modification de l'attitude du père à l'égard de ses enfants : l'égalité remplace l'autorité. Bref, le jeune, d'une façon ou d'une autre, l'emporte sur le père.

Antoine a vécu une saison pleine de crises. Il n'est pas capable de résoudre les grands problèmes sociaux qu'il s'est posés. Mais il s'affirme avec ses idées de justice, d'indépendance et de liberté. Ayant *mangé de la misère* comme l'a dit sa mère, Antoine remet les pieds sur terre, devient réaliste et acquiert une conscience de classe plus éveillée. Désormais, le père changera d'attitude à l'égard des jeunes. Avec la montée de la jeune génération née après la guerre, le père croit que les Québécois ne vivront plus le même sort qu'autrefois. Par exemple, à propos du problème de la langue de travail au Québec, monsieur Plamondon dit à sa femme :

> [...] Ça va changer. J'ai pour mon dire que d'ici pas longtemps on va avoir le droit de travailler en français. Fais confiance aux jeunes, y vont finir par imposer leurs idées (p. 146).

Avec le recul du temps, nous pouvons dire que la révolte d'Antoine, un cabochon qui n'en fait qu'à sa tête, constitue l'un des premiers indices des chambardements culturels provoqués par la Révolution tranquille pendant laquelle l'institution familiale va subir de profonds changements. Désormais, la famille ne peut plus être une institution contraignante mais un lieu d'amour et d'égalité. La promiscuité de la vie urbaine facilite les fréquentations, mais n'enlève pas la barrière entre les jeunes d'origine sociale différente. Sophie et Antoine ont échoué dans leur premier amour à cause de cela. Et c'est dans leur quartier qu'ils trouvent l'amour correspondant à leur situation.

En fin de compte, avec ses nouvelles valeurs et ses institutions sociales réformées, le Canadien français s'affirmera comme Québécois. La conviction du père annonce, n'est-ce pas, la loi 101? La portée de la révolte d'Antoine réside justement dans ce caractère avant-coureur.

Exemple 6 : La famille éclatée selon *Maryse* de Francine Noël, Montréal, VLB Éditeur, 1983

L'histoire de *Maryse* se déroule à bâtons rompus, avec des chroniques précises et des chroniques floues, de l'hiver 1968 à l'automne 1975. Nous sommes donc pendant la Révolution tranquille au sens très large du terme. L'auteure nous présente un monde à peine révolu où des étudiants et des étudiantes d'une université montréalaise évoluent avec une mentalité inédite, propre à cette époque pleine de chambardements culturels. Ils bouleversent les vieilles notions de la sexualité, du mariage et de la famille. Nous allons voir, dans cette analyse, les idées qui les animent, les valeurs et les normes qu'ils imposent à la société et les changements survenus dans l'institution familiale. Les touches humoristiques et caricaturales avec lesquelles l'auteure fait le tableau de la société québécoise ne nous empêchent pas de bien saisir la réalité de cette époque.

La jeunesse étudiante et sa tendance politique

C'est un groupe d'étudiants de gauche, et certains se pensent même d'extrême gauche. Politiquement très actifs, ils s'occupent beaucoup des affaires nationales et internationales. Ils passent leur temps de loisir au restaurant La Luna de Papel ou encore chez Maryse à discuter de politique, de libération du prolétariat, de changement de système, du pouvoir, du séparatisme, de liberté sexuelle, de la condition des femmes... Michel Paradis, ami de Maryse, est le personnage central de cette «gang». On y trouve, entre autres, François Ladouceur, Marie-Lyre Flouée, Lady Fauchée, Adrien Oubedon, les Crête, et Elvire Légarée, ainsi que Coco Ménard, Marité, Galipo... La citation suivante situe l'univers des personnages et le style caractéristique de l'auteure :

> Comme tous les nouveaux amis de Michel, les Crête étaient d'extrême gauche, vouée à la gauche comme si c'eût été de naissance, comme une tâche de naissance. Ils auraient aimé que cela en soit une. Le couple venait d'adhérer secrètement – mais tout le monde le savait – à la L M N O P Q R S T U (Ligue Machiste Nationaliste officiellement Péquiste et Québécoise-Radicale Secrètement Thanatoïste et Unitaire). Comme adhérents à la Ligue, ils pactisaient avec les V W, avaient dû rompre toute relation avec les tenants du X Y Z et s'opposaient férocement à l'A B C. Chacun de ces groupuscules avait son stand sur la grande place de l'université et ses zones d'influence sur le campus. Tous travaillaient fort à libérer le prolétariat de ses chaînes mais leur vision du monde, leurs méthodes et leurs techniques divergeaient. Conséquemment, si quelqu'un ou – moins fréquemment – quelqu'une mettait les pieds dans une zone ennemie, les engueulades fusaient. Il arrivait même que les coups pleuvent et que certains fussent tapochés. Mais tout cela restait généralement universitaire, théorique et ludique, la plupart des discussions tournant autour de questions internationales, c'est-à-dire étrangères, comme les problèmes du Laos, ceux du Biafra, ceux du Vietnam agonisant, la politique extérieure des Canada ou même la Chine grandiose de Mao qui, loin d'être un problème, était la solution à tous les maux de l'univers. À côté de la mêlée, les pieds bien au chaud dans leurs bottes Kodiac, les Crête analysaient tout, méthodiquement[11] (p. 76).

Cette description pleine d'humour met bien en relief la couleur politique de ces révolutionnaires de salon. Ils parlent de Marx, de Bozanov, de Louis Althusser, de Freud, de Lacan, de Marcel Chaput, de Wurtèle, de Gramsci... sans les comprendre. Maryse ne voit pas la moindre production de quoi que

---

11. Toutes les citations du texte sont tirées de *Maryse*, Montréal, VLB Éditeur, 1983.

ce soit, au sens de Marx, dans le travail du garçon de table et de la serveuse. L'auteure rapporte :

> Elle n'était rendue qu'au troisième chapitre du premier livre du *Capital* et elle ne voyait toujours pas comment cela pouvait s'appliquer aux chauffeurs de taxis, aux monitrices des garderies, aux infirmières, aux femmes de ménage, aux réceptionnistes, aux coiffeuses, aux Chinois du coin, et surtout, aux Waiteurs (p. 73).

Ils parlent de la libération du prolétariat sans aucune affinité avec celui-ci. Galipo, un artiste « à-gauche-et-au-boutte », se déclare prolétaire : donc pas d'argent pour le pourboire. Quand Maryse lui rappelle que le garçon de table a besoin de son pourboire pour vivre, Galipo réplique avec ces grands mots qui font rire le lecteur :

> — Tu comprends rien, bonne femme ! Faut abolir ça les tips, c'est du quê-tage ! Quand on sera socialisés, y'en aura pu de tips pis tout le monde sera égal ! En attendant, moé chus t'un prolétaire pis j'ai pas les moyens pour (p. 27).

Galipo n'a pas les moyens de donner le pourboire ou de payer ses livres. Il est un des piqueurs les plus assidus de la Librairie Tranquille et de Morgen. L'auteure raconte :

> Tit-cul Galipo, en effet, volait n'importe quoi, mais pas n'importe où et, vu le sang-froid, l'esprit d'organisation et la grande rigueur intellectuelle que l'opé-ration demandait, il considérait le vol à l'étalage comme du travail, et un travail de spécialiste (p. 36).

Ces jeunes révolutionnaires sont coupés du travail productif, étant donné leur origine petite-bourgeoise. Ils n'ont jamais vécu la vie du peuple. Lors d'une chicane entre amis à La Luna de Papel, le poète Adrien Oubedon se moque de leur origine familiale et plaisante malicieusement :

> Si j'étais de vous zautres, camarades, je lâcherais les études pour le travail en usine. L'usine, toute est là ! (p. 77)

Et de sa belle voix, le poète déclame à l'improviste :

> La vraie vie est à l'usine,
> La vraie voie passe par la Chine,
> La vraie vierge est Mélusine,
> La vraie mère est aux cuisines,
> Pensez-y donc, mes câlines ! (p. 78)

Ces « câlins » et « câlines », la plupart d'entre eux, à l'exception de Maryse et Francine Fauchée, proviennent de famille aisée. Ils ont eu une enfance heureuse et équilibrée. Ils ont été élevés dans des maisons aux bibliothèques bien garnies. Ils ont un père médecin, ingénieur, ou notaire. Sans être tout à fait indépendants financièrement, ils acceptent l'aide de leurs parents. Ils passent leurs vacances dans le chalet de leurs parents ou quelque part en Floride quand ils en ont les moyens. Ils sympathisent avec la classe ouvrière, mais jamais ils ne voudraient être ouvriers. Maryse voudrait bien être à la place d'un manœuvre, d'un *waiteur*, de Manolo par exemple, garçon de table de La Luna de Papel et lui, souhaiterait bien être à la sienne. Mais c'est en théorie : dans les faits, personne ne change jamais de rôle. « On l'aime bien Manolo, dit Maryse, mais on ne penserait pas à l'inviter chez nous : ça serait déplacé. » (p. 177)

En effet, ils préparent tous leur bel avenir en faisant leur maîtrise ou doctorat. Certains d'entre eux (François, Michel, Marie-Lyre par exemple) vont chercher leur diplôme prestigieux en Europe, à Paris en particulier. Ils deviendront plus tard l'élite intellectuelle de la société québécoise, le noyau de la classe moyenne montante : professeurs d'université ou de cégep, écrivains, poètes, avocats ou artistes, écologistes, militants du Parti québécois ou du mouvement féministe. En attendant, ils font la révolution. Ils ont l'air – ils le croient à tout le moins – de vivre des moments historiques.

> Ils placotent sur les appareils d'État, ils en parlent tellement qu'ils finissent par avoir l'impression de les contrôler… C'est faux, évidemment, dit Marité. Les avocats n'ont pas tellement plus de pouvoir. Je veux dire : pour changer les choses. Le pouvoir de chacun est diffus et limité par celui des autres (p. 177).

Ils idéalisent la Chine de Mao sans aucune connaissance réelle de cette tragédie qu'est la Révolution culturelle. Ils amènent leurs amis chiliens dans leur soirée pour prouver leur sympathie envers la révolution avortée d'Allende. Ils discutent de la condition féminine des femmes du tiers-monde qui vivent dans un état de sujétion scandaleuse. Cependant, ils aiment mieux engager une femme de ménage que de partager les travaux domestiques avec leur femme ou leur *chum*. Ils acceptent mal de passer un test de fécondité (le cas de Michel) ou de s'occuper du bébé la nuit pour laisser dormir tranquillement leur femme (le cas de Jean Duclos, mari de Marité).

Bref, ce sont ces jeunes intellectuels qui brassent toutes sortes d'idées en vogue et font la révolution pour changer ce que Michel appelle *le système pourri*.

Autour de Maryse gravitent deux personnages qui posent quelques gestes révolutionnaires. Le premier est Coco Ménard, colocataire de l'appartement de Maryse. Sans avoir l'air anarchiste ou lumpenprolétaire de Galipo, il n'en est pas moins drôle. Il s'intéresse à tout : théorie de la réincarnation, Bible de Jérusalem, Yi King, cartes du tarot, Freud et Shakespeare. On peut imaginer à quelle confusion cela peut donner lieu dans sa tête ! C'est pourtant lui qui laisse entendre qu'il organise avec ses camarades felquistes une opération sensationnelle. C'est l'enlèvement du diplomate anglais James Cross, le manifeste du Front de libération du Québec, l'enlèvement et la mise à mort du ministre Pierre Laporte. Tout cela entraîne de graves conséquences dans la vie politique et sociale au Québec et au Canada. Mais on ne sait pas au juste à quel point Coco est impliqué dans ces opérations terroristes. Après une longue absence (a-t-il fait sa prison ? on ne sait pas), Coco réapparaît dans le roman comme moniteur de la garderie où va Gabriel, fils de Marité. Selon lui, c'est au niveau des garderies qu'il faut agir maintenant. Il devient végétarien, écologiste, il pratique le Yi King. Il suit toujours la mode. Maryse trouve qu'il n'a pas changé.

Le second personnage plus révolutionnaire, c'est Marie-Lyre Flouée, appelée par ses amis MLF (entendons par là Mouvement de la libération des femmes). Selon la présentation humoristique de l'auteure, c'est une farouche partisane de la liberté sexuelle. Quant à ses actions révolutionnaires, elles consistent à faire souvent des téléphones à certains ministères, aux banques, aux postes de radio et aux grands magasins pour se plaindre de l'absence du français dans les services, du racisme et de bien d'autres choses. Il lui arrive aussi d'écrire aux journaux et ses lettres sont parfois publiées :

> De la mi-février à la mi-mai, Marie-Lyre Flouée téléphona cinq fois à la compagnie Bell, une fois à la CTCUM, sept fois à Radio-Canada, trois fois au ministère des Affaires culturelles (frais virés !), deux fois chez Eaton, et elle prit la parole sur trois lignes ouvertes. Toujours pour signaler au monde ce qui n'allait pas (p. 84).

Michel la trouve folle et tout ce qu'elle fait lui semble inutile. L'auteure commente avec une pointe d'ironie :

> Quoi qu'il en soit, Marie-Lyre n'avait ni enfants, ni job, ni chum steady et elle séchait la plupart de ses cours ; cela lui laissait beaucoup de temps et d'énergie à consacrer à la réforme de la société, aux médias d'information et à la seule chose qu'elle aimât passionnément, le théâtre (p. 63).

Avec le recul du temps, l'auteure fait revivre ces révolutionnaires de l'époque, caricaturés, avec des touches fines, colorées, pleines d'humour et d'ironie mais sans aucune méchanceté. L'auteur de ces lignes faillit douter de la vraisemblance de ces images littéraires. Cependant, plusieurs critiques québécois affirment qu'on reconnaît ces étudiants et étudiantes ou croit les reconnaître. Pierre Foglia écrit dans *La Presse*, par exemple :

> Si vous aviez entre 18 et 25 ans en 1970, à Montréal ; si vous fréquentiez l'Association Espagnole ou la Hutte suisse, si vous avez fait plusieurs fois la révolution à trois heures du matin, en vous engueulant à propos de l'indépendance, de Mao, de Gramsci, du Laos ; si vous avez levé ne serait-ce que le petit doigt (c'est le coude alors !) pour la libération du prolétariat, alors vous serez chez vous dans le roman de Francine Noël. Vous allez vous y reconnaître[12].

Lise Gauvin écrit dans sa préface de *Maryse* en s'adressant directement à l'héroïne du roman : « On croit t'avoir déjà rencontrée[13]. »
Bernadette Kidiobra Kssi écrit :

> Cette première œuvre romanesque de Francine Noël a reçu un accueil des plus chaleureux tant de la part de la critique littéraire que du vaste lectorat, qui se retrouvaient dans l'image de la période des années 1968-1975 québécoises que peignait l'auteure et y ont reconnu le talent et l'étoffe d'une grande écrivaine. Ce succès fulgurant est donc en grande partie tributaire du caractère réaliste – quoiqu'il y existe une bonne part de fiction – de l'histoire qu'elle présente avec beaucoup d'humour et d'ironie[14].

Ces commentaires ne font que confirmer le côté véridique de ces images recréées avec succès par l'auteure.

On ne peut pas, semble-t-il, prendre au sérieux ces révolutionnaires jurés qui se chicanent sur la place du campus, au restaurant de La Luna de Papel, devant un pot de vin ou un verre de bière, les pieds bien au chaud dans leurs bottes Kodiac, s'accusant les uns les autres d'être bourgeois, ou d'avoir des préjugés bourgeois. Cependant, plusieurs d'entre eux ont été victimes de la loi martiale mise en vigueur le 16 octobre 1970, si l'on en croit l'auteure. François Ladouceur, Elvire Légarée, Azard Côté, syndicaliste, ont été perquisitionnés. Adrien Oubedon a été jeté en prison. Lemire, pris d'inquiétude, n'arrive pas à dormir. Michel Paradis, de peur d'être arrêté, quitte l'appartement et va se cacher quelque part. Maryse, la moins politisée de son entourage, a vécu une scène cocasse en passant devant la caserne des Fusiliers Mont-Royal, une nuit où l'idée incongrue lui vient de porter deux chats chez François dans une petite valise en vinyle noir. On aurait cru la bombe dans

---

12. Voir *Maryse*, 2ᵉ édition, Montréal, VLB Éditeur, 1988, p. 442-443.
13. *Ibid.*, p. 13.
14. Lemire et Boivin (dir.), *op. cit.*, p. 589.

son sac. Et elle vit dans une attente inquiétante du retour de Michel qui se terre on ne sait où.

Ces étudiants en lettres, malgré leur naïveté, leur confusion de pensées, leur théorie coupée de la réalité et de la pratique et leurs attitudes contradictoires, représentent la tendance politique de la jeunesse étudiante de l'époque. Se mettre à gauche, voilà la mode. Même Maryse choisit le théâtre de Bertolt Brecht pour sa thèse de maîtrise bien que les auteurs étrangers soient déjà passés de mode. L'auteure justifie ce choix ainsi :

> Le cas de B. B., cependant, était spécial : le fait même d'en parler *prouvait* que vous étiez à gauche et c'était là un choix tout indiqué pour la blonde d'un gars comme Michel (p. 252).

Ayant accédé au statut de professeur d'université, François se détache peu à peu de la gauche et projette d'écrire un roman banal pour se montrer productif. Il se soucie du qu'en-dira-t-on de la gauche. L'auteure décrit son état d'esprit en ces termes :

> Bien sûr, il se fichait des modes intellectuelles et des diktats – qu'ils soient de gauche ou de droite – mais en même temps, il craignait le jugement de certains : s'il affichait autre chose que leur orthodoxie, ils l'accuseraient d'être réactionnaire. Or le mot réactionnaire déplaisait énormément à François (p. 301-302).

L'examen de la tendance politique des jeunes intellectuels de l'époque nous permet de croire que les Québécois sont déjà sortis de leur repli séculaire et portent leur vue plus loin que leur paroisse, au-delà de leurs frontières. Michel et son *peer group* suivent étroitement les événements du monde, savent inscrire le problème national dans le cadre international.

Il est à noter que les médias de masse contribuent beaucoup à cette ouverture sur le monde extérieur, au changement survenu dans la mentalité des gens du Québec. L'auteure décrit comment Michel est planté chaque soir devant le poste de télévision, comme hypnotisé par la voix de l'annonceur :

> Tous les soirs qu'il passait à la maison, quelle que soit son occupation du moment, à dix heures pile, Michel allumait le poste. Aussitôt, les catastrophes du jour déferlaient devant eux, mettant une trêve à leurs activités et querelles domestiques ; comme si, tout d'un coup, ce qui s'était passé ailleurs devenait mille fois plus important que ce qui avait cours ici maintenant. En ce sens, c'était vrai : le monde était plein de troubles, d'attentats, de raz-de-marée, et les rues de certaines villes, jonchées de cadavres dont ils pouvaient voir des images sur leur écran, dans leur salon (p. 188-189).

Par rapport à tout ce qui se passe dans le monde entier, les problèmes des Québécois et les angoisses de Maryse semblent de moindre importance.

> De quoi aurait-elle trouvé à se plaindre, elle qui vivait en privilégiée dans un des pays les plus riches, où il n'y avait jamais ni guerre ni cataclysmes, ni réel terrorisme? On était bien ici, après tout… Maryse imagine parfois que les nouvelles étaient choisies spécialement pour que les téléspectateurs se trouvent chanceux, par comparaison, et qu'ils jugent leurs préoccupations étriquées et relatives (p. 189).

Les reportages télévisés, objectifs ou sélectifs, élargissent l'esprit des gens et aident la jeunesse québécoise à lier le destin de la nation à celui de toute l'humanité. Cette ouverture d'esprit semble orienter définitivement la société québécoise vers une irréversible modernité.

Les mœurs sexuelles, l'union libre, la cohabitation et le mariage

Dans *Bonheur d'occasion* comme dans *Les Plouffe*, nous avons constaté le désarroi d'une Florentine tombée enceinte avant le mariage et le sentiment de culpabilité d'un Ovide défroqué et livré aux ébats amoureux. Le *péché de la chair* pesait lourd sur la conscience des jeunes Canadiens français de l'époque alors que la sexualité liée à la natalité était encore un instrument d'autodéfense et de protection contre le colonialisme anglais. On multipliait les berceaux aussi bien pour fournir un grand nombre de fidèles à l'Église catholique que pour faire croître la nation canadienne-française. Les normes qui régissaient le comportement sexuel des jeunes étaient à la fois religieuses et nationalistes. Elles étaient très rigides malgré les transgressions que nous avons constatées dans *Bonheur d'occasion* et *Les Plouffe*.

La démocratisation de l'éducation, premier résultat de la Révolution tranquille, libère les jeunes des contraintes religieuses. La société de consommation permet à l'individualité de se développer librement. Les jeunes ont la possibilité de s'épanouir de façon plus spontanée et plus autonome sur le double plan physique et moral. L'évolution des mœurs sexuelles dans le sens d'une plus grande liberté va de pair avec une société hautement industrialisée qui devient plus permissive, qui accorde la possibilité aux individus de disposer de leur propre corps. De plus, l'invention de la pilule anovulante et autres mesures contraceptives contribuent finalement à l'avènement de la libération sexuelle. Les jeunes Québécois ne tardent pas à emboîter le pas aux jeunes Américains et Européens. Les défenses morales n'ont plus de prise sur eux. La moralité sexuelle traditionnelle vole en éclats. Selon l'observation de Jacques Lazure, tout rapport sexuel devient acceptable entre deux jeunes personnes qui se connaissent bien, qui éprouvent de l'amour l'une pour l'autre, qui le veulent librement et qui peuvent l'accomplir sans détriment pour soi ou pour l'autre, avec une chance sérieuse d'épanouissement mutuel. La virginité, autant chez les filles que chez les garçons, n'est plus une valeur. On est plutôt porté à s'en moquer, à la ridiculiser et à l'interpréter comme une marque de faiblesse, d'impopularité, voire de stupidité. La grossesse avant le mariage devient un phénomène répandu qui concerne autant les classes moyennes et bourgeoises que les classes défavorisées. Elle est acceptée par les jeunes sans honte, sans opprobre[15]. Les mères célibataires gardent leur enfant ouvertement. Cohabitation n'est plus un terme péjoratif comme celui de concubinage. Elle est considérée, au sens positif, comme un mariage à l'essai ou une union provisoire en vue d'une éventuelle union plus durable. La conception du mariage et celle de l'amour sont complètement changées. Le divorce est non seulement légalisé, mais aussi accepté. Si le mariage ne peut pas assurer le bonheur à l'un des partenaires, celui-ci n'hésite pas à le chercher et à le trouver avec quelqu'un d'autre. La fidélité conjugale ne signifie plus l'exclusivité physique ou sexuelle. Elle implique un attachement profond et spécial, à la fois par le cœur, par la pensée et par le corps, sans toutefois exclure la possibilité de connaître sexuellement d'autres personnes. Le désir de maîtriser la destinée de leur mariage incite les jeunes couples à planifier les naissances. Ils acceptent non seulement la contraception, mais réclament aussi la liberté de l'avortement[16].

La représentation du comportement sexuel des jeunes québécois dans *Maryse* correspond parfaitement à l'observation de monsieur Jacques Lazure, sociologue. Nous allons maintenant examiner ce que la romancière expose dans ce récit.

L'union libre

Marie-Lyre Flouée, dit MLF, est, comme nous l'avons dit, une farouche partisane de la liberté sexuelle. C'est une femme exubérante, serviable, très gentille, mais burlesque et caricaturée par l'auteure. Elle a à la fois plusieurs

---

15. Les naissances hors mariage sont de 8 % en 1970, de 8,8 % en 1975, de 13,8 % en 1980, de 29,9 % en 1987, et de 33,1 % en 1988. Le Bureau de la statistique du Québec, *Le Québec statistique*, 1991 et Simon Langlois et autres, *La société québécoise en tendances, 1960-1990*, Québec, Institut québécois de la recherche sur la culture, 1990.

16. Voir Jacques Lazure, *La Jeunesse du Québec en révolution*, Montréal, Presses de l'Université du Québec, 1970, p. 108-115.

chums. Elle tient un registre de sa vie sexuelle, une liste des noms de ses chums, notant leurs entrées en relations et leurs départs, comptant combien de fois elle fait l'amour avec chacun d'eux. Elle choisit son chum selon son bon goût et le renvoie aussi selon son bon plaisir.

> Ayant tiré un trait bien propre au bas de son dossier, elle revint au début de son cahier, à la page des *prospects* où elle inscrivit en fin de colonne le nom Aldo B. avec la mention « trente-cinq ans, beau sourire ». Aldo était le numéro onze sur la liste de Marie-Lyre. Elle l'avait croisé plusieurs fois la veille au soir, lors des fêtes de la Saint-Jean, dans le Vieux-Montréal où tout le monde se promenait en s'emmerdant, à la recherche de quelque chose, quelqu'un, quelqu'une, mais en faisant bien attention de ne pas le laisser paraître (p. 155).

De retour d'un séjour à Paris, elle déclare préférer un gars vasectomisé.

> Oui, je suis plus sélective maintenant, dit-elle à Maryse. Je favorise les sujets ouverts et conscientisés. C'est un nouveau critère dans mon classement ; au départ, ça leur donne trois points (p. 287).

Dans son nouvel appartement, elle voit un jour par la fenêtre rentrer son voisin du deuxième étage, portant au côté gauche un minuscule cœur blanc nacré : l'insigne des vasectomisés. Marie-Lyre inscrit tout de suite dans son cahier : « Le voisin d'en bas : cœur blanc bien en vue, barbu, musclé, la trentaine. » (p. 291) Et elle lui alloue ses trois points initiaux.

Elle parle sans aucune fausse honte de sa vie sexuelle, de ses chums, de son critère de choix, de sa crampe causée par la pose du stérilet, de ses expériences sexuelles : qui baise bien, qui baise mal. Dans un party chez Maryse, elle se vante en public de connaître toutes sortes d'hommes.

> [...] J'en ai pourtant essayé de toutes les sortes, de toutes les obédiences et de toutes les marques d'auto : j'ai connu des garagistes, des waiteurs, des employés de banque, des gars du gaz, un notaire, un médecin, un électricien, un voleur de bazous. J'ai eu des chums de toutes les races et de toutes les couleurs : des noirs, des roux, des chauves et des imberbes. J'ai connu des sportifs de télévision, des gars de bicique, des gars satisfaits, des grévistes pis des circoncis. J'en ai connu qui baisaient mal, d'autres qui baisaient pas pantoute. Ça arrive ! Je suis même déjà sortie avec un Italien dans le terrazo, un vendeur de polices d'assurances pis un authentique Don Juan. Mais attention, les filles, Don Juan baise mal !... Don Juan est un botcheur qui s'ignore. Celui-là croyait me posséder ! — ils pensent tous nous avoir. Nuance : c'est moi qui les avais. C'est moi qui les ai. La preuve ? Je suis capable de les laisser ! Je suis même obligée de les laisser tellement ils deviennent vite pas endurables ! (p. 317)

Et puis elle fait une longue tirade sur ses prouesses amoureuses. L'exagé-ration est visible. Le lecteur ne peut pas prendre au sérieux cette représenta-tion d'une femme libre et dégagée de toutes les contraintes morales. Que faut-il entendre par cette caricature exceptionnelle si ce n'est une riposte aux valeurs traditionnelles, aux normes éthiques et religieuses démodées ? C'est aussi une vengeance sur les hommes qui considèrent les femmes comme un objet sexuel. Marie-Lyre met la chose à l'envers : ce sont les hommes qui deviennent, à ses yeux, des objets sexuels. Évidemment, l'auteure pousse l'exemple de Marie-Lyre à l'extrême.

La cohabitation

Alors que Marie-Lyre Flouée vit pleinement l'amour libre et s'épanouit sexuel-lement, Maryse vit une expérience plutôt douloureuse de cohabitation.

À l'âge de vingt ans, Maryse O'Sullivan est partie de chez sa mère et vit toute seule dans une chambre minable. Elle fait ses études à l'École des beaux-arts tout en travaillant comme *waitress* dans le restaurant Maple-wood Inn, là où elle fait connaissance avec François Ladouceur, un étudiant en « littérologie ». Celui-ci propose à Maryse de remplacer le troisième coloca-taire de son appartement qui est parti folâtrer ailleurs. Maryse accepte avec plaisir et va vivre avec deux gars traîneux dans un quasi-taudis. C'est là qu'elle commence à se mêler aux étudiants de gauche et à vivre ses aventures amoureuses.

Elle tombe d'abord amoureuse de Michel Paradis, son camarade de classe. Elle l'aime parce qu'il a de l'entregent, est éloquent, et aussi parce qu'il a des idées révolutionnaires. Quelques jours avant Noël de 1968, elle a des relations sexuelles avec Michel pour la première fois. La semaine suivante, Michel revient passer la nuit chez elle, comme elle l'espère. Leur liaison devient désormais sérieuse. Elle se considère – et tout le monde la considère – comme la blonde *steady* de Michel Paradis. L'auteure rapporte :

> On parlait beaucoup de l'amour libre à l'époque. L'amour était libre ou il n'était pas. Le temps de la possessivité mesquine était révolu (p. 132).

Or, l'amour libre suppose la disparition de l'exclusivité physique : les relations sexuelles avec d'autres partenaires deviennent tolérables. On peut baiser « en toute amitié » (p. 108), sans qu'on s'aime pour de bon. La fidélité qu'exige l'amour conjugal n'existe plus. L'auteure raconte :

> D'ailleurs, elle-même n'était pas véritablement avec Michel Paradis, mais c'était tout comme ; ça faisait chic, dans le milieu, de ne pas habiter le même

appartement car la notion de couple était bourgeoise et rétrograde. C'est ce que pensait la nouvelle gang de Michel, qui était farouchement contre le mariage. Maryse ne voulait surtout pas être bourgeoise et rétrograde (p. 52).

Ces nouvelles valeurs concernant la sexualité, Maryse les accepte en théorie, mais dans la pratique elle éprouve une jalousie née du désir secret de l'amour exclusif. Elle aime tant Michel qu'elle a envie d'habiter avec lui et de pouvoir le voir quand elle veut. Dès le premier soir, selon la narratrice omnisciente, Maryse désire épouser Michel et se meurt d'envie de devenir madame Paradis.

Cette liaison durera à peu près un an et demi. La visite de Michel n'est pas régulière. Maryse passe souvent sa soirée à l'attendre et à justifier ses absences et ses retards. Un jour, elle se hasarde à lui demander s'il ne voit pas d'autres filles. « Je t'aime bien, tu sais, répond Michel. Il n'y en a pas d'autres. Les autres ne comptent pas, elles ne sont pas vraiment importantes » (p. 66). Cette réponse ambiguë ne satisfait pas Maryse. Elle essaie de se convaincre en intériorisant les points de vue de son entourage sur l'amour libre. Même elle s'accuse d'être égocentrique, mesquine, possessive, « petite bourgeoise jalouse égarée dans un groupe progressiste » (p. 52), aussi réactionnaire que sa sœur Maureen. S'étant culpabilisée ainsi, et surtout ayant peur d'être exclue du groupe de Michel, elle se contente d'être « une femme libre, maudidement libre, vivant une union super libre avec Michel Paradis » (p. 53), sans pouvoir chasser pour autant le sentiment d'être une femme « insécure ».

Au bout d'un an, Michel propose soudain à Maryse de partager le même appartement. La proposition de Michel est acceptée comme une demande en « mariage moderne ». Maryse est ravie et excitée parce qu'elle attend cette initiative de Michel depuis longtemps. Avec l'aide de leurs amis, Maryse et Michel s'installent dans le même appartement. Pas de cérémonie à célébrer ni de contrat à signer, ils entrent en cohabitation, constituant ainsi un mariage moderne, sauf qu'ils sont libres de la défaire sans complication juridique. Cette union peut-elle durer ou non, on ne le sait pas. Un soir, Maryse demande à Michel : « Vas-tu toujours vivre avec moi ? » « J'ai été avec toi jusqu'à maintenant, répond Michel. Le mois prochain, je ne sais pas » (p. 132). En effet, à partir de la crise d'Octobre, Michel découche souvent sans préavis. Maryse trouve Michel bête avec elle et gentil avec les autres filles. Elle souffre de solitude, de délaissement, d'infidélité. Marité et Marie-Lyre lui conseillent de tromper elle aussi Michel. Mais elle ne voit pas comment cela pourrait la venger ou tout simplement la calmer.

Leur relation est plutôt médiocre. À la vie de couple, Michel s'avère peu attentif. Il ne s'occupe que de ses études, de sa politique et de sa partie de hockey. Il oublie l'anniversaire de Maryse, la fête de la Saint-Valentin. Il ne l'amène pas au party. Il interrompt en public son commentaire sur la représentation de *La Sagouine*. Il ne fait aucun effort pour la comprendre. Maryse a envie de passer deux semaines de vacances au bord de la mer, Michel préfère le chalet de ses parents. Une fois au chalet, Michel se plonge dans la lecture de romans policiers. De sorte que Maryse a l'impression d'être avec Michel physiquement et non en esprit. «Jusqu'à quel point l'amour, toute relation amoureuse, ne comporte-t-elle pas une part de masochisme et de servitude?», note Maryse dans son petit cahier (p. 156). Précaire serait l'amour qu'il faudrait entretenir par le masochisme et la servitude de la part de l'un des deux partenaires. Michel, enfant de riches, ne sait pas faire le ménage. Il ne fait rien à la maison. Lorsque Maryse discute avec lui du partage des tâches domestiques, Michel propose carrément d'embaucher la femme de ménage de sa mère. De plus, Michel reproche à Maryse d'être irascible, hystérique, folle, sans bonnes manières, de boire trop, de sentir la pharmacie. Il se sent même agacé de la manière dont Maryse prononce le mot «plaiisir». Cette diphtongue des Québécois du peuple semble stigmatiser Maryse.

Saturée d'indifférence et d'incompréhension, Maryse se fait souvent sortir par François, passe la soirée au restaurant ou encore chez Marité. Par vengeance, elle fait l'amour avec François qu'elle aime en effet. Cette aventure la rendra heureuse pendant deux longues semaines. Cependant, le fait d'avoir couché avec François ne la dédommage pas, ne compense pas les frasques de Michel. Sa vie de couple commence à se défaire petit à petit. Elle avoue un jour à François:

> En fait, je rêve d'une vie calme avec un gars qui serait gentil. Je ne demande pas beaucoup, il me semble. Mais ce que je veux, tout le monde trouve ça dépassé, y compris ceux qui l'ont et en profitent, comme les Crête. Ils peuvent bien parler de communes, eux autres, ils laisseront jamais leur kit familial (p. 150).

Une autre fois, Maryse confie à François:

> J'ai peur de mourir, François, j'ai peur de vieillir, de me défaire, de me déformer avant qu'il me soit arrivé quelque chose, sans avoir été aimée, sans avoir vécu (p. 230).

Ces deux aveux trahissent bien l'idéal modeste de Maryse : avoir une vie de couple tranquille et heureuse si ce n'est une vie conjugale au sens traditionnel ; jouir de la vie, de l'amour quand on est jeune. Cette conception de vie est aussi celle de bien des jeunes. L'opulence de la société de consommation permet la jouissance des conditions matérielles modernes : télévision, automobile, réfrigérateur, laveuse, sécheuse, supermarché, vacances payées… y compris l'amour physique hors des contraintes traditionnelles. Si l'on ne se trouve pas satisfait de son partenaire, on est libre de trouver son bonheur physique auprès d'un autre. Maryse trouve que François baise mieux que Michel. « En me forçant, se dit-elle, je pourrais m'habituer à son corps, je serais heureuse avec lui. » (p. 230) Pour Maryse, le bonheur physique occupe une grande place dans l'amour. Le soir de la Saint-Valentin, en 1973, délaissée par Michel, Maryse se jure de ne pas passer la nuit seule. Elle va passer la soirée à La Luna de Papel et amène Manolo, le garçon de table, chez Marité pour faire l'amour. Cette aventure lui procure du vrai plaisir et lui fait croire qu'elle pourrait bien aimer d'autres corps que celui de Michel. Le bonheur est fugace, pense-t-elle. Il faut en profiter. Elle ne sera plus bêtement fidèle et monogame. Elle se fout de ce que Michel pourra penser d'elle, car il vient de perdre beaucoup d'importance. Elle prouve par ce geste qu'elle est libre et indépendante. Le lendemain, interrogée sur son absence de la nuit, Maryse avoue qu'elle a fait l'amour avec Manolo. Cet aveu met Michel hors de lui, il se sent blessé et humilié, d'autant plus que Maryse l'a trompé avec un garçon de table espagnol, comme si celle-ci avait établi une équation entre Manolo et lui. Son accès de colère se transforme en coups de poings qui pleuvent sur Maryse. L'auteure raconte ce que la jeune femme ressent :

> Repliée dans son coin, elle se mit à le détester. Elle le voyait, petit Québécois imbu de lui-même, minoritaire et bafoué dans son propre pays et, de surcroît, arrogant envers les autres ethnies : au fond de lui, il y avait un profond dédain de tous ceux qu'il jugeait inférieurs… elle venait de découvrir le mépris (p. 268).

Leur relation devrait être rompue là-dessus, mais elle dure encore un an et demi jusqu'en été 1974, au moment où Michel part à Paris pour faire son doctorat. Entretemps, survient un court moment de réconciliation. Cela se produit quand l'idée vient à Michel de proposer à Maryse d'avoir un enfant. Michel vise bien. Maryse avait envie d'avoir un enfant dès le début de leur relation. Michel refusait toujours sous prétexte ils étaient encore jeunes, qu'ils n'avaient pas les moyens et promettait d'en planifier un avec elle. Maintenant qu'il trouve Maryse lointaine et inaccessible, il lui fait cette proposition en vue de la reconquérir, de la reprendre définitivement. Car il aime encore Maryse qui l'aime déjà moins. L'auteure commente :

> Michel avait fait d'une pierre deux coups : il aurait peut-être un enfant l'an prochain – vingt-sept ans c'est normal – et, par la même occasion, il s'assurait la fidélité de Maryse jusqu'à l'accouchement (p. 274).

Mais ce projet n'aboutira pas. Maryse n'est toujours pas enceinte. Finalement, la chicane sur le renvoi de la femme de ménage met fin à leur vie de couple. Maryse renonce au service de la femme de ménage, parce qu'elle ne peut pas supporter sa présence dans son appartement. Sa mère est aussi une femme de ménage. La présence de Rose Tremblée lui rappelle sa mère, la rend malade. Elle n'a pas la conscience tranquille. L'auteure explique :

> En plus de ces problèmes strictement personnels, elle était affligée, comme toutes les autres petites-bourgeoises-pognées de son espèce, de mauvaise conscience. Une mauvaise conscience chronique. Toutes se sentaient coupables de se faire blanchir, lessiver, récurer, épousseter, astiquer, décrotter, torcher par d'autres femmes. Car c'était une histoire de femmes !!! Encore ! Une maladie-de-femme : elles parlaient peu de leur femme de ménage, et en termes voilés : elles étaient gênées de leur existence et des privilèges qu'elles en retiraient. Chez elle, Mary O'Sullivan, le malaise éclatait au grand jour et prenait des proportions pathologiques. Elle était atteinte du syndrome de la femme de ménage ! (p. 354)

Michel ne comprend pas du tout, la trouve bizarre, folle. Maryse réplique :

> — C'est ça, Michel, quand tu ne comprends pas ce que je dis, c'est parce que je suis bizarre. Folle. Et quand moi je ne comprends pas ce que tu dis, c'est que je suis trop sotte. C'est toujours de ma faute, de toute façon (p. 353).

L'incompréhension due aux écarts sociaux, l'indifférence née d'un complexe de supériorité maritale et l'infidélité engendrée par la nouvelle conception de l'amour finissent par défaire leur mariage probatoire. Maryse annonce qu'elle ne peut plus vivre avec Michel. Après cet échec, Maryse se retrouve seule, libre d'aimer. Elle revient à l'union libre, couche à gauche et à droite, avec des gars qu'elle drague – c'est Marie-Lyre qui lui a appris à draguer. Mais ce n'est pas son genre. Une fois l'amusement passé, elle trouve que c'est plat, « un petit jeu insignifiant et vain » (p. 379).

Le mariage

Il est à noter que la plupart des jeunes Québécois et Québécoises de l'époque ne suivent pas encore l'exemple de ces jeunes étudiants d'avant-garde.

Quoique les relations sexuelles et la grossesse prémaritale soient généralisées chez les jeunes, ils sont prêts à suivre le chemin battu : se marier. Le frère et la sœur de Maryse, le frère et la sœur de Michel, les Crête… font un mariage conventionnel, mais le divorce est « possible » si ça ne marche pas. Le mariage n'est plus perçu comme éternel. Marité, meilleure amie de Maryse, se marie aussi avec son collègue, Jean Duclos, tous deux étudiants en droit.

Le mariage de Marité et Jean n'a pas duré longtemps. Dès la naissance de Gabriel, leur relation commence à se détériorer. Marité accouche de Gabriel le 2 mai 1970. C'est le début de la décennie écologique où l'allaitement maternel revient à la mode. Mais Marité est mal renseignée et peu prête à accepter toutes les fatigues dues à la bonne vieille nature. L'auteure rapporte :

> Gabriel buvait aux quatre heures, la nuit comme le jour et, à chaque fois, cela lui prenait au moins quarante minutes. Conséquemment, Marité ne retirait pas de ses fonctions de mère nourricière la joie profonde qu'on lui avait promise. Elle se sentait comme une vache qui vient de mettre bas… Bien qu'elle aimât sentir le petit corps de son bébé dans ses bras, Marité, en le nourrissant, ne souriait pas comme la femme du film car elle avait atrocement mal aux seins qui avaient tendance à gercer (p. 105).

Elle décide d'abandonner l'allaitement maternel pour l'allaitement artificiel. Elle confie à son mari de nourrir le bébé au biberon et de prendre le *shift* de nuit pour pouvoir dormir tranquillement jusqu'au matin d'un sommeil continu. Jean n'est pas très heureux de cette nouvelle tâche. L'auteure n'a conté ni leur prise de bec, ni leur chicane conjugale. On sait que Marité et Jean ne s'entendent plus, même au bureau. Ils passent des nuits blanches pour reconsidérer leur conception du mariage, de l'amour, de la fidélité, du partage des tâches, de l'éducation de leur fils Gabriel, etc. Et ils finissent par se séparer, sans trop de heurts. Au début de décembre 1972, Marité obtient le divorce. Avant le divorce, Jean est déjà « accoté » avec une autre fille. Marité réclame la garde de Gabriel que Jean ne conteste pas. Il garde les droits de visite et il s'arrange avec Marité à l'amiable, une fois tous les quinze jours par exemple. Après quelques années de solitude qui suivent le divorce, Marité tombe amoureuse de François et cohabite avec celui-ci.

L'échec du mariage de Marité renvoie à plusieurs problèmes sociaux qui se posent avec le mouvement de la libération des femmes.

D'abord, à la division du travail au sein de la famille. La démocratisation de l'éducation donne la possibilité à de nombreuses jeunes femmes d'accéder au marché du travail après être diplômées. Elles deviennent économiquement autonomes et indépendantes. Le temps où le mari travaille dehors et la femme reste au foyer est révolu. L'ancienne division du travail dans la famille ne correspond plus à la nouvelle réalité. Les femmes sont très conscientes du changement de leur statut social alors que les hommes, par la force de l'habitude, n'arrivent pas à suivre ce changement. Ils sont loin d'être prêts à repenser leur rôle au sein de la famille. Nous avons déjà constaté chez Michel cette ineptie qui l'empêche de partager les travaux domestiques avec Maryse.

Deuxième problème : la socialisation de l'enfant. Avec le divorce, la famille, amputée du père ou de la mère, devient monoparentale. Marité est une femme de tête, sûre d'elle-même, dynamique et active. Entrée à l'aide juridique, elle s'occupe maintenant des femmes battues, de la pension des femmes divorcées, étant donné qu'elle penche vers le droit de la famille depuis deux ans. Une femme professionnelle, divorcée en plus, a du mal à élever seule son enfant. Marité pense confier son fils à la garderie. Elle visite des garderies, remplit des formulaires. Partout elle se heurte à des refus, ou bien parce qu'il n'y a plus de place, ou bien parce que Gabriel mouille encore sa couche. Enfin, la Garderie des petits bouts de Chriss inc. accepte Gabriel à condition que Marité participe à la gestion, puisque c'est une garderie populaire et collégiale. Marité signe tout ce que les membres du comité de la garderie veulent pourvu que son enfant ait un endroit pour se socialiser.

> [...] C'est ainsi qu'elle s'engagea à donner un soir par mois pour l'aménagement des locaux et deux autres soirées pour discuter de l'orientation idéologique de la garderie. Elle était déjà membre active d'un comité pour l'avortement et d'un comité de citoyens... Ça lui en ferait un de plus ! (p. 249).

La difficulté que Marité rencontre pour garder l'enfant montre que le service social n'arrive pas à suivre le changement survenu dans les fonctions de la famille. Avec le mouvement féministe, les femmes obtiennent des gains sur le plan du travail. Mais elles assument toujours le rôle d'éducatrice. La mentalité ne change pas ou change peu à ce sujet au sein de la famille. À mesure que les familles monoparentales augmentent, la socialisation des enfants nécessite davantage le concours public. Au temps où Rose-Anna et la mère de Maryse travaillaient occasionnellement ou professionnellement comme femme de ménage, la garderie n'existait pas. Leur mari en chômage s'occupait mal des enfants. Maintenant, la création des garderies à prix modiques, accessibles à toutes les bourses, avec du personnel compétent et du service de haute qualité, n'est plus une question d'argent. Il s'agit désormais d'une fonction : la socialisation, accomplie autrefois par la femme au foyer, maintenant par la communauté.

Troisième problème social : l'avortement. Marité s'est fait avorter trois fois avant et après le mariage. La première fois, elle avait 18 ans. Son petit ami trouvait qu'ils étaient trop jeunes pour avoir un enfant alors que son père jugeait qu'elle n'avait pas le droit de lui faire un pareil scandale. L'auteure rapporte que Marité n'a jamais pardonné aux deux hommes d'avoir choisi à sa place pour son premier avortement. Les deux autres fois, elle a été contrainte par les circonstances. Plusieurs femmes comme Marité, dans le roman, sont allées aux États-Unis pour l'avortement parce qu'il était illégal au Canada. La décision de porter ou non jusqu'au terme l'enfant indésiré semble revenir à la porteuse. Et l'institution juridique ne reconnaît pas encore ce droit. C'est pourquoi Marité et d'autres féministes descendent dans la rue à Montréal pour réclamer l'avortement libre et gratuit. Une fois de plus, les services gouvernementaux, tout comme la mentalité des gens, n'arrivent pas à suivre le changement.

Ayant examiné les mœurs sexuelles de l'époque et les problèmes qui en découlent, nous pouvons conclure que la famille traditionnelle n'a plus d'assises sociales chez les jeunes parce qu'ils adoptent de nouvelles valeurs dans leur comportement sexuel et dans leur rôle à jouer au sein de la famille et dans la société. La notion de famille devient moins tangible qu'autrefois. L'institution familiale devient pour ainsi dire flasque : elle se fait, se défait, et se reconstitue avec plus de liberté. Elle se présente sous forme de cohabitation ou de ménage monoparental, avec ou sans enfant.

Les parents et les enfants

Jusqu'à la fin des années 1950, c'étaient les jeunes qui souffraient des contraintes religieuses, familiales et sociales. Antoine Plamondon a essayé de se révolter et il n'a obtenu qu'un demi-succès. Mais dans les années 1970, l'ancien ordre se trouve renversé. À présent, ce sont les jeunes qui imposent les nouvelles valeurs et les nouvelles normes de comportement. Les parents qui s'attachent aux valeurs traditionnelles se voient obligés de battre en retraite. Ils boudent, rouspètent, négocient puis cèdent et deviennent finalement permissifs.

Nous avons mentionné que le père de Marité trouve scandaleux que sa fille soit tombée enceinte avant le mariage et la force à se faire avorter. Quand Marité et son mari décident de ne pas faire baptiser leur enfant, le père de Marité se fâche et envoie sa femme pour mettre leur fille à la raison.

— Ton père accepte mal que son petit-fils soit un athée. Moi non plus, je ne te comprends pas; on n'a pas les mêmes valeurs, il n'y a plus de coutumes, le baptême, c'est une sorte d'initiation et si vous n'en faites pas, c'est comme si Gabriel n'était pas né. Pour le monde. Sans compter que sur le plan religieux… dit la mère à sa fille.

— C'est donc ça, c'est le fait qu'on ne puisse plus s'accrocher à rien qui t'inquiète, Maman? répond la fille. Ben on va se raccrocher. Si c'est la tradition que tu trouves importante, on va t'en faire un party de baptême, on va te l'introniser c't'enfant-là, je t'en priverai pas (p. 92).

Marité est bien avisée de ne pas trop brusquer ses parents. Sa mère considère ce qu'elle a obtenu de sa fille comme une demi-victoire. Mais Charles-Émile Grand'maison, le père de Marité, trouve particulièrement odieux que sa fille ose donner une réception alors qu'elle ne fait même pas baptiser son enfant. À ses yeux, le monde est à l'envers: l'aîné de ses enfants refuse de faire son droit, profession traditionnelle du mâle, pour se lancer en anthropologie et c'est sa fille qui s'inscrit au barreau. Son plus jeune fils, Louis, passe le plus clair de son temps avec sa gang de musiciens crottés à faire des *jam sessions*. Il se livre même à la drogue. Un enfant comme Louis, on ne peut rien attendre de lui. Charles-Émile aime mieux faire semblant de ne pas le voir. Sa fille place désormais le progrès dans le refus de toute éducation catholique. Voilà qui dépasse les limites. C'est une insulte pour le juge Grand'maison. Toute la ville va répéter que son petit-fils n'est pas catholique. Il ne pardonnera jamais à sa fille d'atteindre sa réputation par ses frasques. Il décide de boycotter la réception de baptême et de ne pas y assister. Marité s'en fiche. Le vieux bonhomme reste toujours bougon et buté. L'année suivante, à l'occasion de l'anniversaire de Gabriel, Marité donne un party, son père ne vient toujours pas. Quant à sa mère, elle se montre plus conciliante. Elle a son idée pour raccommoder la situation: avec la complicité de Françoise, l'autre grand-mère de Gabriel, elle baptise Gabriel, à la place du prêtre, à l'insu des parents du bébé, lors de la réception!

Monsieur et madame Paradis ont aussi des ennuis avec leurs enfants. Michel change deux fois de programme d'études. Lorsqu'il s'inscrit aux études de logologie, monsieur Paradis décide de ne plus défrayer sa scolarité.

Puisque tu veux faire le fou, mon garçon, tu vas te le payer toi-même tes études en logologie! On a fait notre part, nous autres, on a fini de subventionner des cours que tu termines pas ou qui mènent à rien. À ton âge, j'étais déjà en troisième année de médecine et je travaillais en plus (p. 49).

Sa mère, Hermine, est plus indulgente que son père. Tout en lui murmurant : « Tu nous fais de la peine, Michou », elle lui glisse dans la main une enveloppe contenant un chèque (p. 49).

Michel cohabite avec Maryse. Les parents acceptent le fait accompli avec résignation. Hermine téléphone tout le temps pour prendre des nouvelles de Michel, ou de sa vie et lui rend visite de temps à autre à son appartement. L'auteure rapporte :

> Le huit juin, Hermine Paradis fit une visite impromptue à l'appartement de son fils. Elle inspecta les lieux et le mobilier, flaira partout, même dans le frigidaire, et laissa entendre à Maryse et Michel qu'ils vivaient comme des quêteux. En partant, elle leur annonça qu'elle se chargeait dorénavant de payer leur loyer (p. 154).

Michel est heureux que son père se soit défâché, tandis que Maryse est ennuyée de devoir quelque chose à sa belle-mère. Bien que Maryse trouve Hermine emmerdante et même sa générosité humiliante, l'amour maternel dont fait preuve Hermine est incontestable. Le fossé des générations n'empêche pas les parents d'aimer leur progéniture. Hermine aime son fils et sa belle-fille à sa façon emmerdante. De plus, quand les parents ont une situation sociale à faire envie : juge, ingénieur, médecin, etc., ils tendent à vouloir la reproduire chez leurs enfants. Lorsque Michel s'inscrit à la maîtrise et se décroche une charge de cours, ses parents sont fiers de voir qu'il finit par devenir quelqu'un. Son père se met même à leur faire des cadeaux. Maryse trouve que cela vient un peu tard, Michel aussi, mais ils prennent tout de même l'argent qui ne se refuse pas.

Il est à noter que l'esprit d'indépendance qui se développe chez les jeunes, peu importe leur origine, ne signifie pas nécessairement le relâchement des liens parentaux ou de la solidarité parentale. Malgré la différence des valeurs entre les parents et les enfants, le respect et l'affection existent mutuellement. La naissance, l'anniversaire, le mariage, la mort, les fêtes traditionnelles (Noël, Nouvel An, baptême…) sont de bons prétextes à des réunions familiales. Les parents sont prêts à aider leurs enfants quand ils sont encore étudiants. Mais les jeunes aiment mieux gagner leurs études en faisant toutes sortes de « job » : serveuse, ouvreuse, vendeuse, caissière, assistant, chargé de cours, suppléant, gérant… etc., que de demander de l'argent à leurs parents. Ils tendent à quitter la maison paternelle pour aller vivre séparément lorsqu'ils sont majeurs, étudiants au cégep ou à l'université. On peut considérer que c'est le début de leur apprentissage de vivre seul, d'être indépendant et de l'acquisition des expériences du travail. Bien que la personnalité des jeunes aille se diversifier en raison de leur formation professionnelle, de leur fréquentation, de leur manière de vivre sexuellement, les habitudes prises lors de leur première formation identitaire au foyer des parents restent indélébiles. Les enfants s'identifient en général avec leurs parents de sang. Cependant, l'identification de Maryse apparaît compliquée.

Le complexe de Maryse

Maryse est une jeune Québécoise qui réussit à sortir de son rang humble et parvient à la classe moyenne grâce à l'éducation. Elle est née dans une famille pauvre, de père irlandais et de mère canadienne-française. Tommy O'Sullivan, son père, est idiot, inconsistant, ivrogne, *jongleur* aussi. Il n'a pas d'emploi permanent. Sporadiquement, il travaille comme projectionniste au cinéma Rivalto, remplaçant l'employé régulier. La plupart du temps, il vit du secours direct et de la Saint-Vincent-de-Paul. Irène O'Sullivan, née Tremblay, la mère de Maryse, est une femme «sans dessein», sans culture, sans savoir-vivre. À l'âge de 14 ans, elle a commencé à travailler comme bonne. Ayant épousé un bon à rien, elle a dû travailler comme femme de ménage pour faire vivre son mari et ses trois enfants : Maryse, Maureen et Jean-Yves. C'est dans un taudis de la rue Hôtel-de-Ville, délabré, sale et puant – dans l'odeur de la pauvreté – que Maryse a passé son enfance. Quand elle avait 12 ans, en 1952, Tommy a abandonné sa famille, est parti sans revenir à la maison jusqu'à sa mort. C'est à titre d'enfant abandonnée que Maryse a été acceptée au couvent par les Sœurs de la Désolation :

> La première année de couvent, elle avait été ouvrière domestique parmi une quinzaine d'autres filles de son genre. On les cantonnait dans une classe spéciale où la sœur enseignante la moins brillante de la congrégation leur faisait l'école quatre heures par jour au lieu de six. Le reste du temps, elles servaient les autres pensionnaires et faisaient leur ménage : elles astiquaient les planchers, les vitres, les baignoires, les bols de toilettes et la vaisselle. Ces travaux étaient durs, longs, abrutissants et, quand venait l'heure de l'étude – écourtée pour elles –, elles somnolaient devant les cahiers chiffonnés. Jamais une pensionnaire normale ne leur avait adressé la parole ; ce n'était pas un règlement mais une coutume, une règle tacite de comportement : elles étaient toutes des petites demoiselles et ne se déplaçaient pas. Cela avait duré toute une année. Puis, à la rentrée, en septembre suivant, la direction du couvent avait aboli la fonction d'ouvrière domestique, on ne savait trop pourquoi, et les demoiselles durent laver leur vaisselle et leur baignoire elles-mêmes. Seule parmi les quinze ouvrières, Mary

avait été choisie comme pensionnaire protégée : les religieuses, l'ayant trouvée plus vive que les autres, avaient décidé d'en faire une demoiselle (p. 372).

C'est là, au couvent, que Maryse a appris à tenir maison, à suivre les règles d'étiquette et à copier la prononciation des riches. Intelligente et appliquée, elle dépasse dans toutes les matières scolaires les demoiselles de riches qui finissent par l'accepter.

Au début du roman, Maryse est en première année des Beaux-Arts. La plupart de ses camarades sont d'origine bourgeoise. Elle a honte de sa famille. Elle ment même devant la mère de Marité en disant que son père est mort et qu'elle a perdu tout contact avec la famille de son côté. C'est à peine si l'on peut dire qu'elle est vaniteuse. Son père et sa mère ont en effet laissé peu de chose dans ses souvenirs d'enfance. Elle se rappelle les petites vues que son père lui a montrées, l'histoire d'Eliza Doolittle[17], une espèce de Cendrillon, des cartoons comme *Felix the Cat*, des chansons filmées comme *Stormy Weather*, la chanson anglaise *London Bridge*, ainsi qu'un sundae offert par son père. Quant à sa mère, elle n'a jamais eu le temps de cajoler, de caresser ses enfants, trop épuisée par ses journées de travail. L'auteure rapporte :

> Cette femme-là avait torché en silence la petite Maryse, mais pour le reste, pour le savoir-faire et l'adresse, pour l'allure, la façon, la manière de bien laver les draps, pour l'étendage, le réglage de compte, la lecture, les talons hauts de dimanche et les bas bien tirés, c'étaient des étrangères, toujours, qui lui avaient montré comment s'y prendre. Maryse devait beaucoup à Sainte-Monique… (p. 402)

La famille ne lui donne pas grand-chose. Les enfants pauvres n'ont pas d'enfance heureuse, donc pas de souvenir d'enfance, sauf un passé sordide, insignifiant, ignorant et ignoré, qui est à gommer. Aussi Maryse a-t-elle des problèmes d'identification.

> Elle ne tenait, ne voulait tenir, ni de sa mère francophone et bornée, ni de son père, irlandais, idiot et inconsistant… Elle était issue de toutes ces bâtardises, de ces deux sous-cultures appauvries. Elle était sans racines et ne devait pas s'attarder à la question des origines ; c'était un luxe pour celles qui avaient des mères-à-souvenirs et des pères professionnels (p. 404).

Elle ne déteste pas sa famille, mais ne l'aime pas non plus. Culturellement, elle refuse de s'identifier aux siens qui se moquent d'elle quand elle rentre du couvent « avec un accent différent et des manières de table fancies »

---

17. Eliza Doolittle, l'héroïne de *Pygmalion* de George Bernard Shaw (1856-1950).

(p. 32). Sa mère ne comprend pas du tout ce qu'elle dit de son cours classique. L'éducation reçue grâce à la charité chrétienne éloigne et sépare Maryse des gens dont elle a partagé la crasse, la misère et l'ignorance.

Cependant, entrée en contact avec ses copains et copines nourris d'idées révolutionnaires et nés et élevés dans des maisons aux bibliothèques bien garnies, Maryse éprouve un certain malaise. Ces révolutionnaires de salon parlent du prolétariat sans en connaître la misère et la fatigue. Ils idéalisent ce prolétariat qui n'existe que dans leur imagination. Maryse se demande :

> Où était-il, ce prolétariat laborieux-mais-malchanceux, plein de bon sens, d'allure et d'ingéniosité, que les amis de Michel évoquaient avec tellement d'assurance ? (p. 403)

D'origine modeste, elle connaît les gens pauvres et leur misère. La misère n'est pas, n'a jamais été, et ne sera jamais belle, pense Maryse.

> Soudain, elle se sentit beaucoup plus proche de Manolo – dont elle imaginait la fatigue et connaissait le travail – que des gens dont elle partageait la table. Le monde se divisait inégalement en deux : d'un côté, ceux qui mangeaient en parlant du prolétariat, et de l'autre, ceux qui n'avaient pas le temps de parler. Assise à cette table, elle se dit qu'elle n'était pas à sa place (il devait y avoir une erreur quelque part) et cela ne fit qu'accentuer son sentiment de culpabilité (p. 79-80).

Son sentiment de culpabilité ou de mauvaise conscience démontre que sa conscience de classe reste toujours éveillée. La moindre contrariété peut la vivifier. Le fait qu'elle couche avec Manolo et va faire une visite secrète à sa demeure n'est qu'une manifestation de son antipathie envers Michel l'infidèle et de sa sympathie pour les immigrants – les nouveaux pauvres du Québec qui consacrent six jours par semaine à l'alimentation des autres alors que leur famille est en proie aux privations.

Nous avons analysé les raisons de la rupture de Maryse avec Michel. Il y en a une, plus fondamentale, que nous voulons reprendre ici. Il s'agit de leur écart social. Michel et Maryse en sont conscients. Leur amour n'est pas inconditionnel.

> Il [Michel] aimait pourtant penser que sa blonde, née défavorisée, était de sa classe, et il avait raison : Maryse en reproduisait parfaitement les manières, le langage, le comportement, et elle faisait de son mieux pour s'assimiler les valeurs. Si elle eût agi autrement, Michel l'aurait trouvé pittoresque un moment mais, incapable de vivre avec elle et de l'afficher comme sa femme, il l'aurait vite délaissée. Elle le savait et il le savait aussi (p. 197).

C'est à Maryse de s'adapter à son nouveau milieu, à sa nouvelle parenté. Cependant, elle ne se démarque pas, du jour au lendemain, des empreintes de son origine sociale.

Elle ne fréquente plus sa famille, mais elle n'a pas de raison de refuser d'aller voir la famille de Michel. Les parents de celui-ci l'acceptent à la maison presque comme leur bru, mais avec beaucoup de réserve et de méfiance. Elle garde un souvenir pénible du repas de Noël chez ses beaux-parents. Le beau-père la détaille furtivement et la belle-mère semble la juger, la soupeser et l'évaluer. Maryse a « le sentiment que si cela avait été possible à Hermine, celle-ci l'aurait palpée sans vergogne pour voir comment leur bru est faite et si elle convient bien à leur cher fils » (p. 233). À l'occasion du mariage de sa belle-sœur Claudine, Maryse met sa plus belle robe verte. Hermine la trouve jolie mais un peu sobre. Elle ne veut pas que sa bru ait l'air d'une parente pauvre. Alors elle lui prête un énorme camée. Elle la recoiffe, lui faisant un chignon sur le crâne. Et puis, c'est le maquillage avec des produits de beauté, du rouge à lèvres, du *spray net* dont l'odeur soulève le cœur de Maryse qui finit par avoir l'air d'un clown. Maryse se démaquille quand Hermine s'en va s'occuper des derniers préparatifs de sa fille, mais elle ne peut défaire son chignon bien fixé à l'aide de broches longues et pointues. C'est avec cette coiffure burlesque qu'elle parade devant la parenté des Paradis. L'auteure rapporte :

> Maryse dut parader devant toute la famille, affublée de son chignon ridicule et de l'énorme camée qui lui ballottait entre les seins. Elle avait l'impression de puer outrageusement le spray net et que tout le monde s'en rendait compte. Elle se sentait comme absente, étrangère à ce corps façonné par une autre. Puis, comme la tante Adrienne s'extasiait sur sa belle coiffure, l'idée lui vint que tout cela était sans importance. Elle se dit : « Je suis une autre, ce n'est pas moi, c'est Maryse O'Sullivan dans le rôle de la petite-future-bru d'Hermine Paradis. Je joue très bien ce rôle, tout le monde est content, même Michel. Quand tout sera fini, je vais me retrouver » (p. 239).

Puis, pour se désennuyer et pour éviter l'oncle Arthur qui essaie de lui *pogner le cul*, elle va s'amuser avec la fille de Paul, Noémie, et son beau-frère Julien, le *freak* de la famille. De retour à leur appartement, Michel reproche à Maryse d'avoir trop bu, d'avoir snobé sa famille, d'avoir été plus bébé que Noémie en roulant sur le tapis, d'avoir fait la folle devant ses parents. Bref, aux yeux de Michel, Maryse ne tient pas son rang.

En fait, son comportement n'est que le reflet de sa nature. Malgré sa bonne volonté et ses efforts pour plaire à la famille de Michel, elle n'arrive pas à s'adapter au milieu bourgeois dont elle découvre d'ailleurs l'hypocrisie, la vulgarité et la mesquinerie cachées sous ce qu'Erving Goffman appelle *face work*[18]. Quand elle se brouille avec Michel et qu'Hermine lui téléphone pour récupérer ses meubles prêtés, Maryse lâche ce qu'elle ressent vaguement depuis longtemps :

> Madame Paradis, je n'étais pas, je n'ai jamais été un parti pour Michel, et vous le savez très bien. Je n'ai rien eu à voir avec votre famille : vous êtes tous tellement distingués ! Tôt ou tard, je vous aurais déçus parce que chez moi, voyez-vous, en bas de la côte, on était sales, on avait peut-être même des poux, on se tirait le mobilier par la tête et on s'exprimait affreusement mal. Je m'en suis sortie. Apparemment. Mais le naturel revient toujours et, inévitablement, j'aurais fini par faire honte aux Paradis, c'est fatal. Tôt ou tard, je me serais échappée. Car en fait, Madame Paradis, j'ai été mal élevée et je compte le rester (p. 365).

Ces propos sont remplis à la fois de hargne et de vérité. Comme l'auteure avertit dans le roman : la charité fournit les clés du savoir, mais ces clés n'ouvrent pas nécessairement les portes des gens. Les barrières dressées entre les strates sociales ne se laissent pas franchir facilement.

Durant toute la période de sa fréquentation avec ses copains et copines d'origine bourgeoise, Maryse ne cesse d'avoir honte de sa famille d'une part, et d'avoir honte d'avoir honte d'autre part. Voilà une des contradictions que Maryse éprouve dans son identification, par suite de son ascension dans l'échelle sociale et de son inadaptation au nouveau milieu. Une autre contradiction se manifeste dans son identité biculturelle. Grâce à l'éducation reçue au couvent et à l'université, Maryse se croit Canadienne française malgré son origine semi-irlandaise, semi-canadienne-française. Mais lorsqu'il s'agit du problème national, elle n'a pas le même sentiment que le Québécois *pure laine*. « Pour elle, la position séparatiste n'est, dit l'auteure, ni évidente, ni claire, ni simple. » (p. 31-32) Cela confirme ce que nous avons supposé en ce qui concerne l'ambiguïté de l'identité de la progéniture de la famille hétérogène, composée de parents bilingues de cultures différentes[19].

Le complexe de Maryse qui se manifeste dans sa vie étudiante et dans ses aventures amoureuses est à la fois sur le plan bio-culturel et sur le plan socio-culturel. Chez elle, la culture anglo-saxonne et la culture canadienne-française,

---

18. Voir Erving Goffman, *Les rites d'interaction*, Paris, Éditions de Minuit, coll. « Sens commun », 1974 ; ou *Interaction Ritual*, New York, Anchor Books, 1967.
19. Voir Chang, *op. cit.*, p. 34.

la sous-culture prolétaire et la culture bourgeoise se brassent, s'affrontent, s'excluent et s'assimilent en même temps. Maryse est le produit de ces cultures mélangées d'où sa honte, la honte de sa honte, le tourment causé par son amour mal choisi et l'échec inévitable de la cohabitation avec Michel.

Bilan

Par le coin du rideau que les deux auteurs nous ont levé sur la réalité québécoise des années 1960 et 1970, nous constatons le renouvellement de la conscience nationale des Québécois et l'éveil de la conscience de classe. La politisation des jeunes est sans précédent dans l'histoire du Québec. Ces derniers constituent le fer de lance pour le changement et la promotion sociale. De concert avec leurs aînés conscientisés, ils cherchent l'issue de la nation canadienne-française. Sous l'impulsion de la vague de décolonisation internationale, le nationalisme québécois passe de la défensive à l'offensive, de la conservation et la survivance culturelle à la revendication de l'augmentation des pouvoirs politiques, ou de la souveraineté. Il se sécularise. L'influence de l'Église catholique perd de son importance dans les domaines de l'éducation, de la santé et des services sociaux. Elle est rejetée et bafouée par les jeunes sous la plume de ces deux auteurs. Différents courants idéologiques pénètrent le Québec et trouvent leurs adeptes chez les jeunes intellectuels en particulier. La tendance de gauche, communiste ou socialiste, chez les jeunes, illustre l'infantilisme politique et la velléité héréditaire – l'Antoine révolté et les révolutionnaires de salon qu'André Major et Francine Noël nous représentent, ne sont-ils pas aussi des rêveurs et des idéalistes comme Théophile Plouffe et Azarius Lacasse? Malgré ces défauts, la jeune génération québécoise a l'esprit beaucoup plus ouvert. Elle s'occupe beaucoup des affaires mondiales. Elle apprend à s'imposer comme *maîtres chez nous* et se rend compte qu'elle en est *capable* en effet. Débarrassée de tout défaitisme séculaire et du complexe d'infériorité, elle se révolte contre les contraintes familiales, religieuses et sociales, contre l'injustice sociale, contre l'exploitation de l'homme par l'homme. Elle cherche à maîtriser son propre destin. Ainsi, son identité culturelle se dote-t-elle d'un élément fort politisé : fierté d'être Québécois et Québécoise avec confiance en son avenir. Voilà un des plus beaux fruits que donne la Révolution tranquille dans le domaine des mentalités.

Les valeurs et les normes de comportement se renouvellent également. La démocratisation de l'éducation est l'une des stratégies qui ont des influences profondes à long terme. Elle va former une nouvelle élite qui constitue le noyau de la classe moyenne montante avec son propre idéal sociopolitique, ses valeurs et ses normes de comportement. L'indépendance individuelle, la liberté du choix, le droit de disposer de son propre corps et de choisir librement son (sa) partenaire sexuel (le), l'attachement à la formation professionnelle, la course après la réalisation de soi, la quête du bonheur personnel, la jouissance de la vie matérielle et intellectuelle, l'égalité des sexes, la planification des naissances, la permissivité parentale... sont autant de valeurs inédites qui sont en vogue et régissent le comportement des jeunes de l'époque dans la vie quotidienne. Le fossé de générations existe à toute époque. Mais en deux décennies, l'ordre des choses est renversé. Si monsieur Plamondon essaie encore de diriger sa famille avec autorité paternelle, Antoine échappe à son contrôle par sa révolte. En l'espace de quelques années, les copains et copines de Maryse réussissent déjà à imposer leurs valeurs et leurs normes de comportement. C'est au tour des parents de souffrir des frasques de leurs enfants. Ce sont les parents qui se plaignent, se fâchent, résistent, cèdent et s'inclinent devant la jeune génération en révolte : ils deviennent permissifs finalement.

Le changement qui survient, par suite du renouvellement des valeurs et des normes de comportement, dans les relations parents-enfants, affecte aussi l'institution familiale elle-même. Le fait que l'on affirme l'éclatement de la famille ne peut montrer que la perspective sous laquelle on l'observe. Il s'agit là d'une perspective, d'une vision, d'un angle d'optique, qui se sert de la famille traditionnelle comme référent. En réalité, avec l'industrialisation et l'urbanisation, la famille au sens traditionnel en tant que centre de production et de reproduction tend à disparaître depuis longtemps. La famille urbaine est différente de la famille rurale, tant sur le plan fonctionnel que sur celui dimensionnel. Ce qui est nouveau, c'est que la structure familiale présente des formes variées, en fonction de la quête du bonheur personnel, de l'épanouissement physique individuel qui se fait au nom de la libération sexuelle. Le progrès social doit impliquer en effet qu'un individu a plus de choix pour s'épanouir physiquement et mentalement. De l'union libre au divorce, en passant par la cohabitation ou le mariage probatoire et le mariage conventionnel, les rapports entre les hommes et les femmes témoignent d'une nouvelle régulation face à la nouvelle réalité.

Et cette régulation est accentuée par le mouvement féministe qui bat son plein du milieu des années 1960 au milieu des années 1970. La modernité de la société se traduit dans le mouvement féministe de cette époque : les femmes québécoises revendiquent l'élimination de la discrimination au travail et dans les salaires, la proscription du harcèlement sexuel, le droit à l'avortement libre et gratuit, et enfin l'égalité entre l'homme et la femme dans la division du travail, au sein de la famille. À ce sujet, souvent, l'homme s'adapte mal à cette nouvelle réalité, ce qui est dû à la force de l'habitude en particulier.

Mais les liens et la solidarité parentale ne sont pas pour autant relâchés. Malgré la variété des formes sous lesquelles se présente la famille, le lien du sang demeure une charnière entre les membres d'une famille. L'affection et la solidarité interpersonnelles sont permanentes, dans la famille sous forme transitoire ou durable où les deux partenaires s'associent par amour et par libre consentement, comme dans la famille où les enfants et les parents s'affrontent sur les valeurs. La désagrégation de la famille au sens traditionnel n'enlève pas les habitudes que la progéniture a prises dès le bas âge dans l'environnement familial. La première formation identitaire au sein de la famille joue durant toute la vie d'un individu. L'éducation reçue et la fréquentation ultérieure peuvent corriger ou compléter sa formation identitaire d'origine, mais n'effacent jamais les premières habitudes. Marité, c'est Marité de monsieur et madame Grand'maison. Maryse, c'est Maryse de monsieur et madame O'Sullivan. On ne les confond pas. Elles ne se confondent pas non plus. Quand Gabriel réclame à matante Maryse une chanson, celle-ci lui chante *London Bridge*. La mère de l'enfant fait remarquer à son amie qu'elles sont acculturées. Maryse le reconnaît sans pouvoir rien y faire. Elles peuvent se déclarer l'une et l'autre Québécoises et s'identifier à la culture française. Cependant, lorsqu'on se penche de plus près pour les examiner, la différence saute aux yeux. L'une milite au sein du PQ, l'autre se sent perplexe devant le problème de la nation. Marité éprouve de la sympathie pour les pauvres, pour les prolétaires, pour les femmes battues, animée de l'idée de justice sociale, alors que Maryse fait elle-même l'objet de cette sympathie de petite bourgeoisie. L'auteure a raison de souligner que Florentine Lacasse est le seul personnage avec lequel Maryse se sent des affinités (p. 198), puisqu'elles sont de la même origine sociale.

Enfin, la société québécoise s'ouvre au monde, de sorte que la jeune génération rejette la xénophobie séculaire des générations précédentes. La méfiance à l'égard des étrangers qu'on a trouvée chez les Canadiens français dans *Trente arpents*, dans *Le Survenant* et *Marie-Didace*, dans *Les Plouffe*, diminue dans *Bonheur d'occasion*, et disparaît quasiment dans *Le Cabochon* et dans *Maryse* (si la furie de Michel Paradis contre Maryse qui a couché avec le serveur espagnol Manolo est interprétée comme l'expression de la jalousie et non comme la manifestation de la xénophobie[20]). Les copains et copines de Maryse ont plutôt une attitude très accueillante à l'endroit des réfugiés politiques chiliens et des réfugiés économiques espagnols. Ils exhibent leurs amis chiliens à leur party et prennent leur repas dans les restaurants italiens ou espagnols. Bien que ces immigrants constituent les *nouveaux pauvres* du Québec, selon Maryse, leurs apports culturels s'infiltrent dans la vie quotidienne, et font partie du style de vie au Québec. L'identité québécoise ne peut plus s'interpréter uniquement en fonction de la culture française. Avec les apports culturels des immigrants de différentes ethnies et sous l'impact de la culture américaine et anglo-saxonne, elle s'enrichit et se mue en une identité culturelle propre à la société québécoise moderne.

---

20. Sur le problème de xénophobie et de discrimination raciale, la romancière a évidemment montré l'aspect positif de l'intelligentsia québécoise. Mais si l'on prend l'ensemble de la population québécoise en considération, l'esprit d'ouverture laisse encore à désirer. Le mercredi 21 mars 2001, Journée de la lutte pour l'élimination de la discrimination raciale, *La Presse* a publié un reportage signé par Louise Leduc, intitulé: «Les Québécois ombrageux face aux immigrants». L'auteure écrit entre autres: «Les Québécois voient d'un œil assez favorable l'arrivée d'immigrants au pays, à condition qu'ils se trouvent un emploi et qu'ils contribuent positivement à l'économie. Et tant pis pour la compassion: pour 46 % des Québécois, il est temps de ralentir le flot de réfugiés politiques. C'est ce qui ressort d'un sondage SOM/*La Presse*/Radio-Canada, qui illustre bien notre hospitalité somme toute plutôt intéressée et un petit fond raciste encore difficilement contenu. Ainsi, s'ils disent s'entendre assez bien avec leurs voisins ou leurs collègues de minorités visibles, les Québécois sont assez nombreux à avouer que s'ils étaient patrons ou que s'ils pouvaient choisir leur gendre, celui-ci ou leurs employés seraient les plus blancs possibles. Même en cette ère de rectitude politique, pas moins de 13 % des répondants montréalais et 17 % de ceux de l'extérieur de Montréal avouent en effet sans ambages qu'ils n'engageraient pas ou probablement pas une personne noire ou de couleur. Plus encore, 28 % avouent que cela les dérangerait de voir un membre de leur famille immédiate choisir un conjoint issu d'une minorité visible...» «Un fait demeure, tout au long du sondage: plus on est scolarisé et riche, moins on est raciste, note Guy Larocque, analyste chez SOM. Les plus vulnérables de la société, ceux dont les revenus sont inférieurs à 25 000 $, semblent continuer de voir les immigrants comme des voleurs de job. À la lumière de nos résultats, il apparaît aussi que les francophones restent en général méfiants face aux immigrants et face aux minorités.»

CHAPITRE IV

La famille des années 1980

Le contexte socioéconomique

Contrairement aux deux décennies précédentes, les années 1980 sont relativement paisibles. Malgré la récession ou la décroissance de 1981 à 1982, l'économie s'accélère constamment à partir de 1983, au Canada comme au Québec. Selon un rapport de l'Organisation de coopération et de développement économiques (OCDE), l'économie canadienne a offert une bonne performance de 1982 à 1987. Pendant cette période, le taux de croissance de la production a été plus rapide en termes réels que dans tous les autres pays membres de l'OCDE[1]. Le taux de l'inflation se maintient autour de 4 % pour tout le Canada, et est un peu supérieur au Québec.

L'inflation pendant ces années ne constitue pas un handicap sérieux ou un frein à la croissance économique. En effet, depuis 1984, le Québec a connu une croissance économique constante et supérieure à celle de l'ensemble du Canada (mais inférieure à celle de l'Ontario). Cela est d'autant plus significatif que le Canada s'est lui-même classé dans les tout premiers rangs des sept grands pays industrialisés au cours de cette décennie. Le ministre québécois des Finances, Monsieur Gérard-D. Lévesque, a affirmé devant une commission parlementaire qu'entre 1985 et 1989, la croissance du produit intérieur brut (PIB) du Québec a atteint 4,2 % par année, quelques dixièmes de points de moins que celle de l'Ontario, mais supérieure aux pays industrialisés d'Europe, aux États-Unis ou au Japon[2]. Le Québec

---

1. *Le Soleil*, le 18 septembre 1988.
2. *Le Soleil*, le 1ᵉʳ janvier 1989.

a de quoi être fier de la bonne santé de son économie, malgré le taux élevé de chômage[3].

L'État a joué un rôle important dans le développement économique et social par le truchement de ses politiques interventionnistes. Cependant, durant les années 1980, l'intervention étatique est remise en cause. Les milieux d'affaires tant canadiens que québécois se laissent emporter par le courant international et réclament la réduction de l'intervention étatique. Un vent de privatisation souffle, pour un temps, à travers le Canada, avec l'avènement au pouvoir de Brian Mulroney. Même le Parti québécois, long-temps le chantre de l'interventionnisme, adopte un discours et une stratégie valorisant l'entreprise privée. Monsieur Parizeau, ancien ministre des Finances du gouvernement de René Lévesque, se déclare favorable à certaines privatisations. Selon lui, il faut vendre quand une société d'État a rempli son mandat, ou encore lorsque l'intervention de l'État s'est soldée par un échec, comme dans le cas de Sidbec ou de Québécair[4]. On doit donc passer au crible les sociétés d'État quant à leur rôle et à leur efficacité. Le gouvernement Bourassa a créé un ministère chargé spécifiquement de la privatisation. M. Pierre Fortier, ministre délégué à cette tâche, définit, dans une entrevue à *La Presse*, sa politique en ces termes :

> Ce que nous entreprenons, c'est une réforme suite à la Révolution tranquille. Avec le « Maître chez nous » de Jean Lesage, les Québécois ont voulu se servir de leur gouvernement pour orienter l'économie du Québec. Maintenant, les Québécois disent : merci beaucoup, laissez-nous jouer le rôle pour lequel nous a préparés la Révolution tranquille[5].

La nouvelle bourgeoisie francophone s'est suffisamment renforcée pen-dant les deux décennies précédentes pour se sentir en mesure de voler de ses propres ailes. Il existe des entreprises et des gestionnaires capables de prendre la relève, de jouer le rôle incombé au secteur privé. Ainsi, le gouvernement a-t-il vendu Québécair, Dofor, filiale de la SGF qui contrôle deux compagnies papetières, la Raffinerie de sucre du Québec, la Société d'État déficitaire, etc. Ces quelques privatisations, qui se firent au nom des intérêts publics,

---

3. Le taux de chômage, quoique réduit de 13,9 % en 1983 à 9,8 % en 1987, reste quand même élevé, presque le double de celui de l'Ontario. Les femmes et les jeunes sont les principales victimes du chômage dont le taux chez ces derniers s'élève à 13,3 %.

4. Cité par Alain Dubuc dans *Simple... comme l'économie*, Montréal, La Presse, 1987, p. 203.

5. *Ibid.*, p. 203.

n'ont pas suscité d'énormes remous, ni diminué non plus l'importance du rôle de l'État dans le développement économique du Québec. Les libéraux, déclencheurs de la Révolution tranquille, n'en abandonnent pas les acquis. Ils ne font qu'adapter l'interventionnisme aux circonstances et situations nouvelles.

Un autre fait qui marque cette période et aura des conséquences sur le développement économique et social du Canada et du Québec, est l'accord de libre-échange signé entre le Canada et les États-Unis. La question a été longtemps débattue à travers le Canada. Les avis sont très partagés. Pour les opposants, une telle entente représente probablement une grande perte d'emplois dans le secteur traditionnel moins concurrentiel, et la plus grande menace à l'identité québécoise, à la culture canadienne et même à la souveraineté politique du Canada.

> C'est, en effet, écrit un syndicaliste anonyme dans son pamphlet contre le libre-échange, toute notre manière de vivre comme Canadiennes et Canadiens et comme Québécoises et Québécois qui sera brutalement remise en question dans les années qui suivront sa signature. Non seulement notre culture, mais le type même de société que nous avons choisi d'édifier[6].

Cette mise en garde alarme à juste titre. Seulement, les États-Unis sont depuis longtemps le plus grand partenaire du Canada dans son commerce international. Le Canada achemine près de 78 % de ses exportations aux États-Unis et y achète 70 % de ses importations. Quant au Québec, la plupart de ses produits sont destinés à l'exportation. Sept cent mille emplois (un sur quatre) dépendent des exportations qui représentent 40 % de PNB du Québec. Or, 70 % de ces exportations sont acheminées aux États-Unis. De tous les pays industrialisés, seuls la Belgique, l'Irlande et les Pays-Bas ont des coefficients d'exportation plus élevés. Chaque Québécois exporte en moyenne trois fois plus que chaque Japonais. Il est intéressant de lire cette description de la présence québécoise aux États-Unis faite par Jean Blouin dans son livre sur le pour et le contre du libre-échange. La présence québécoise outre 45e parallèle est très visible. Les autorités américaines aiment bien faire allusion à une copie du *New York Times* imprimé sur du papier journal provenant de la Gaspésie et dont les presses sont alimentées par l'énergie électrique de la Baie James vendue par Hydro-Québec, et lue dans les rames de métro construites par Bombardier. Une réclame publicitaire publiée dans

---

6. Voir Coalition québécoise d'opposition au libre-échange CEQ, CSN, FTQ, UPA, *Danger Libre-échange*, Sainte-Foy, La Coalition, 1987, p. iii.

ce même *New York Times* vantait l'avion Challenger construit par Canadair, à Saint-Laurent, et l'équipement de communication fabriqué par Northern Telecom, une filiale des Entreprises Bell Canada, dont le siège social est à Montréal.

> Northern Telecom a des bureaux aux États-Unis, Cadillac-Fairview et la Bourse de Montréal d'importants intérêts et Seagram's possède 21 pour cent des actions de la multinationale Du Pont[7].

Tout ceci montre la capacité d'exportation et la performance concurren-tielle du Québec. Selon le même auteur, déjà en 1968, une enquête Gallup révélait que 69 % des Québécois étaient favorables au libre-échange, contre 56 % de l'ensemble des Canadiens. Ses partisans voient dans un tel accord l'ouverture d'un vaste marché américain pour les produits et services du Québec, ainsi que l'occasion de restructurer et moderniser certains secteurs traditionnels tels que le textile, le vêtement et la chaussure. Les grands industriels et les entrepreneurs de PME, têtes de file de ces partisans, sont très dynamiques, confiants et prêts à livrer bataille pour s'accaparer le marché américain. Selon Ian McKinnon, président de Decima Research, les études d'opinion continuent de les montrer plus déterminés et d'esprit plus inter-national que les autres Canadiens. D'ailleurs, Montréal n'a-t-elle pas toujours été une ville plus ouverte que Toronto? écrit Jean Blouin. Les petites entre-prises indépendantes y sont nombreuses et l'exode des sièges sociaux n'a fait qu'accélérer l'écart. En moins de 30 ans, le leadership québécois est passé de l'Église à un groupe de bureaucrates internationalistes au sein de l'État provincial et, finalement, à une jeune classe d'entrepreneurs pleins de confiance en eux[8].

Cependant, les opposants du libre-échange ont aussi leurs raisons. La vraie menace pour le Canada et pour le Québec se trouve dans le champ de la culture. Le Canada importe, en effet, une plus large proportion de biens culturels que tout autre pays industrialisé. Et ces biens proviennent massi-vement des États-Unis. Voici quelques exemples qui illustrent bien l'invasion de la culture américaine.

> — de 95 à 98 pour cent des films sur vidéocassettes ou projetés en salle sont étrangers. Les compagnies américaines absorbent les trois quarts des revenus engendrés par la distribution et une part encore plus grande des profits;

---

7. Jean Blouin, *Le libre-échange vraiment libre?*, Québec, Institut québécois de recherche sur la culture, coll. «Diagnostic», 1986, p. 49.
8. *Ibid.*, p. 105-106.

— trois livres sur quatre vendus au Canada sont publiés à l'extérieur, principalement aux États-Unis ;

— 77 pour cent de tous les périodiques vendus en kiosque proviennent de l'étranger, des États-Unis en grande partie. Quant aux journaux, leur balance commerciale excédentaire ne doit pas faire oublier leur « déficit de contenu » : la part des agences de presse internationale y dépasse la proportion locale ;

— les huit plus grandes compagnies d'enregistrement de disques au Canada sont de propriété étrangère. 70 pour cent de la musique jouée en ondes et plus de la moitié des ventes de disques sont d'origine américaine. Le nombre d'albums de langue française lancés au Canada a baissé de moitié en cinq ans, passant de 150 en 1978 à 75 en 1983[9].

Si l'on prend en considération la télévision qui transmet jour et nuit des valeurs, diffuse un mode de vie et des comportements, la situation est encore plus préoccupante. Selon le calcul de Jean Blouin, les Québécois y consacrent en moyenne 24 heures d'écoute par semaine, les Canadiens anglais 22 heures 30. Un Canadien passe neuf ans de sa vie à scruter le petit écran. À 12 ans, un enfant a accumulé 10 000 heures d'écoute télévisuelle, soit autant d'heures qu'il aura passé sur les bancs d'école. Par ailleurs, 72 % de la programmation de langue anglaise proviennent des États-Unis, et plus de 90 % de toutes les dramatiques. Bien que les Québécois soient fidèles à la télévision de langue française, 80 % des dramatiques diffusées en français sont des produits de l'étranger et des États-Unis en particulier. La langue ne constitue pas un rempart contre l'invasion de la culture américaine, qui s'accommode bien de la traduction. Pour les Québécoises et Québécois, les personnages de *Dallas* et de *Dynastie* sont autant, sinon plus, familiers que Rose-Anna ou Ovide Plouffe. Bien que les gouvernements canadien et québécois recourent aux subventions, aux abris fiscaux, aux prêts et aux emprunts pour protéger les biens culturels, la souveraineté culturelle se trouve dangereusement menacée devant le dumping des biens culturels américains.

L'accord du libre-échange est signé et entre en vigueur dès le début de 1989. Désormais, c'est le temps qui va révéler les conséquences heureuses ou malheureuses pour le Canada et pour le Québec.

Sur le plan politico-idéologique, les années 1980 sont marquées par le recul du séparatisme. L'échec du référendum (le 20 mai 1980) plonge les indépendantistes dans une torpeur prolongée. Le Québec s'accommode de l'après-référendum, prêt à adhérer à l'accord du lac Meech, si celui-ci inclut

---

9. *Ibid.*, p. 79-80.

les conditions soumises par le gouvernement du Québec[10], mais sans succès. Cela n'implique pas, bien sûr, la mort du nationalisme québécois. La conscience nationale reste toujours en éveil. Le fait que l'adoption de la loi 178 (le 15 décembre 1988) sur la langue de la publicité rallume pour un temps le sentiment nationaliste et provoque une gigantesque manifestation à Montréal en est une preuve.

La récession économique de 1981-1982, le taux de chômage élevé (environ 14 %), les difficultés des finances publiques et les dissensions internes finissent par mettre le Parti québécois dans une posture inconfortable. Le départ de René Lévesque – cette grande figure qui a donné au Québécois la fierté d'être Québécois – et sa mort subite en 1987 par suite d'une crise cardiaque, mettent fin à une époque dans l'histoire du Québec.

Le Parti libéral, depuis son retour au pouvoir en 1985, met l'accent sur le développement économique, la décentralisation et la réduction du déficit. Il oriente l'économie et la culture du Québec vers une expansion internationale. Le Québec n'a jamais été aussi visible dans le monde. La tenue du IIᵉ Sommet de la Francophonie dans la capitale du Québec rehausse son prestige dans le monde entier. La reconnaissance internationale de l'existence en Amérique du Nord d'un pays francophone qui se distingue par sa culture franco-nord-américaine est, semble-t-il, la meilleure confirmation du Québec en tant que nation. C'est, pour ainsi dire, le plus beau succès réalisé au cours des années 1980, grâce à une performance enregistrée aussi bien dans le domaine de l'économie que dans le domaine de la culture.

Néanmoins, la croissance économique prolongée entraîne des coûts sociaux au plan de la qualité de la vie et des valeurs humaines, et du gaspillage des ressources naturelles. L'acquisition et la consommation des biens et services deviennent des objectifs prioritaires pour certains, alors que d'autres souffrent de privations et vivent dans des taudis de Montréal où sévissent, comme dans toutes les grandes villes du monde, le crime, la prostitution, la violence, la drogue. La surconsommation et la surexploitation des ressources naturelles détériorent l'environnement par toutes sortes de pollutions, par le pillage de sites naturels et même par la disparition de

---

10. Le gouvernement de Bourassa a soumis les cinq conditions suivantes : 1) reconnaissance du Québec comme société distincte, 2) droit de veto pour le Québec, 3) limitation du pouvoir fédéral de dépenser, 4) accroissement des pouvoirs du Québec en immigration et 5) participation à la nomination des juges de la Cour suprême provenant du Québec. À cause de l'opposition des provinces de Terre-Neuve et du Manitoba, l'accord du lac Meech a échoué. Voir Jacques Lacoursière et autres, *op. cit.*, p. 519-520.

certaines espèces animales et végétales. Le maintien d'un équilibre écologique et d'un environnement sain et habitable a déjà attiré l'attention pendant les années 1970. Des mesures législatives ont été prises, la loi du zonage agricole adoptée en 1978 par exemple. Pendant les années 1980, ce n'est plus les écologistes d'avant-garde mais toute la population qui est alarmée et sensibilisée. Sans doute, les progrès des temps modernes ont considérablement amélioré les conditions de vie des êtres humains. Mais l'imprudence a été également commise dans le développement social et économique, dans l'exploitation forcenée des ressources naturelles. L'existence humaine n'a jamais été aussi menacée par toutes sortes de pollutions et la destruction de l'équilibre écologique. Ainsi, des mouvements comme Greenpeace se développent rapidement en Occident.

La protection de l'environnement et l'amélioration de la qualité de vie deviennent ainsi deux thèmes principaux des années 1980. On en parle, on en discute, on milite. Les pluies acides, le déversement des déchets toxiques dans les cours d'eau et la catastrophe de Saint-Basile-le-Grand reviennent sans cesse à la télévision et dans les journaux. Les répercussions qu'ils ont eues dans la société font preuve d'une prise de conscience de la population québécoise. Des groupes de pression sont mis sur pied. Le mouvement écologiste se fait grand, si bien que durant cette période, « les mots patrimoine, environnement, écologie font partie du vocabulaire politique et reflètent un nouvel équilibre en voie de s'établir entre consommation et conservation[11]. »

C'est dans ce contexte que nos contemporains québécois évoluent vers le XXIe siècle. Nous allons voir comment la romancière Francine Noël les perçoit avec leur mentalité et leur comportement au sein de la famille.

Exemple 7 : Une famille de classe moyenne selon *Myriam première* de Francine Noël, Montréal, VLB Éditeur, 1987

Myriam première est la suite de *Maryse* qui prend fin à la naissance de Myriam. L'histoire commence le 1er mai 1983 et se termine le 22 août de la même année, jour du départ de Maryse et de son chum Laurent pour le Nicaragua. En l'espace de quatre mois, l'auteure nous présente la réalité vécue quotidiennement par les personnages romanesques et nous fait revivre la vie de plusieurs générations, grâce à une technique de superposition d'histoires familiales racontées par matante Maryse. Nous laissons de côté,

---

11. Linteau et autres, *op. cit.*, p. 527.

comme dans nos analyses précédentes, le contenu du roman qui sort de notre sujet, surtout la partie concernant la vie du théâtre, les répétitions, l'impromptu de la rue Boisbriand, la soirée de la première, etc. Nous essayons de voir dans ce chapitre ce que deviennent, dans les années 1980, les jeunes « révolutionnaires » qui ont vécu la Révolution tranquille, comment ils se comportent dans la vie familiale, comment les enfants sont socialisés.

Les Québécois et Québécoises des années 1980 et leurs préoccupations

Une classe moyenne montante

Les jeunes Québécois qui ont été les principaux porteurs de nouvelles valeurs et bénéficiaires des acquis de la Révolution tranquille, sont devenus les adultes d'âge mûr, pendant la décennie qui suit le référendum de mai 1980. Les personnages de *Maryse* qui réapparaissent dans *Myriam première* ont maintenant entre 35 et 45 ans. Marité Grand'maison continue d'exercer son métier d'avocate et de militer au sein du Parti québécois. François enseigne à l'université et écrit des romans ou des scénarios cinématographiques. Maryse O'Sullivan partage son temps entre l'enseignement au cégep et la création littéraire. *L'Œuf d'écureuil*, une de ses pièces, est mise en scène au Théâtre de la sultane de cobalt. Marie-Lyre Flouée devient comédienne célèbre et joue l'héroïne Martha dans la pièce de Maryse. Ces personnages réapparus font bonne carrière, poursuivent leur petit bonhomme de chemin, sauf peut-être le poète Oubedon qui, vivant toujours de sa création poétique, n'arrive pas à payer régulièrement la pension alimentaire des deux enfants qu'il a faits avec son ancienne muse Elvire Légaré. Celle-ci, séparée du poète, offre maintenant un service de garde d'enfants et du *soft-massage* dans le quartier où habitent Marité et François, Maryse et Marie-Lyre. Michel Paradis, *ex-chum* de Maryse, est devenu député. Jean Duclos, ex-mari de Marité, reste avocat. Tous ces gens semblent avoir une vie heureuse et un statut plus ou moins enviable. Ils font partie de cette nouvelle classe moyenne montante de la société québécoise qui se présente sous forme d'un noyau si on l'envisage sous l'angle de la répartition des revenus : ceux qui vivent sous le seuil de la pauvreté et ceux qui ont un salaire annuel de plus de 50 000 $ se trouvent aux deux extrêmes du noyau[12]. Sont-ils des bourgeois comme le

---

12. Selon les statistiques officielles, le revenu moyen des familles après impôt est, au Québec, de l'ordre de 25 000 $ en 1982. Cette même année, 8,8 % des familles québécoises ont un revenu après impôt inférieur à 10 000 $. Pour 28,4 % des familles, celui-ci se situe entre 10 000 $ et 19 000 $ alors que pour 32,6 % des familles, il se situe entre 20 000 $ et 29 000 $. Quant aux

pense Miracle Marthe, une punk qui vagabonde dans le parc Lafontaine et côtoie les enfants de la rue Mentana ? Sûrement pas, puisqu'ils n'exploitent personne. Ils vivent tous de leur travail intellectuel au service des autres. Leur « capital intellectuel » n'est pour eux qu'un moyen d'existence. Ils constituent l'élite intellectuelle de la société par opposition à l'élite économique et partagent l'abondance postindustrielle.

Une conception de vie hédoniste

Tous ces personnages possèdent, en effet, des biens personnels : maison et auto, ainsi que d'autres appareils électroménagers qui rendent la vie quotidienne facile et agréable. L'auteure nous fait savoir qu'ils sont plus ou moins matérialistes. Maryse reconnaît qu'elle a été piégée depuis longtemps par les objets, l'argent et le travail, que les possessions lui pèsent. Elle est attachée au confort matériel comme ses amies Marité et Marie-Lyre. L'auteure met en évidence, par ce détail, l'envie du luxe et de la possession chez Maryse :

> Les porte-couteaux… représentent à ses yeux la civilisation, le luxe, un genre de vie dont elle ne voudrait pas mais qui fascine par moments. Depuis des années, elle rêvait d'avoir des porte-couteaux[13] (p. 430).

Marité reconnaît aussi : « Les choses nous attachent. Les meubles, les autos, les maisons… ». François réplique : « Je ne vois pas pourquoi on ne s'attache pas aux maisons, elles durent plus longtemps que nous ! C'est fascinant, la résistance de la matière » (p. 431). Maryse et Marité sont d'accord avec François. Tout en étant fascinés par la résistance de la matière, ils déplorent la fugacité du bonheur et la courte durée d'une vie. Ils essaient de saisir le présent et de vivre leur vie pleinement. Plus ils avancent en âge, plus ils apprécient la vie. Marité a 40 ans. Elle sent la menace de l'âge. Elle veut profiter de sa vie. Un jour, elle avoue à Marie-Lyre :

---

familles qui déclarent un revenu après impôt de 30 000 $ et plus, elles constituent 30,2 % de l'ensemble. *Le Québec statistique*, édition 1985-1986, Québec, Bureau de la statistique du Québec, 1985, p. 510.

Selon le rapport de Revenu Canada publié le 21 septembre 1989, parmi les 17 100 000 contribuables de 1987, seuls 18 180 d'entre eux (un millième et quelque chose) déclarent un revenu annuel dépassant 250 000 $. 773 120 Canadiennes et Canadiens actifs n'ont pas de revenu d'emploi ou sont en déficit dans leurs affaires. Ceux qui gagnent le plus sont les 37 000 médecins. Leur revenu moyen de 1987 est de 99 195 $. Les dentistes, qui sont au nombre de 8 700, occupent le deuxième rang : ils gagnent en moyenne 82 717 $ en 1987.

13. Toutes les citations du texte sont tirées de *Myriam première*, Montréal, VLB Éditeur, 1987.

Je ne m'étais jamais préoccupée de mon apparence, mais maintenant je comprends qu'il a été toujours important pour moi de ne pas être moche. Tout à coup, je me sens pressée de profiter de ce qui passe, de plaire. Dans quelques années, je serai plus regardable (p. 130).

Elle révèle par là la vraie raison pour laquelle elle a cédé aux avances de son collègue Rémy. Cette conception de vie n'est pas exclusive à Marité. Marie-Lyre et les deux grands-mères de Myriam pensent de même. La comédienne trouve que la vie est trop courte pour se faire des ennuis, qu'il faut faire seulement ce qu'on aime dans la vie. Blanche, une des grands-mères de Myriam, devenue veuve, se sent libre et libérée de la routine de la vie conjugale. Dans le métro, elle s'attarde pour écouter «la musique de rue», jouée par «des musiciens de métro». Elle aime beaucoup cette musique qu'elle considère comme un petit ravissement, un bonheur fugace «qu'elle ne rate plus jamais.» «Il n'y a que le présent, se dit-elle, que la fulgurance de l'instant présent!» (p. 65)

Alice, la seconde grand-mère de Myriam, va jusqu'à transmettre cette conception à sa petite fille. Avant sa mort, dans une lettre adressée à Myriam, elle écrit: «C'est court, une vie. Profites-en» (p. 521-522).

Cette conception de vie rend de plus en plus individualiste. Chacun se retranche dans son cocon douillet pour vivre sa vie et pour oublier l'échec du référendum.

La dépolitisation et la persistance d'un rêve national

L'échec du référendum de mai 1980 marque l'écroulement d'un rêve national, suivi d'un désenchantement général. Les années 1980 deviennent les années «décentrées». Les idéaux collectifs semblent être mis au rancart. François s'adresse ainsi à Laurent lors de la fête de Gabriel:

— Où sont leurs idéaux? demande-t-il. Veux-tu bien me le dire? (p. 46)
— Prends mon collègue Thibodo, par exemple, dit-il, dans le temps, il voulait changer le système, et aujourd'hui il est même pas foutu de donner deux cents piastres à Oxfam! Ça se peut-tu qu'on se soit effoiré à ce point-là? (p. 47)

Elvire Légarée trouve que son ancien chum vire à droite. Le poète réplique: «Merde!… Où veux-tu que je vire? Il n'y a plus de gauche…» (p. 182)

On se dépolitise. Marie-Lyre déclare que son bonheur a déjà vingt-trois ans et qu'elle se fout de la politique. Même quand on discute de la situation au pays, elle évite d'utiliser le mot Québec. L'auteure rapporte qu'elle ne le prononce plus depuis le référendum. Quand il faut absolument situer un événement, elle dit Montréal à la place, comme si le pays rétrécissait. Marité a remarqué ce glissement dans le discours de son amie mais elle fait semblant de rien, sachant que les «gens du pays» s'accommodent comme ils le peuvent de l'après-référendum. (p. 130) Le mouvement nationaliste est au creux de la vague. C'est un mouvement de ressac, dit Marité. Optimiste, elle affirme que ça va revenir (p. 47).

Ce qui distingue Marité de ses amies, c'est qu'elle ne se contente pas d'avoir tout ce qu'il faut pour constituer ce qu'on appelle le bonheur individuel. Elle déplore: «nos vies n'ont aucune dimension politique» (p. 337), non qu'elle se plaigne le ventre plein comme le dit Marie-Lyre en la taquinant, mais elle compte parmi ces Québécois et Québécoises qui gardent toujours le sens de la responsabilité sociale, et qui n'ont pas été découragés par l'échec du référendum. Elle dit un jour à Maryse:

> La société actuelle, c'est nous autres, c'est ça, la maturité, on y est. Il n'y aura personne pour nous en sauver. Le messie n'est pas venu, et nos hommes politiques se dégonflent! (p. 347)

Sans être dégonflée, Marité continue de militer pour la souveraineté et l'indépendance. Elle pense même accepter la proposition du Parti québécois de poser sa candidature aux prochaines élections. Marité et ses amis espèrent que le Parti québécois prendra le pouvoir. Ils savent bien que les chances de réussite sont faibles mais ils sont convaincus qu'il rentrera. Marité est représentative dans ce sens qu'elle fait partie de ces Québécois et Québécoises qui nourrissent toujours le rêve national. En effet, tant que la conscience nationale restera éveillée, la nation québécoise ne périra pas.

Les préoccupations environnementales et écologiques

Pourtant, avec le temps, les thèmes de la lutte changent. Les années 1980 mettent au premier plan la protection de l'environnement écologique et social. Les préoccupations des Québécois se concentrent plutôt sur ce problème alors qu'ils parlent moins de l'indépendance et du changement du système. La montée des Verts en Allemagne est un des sujets de conversation des principaux personnages du roman. Cette vague a aussi gagné le Québec qui, comme les autres sociétés industrialisées de l'Occident, prend les conditions d'existence de l'humanité comme premier souci.

Blanche va manifester à Ottawa, devant le parlement, le jour de la fête des Mères, contre les missiles Cruise. Alice, bien qu'elle refuse d'aller parader avec sa « collègue » Blanche, se préoccupe beaucoup de la conservation de la maison ancestrale sur l'île Verte. Elle est triste de ne pas hériter de la maison à la mort de son frère Jean-Baptiste[14]. François explique : « Ce n'est pas tant la possession de la maison qui lui importe que le fait de ne pas la laisser aller à l'abandon » (p. 269). Alice est sûre que l'héritier, Gédéon, ne s'occupera pas de la maison ancestrale, la laissera tomber en ruine ou la vendra. L'auteure rapporte ce que pense Alice dans le train au retour de l'île Verte :

> Le voyage est plus long en train mais elle a tout son temps, maintenant que la fin du monde est passée et son frère Jean-Baptiste enterré. Dans quelques mois, Gédéon mettra la maison en vente et les étrangers qui l'achètent ne l'entretiennent pas ou ils la transforment, la rendant méconnaissable… Elle se colle à la fenêtre… la tête pleine d'images et de souvenirs. De regrets. Elle a le cœur gros (p. 421).

Par rapport à l'île Verte où l'on vit dans la nature, en harmonie avec les champs, les arbres et la mer bleue, la métropole lui paraît étouffante et presque inhabitable.

> Montréal est une île grise où ils passent leur temps à démolir les maisons. Ils ont construit des murs sur la berge, comme pour nier la présence du fleuve, et la ville y est enfermée. Elle n'aime pas tellement cette ville captive, mais c'est là qu'elle habite, dans un logis devenu trop grand (p. 421).

L'attachement d'Alice à la maison ancestrale qui lui rappelle son enfance, la splendeur de sa jeunesse, son amour et sa carrière de maîtresse d'école, rejoint le mouvement de la protection et de la conservation du patrimoine bâti et du patrimoine naturel. Une maison d'à peu près cent ans, c'est pour les Québécois un témoin de leur passé et un souvenir de la nation. Une nation sans souvenir est incertaine et ne pourra survivre longtemps. C'est peut-être pour cette raison que l'écrivaine Maryse raconte tant d'histoires familiales aux enfants de Marité et à leurs petits amis de la rue Mentana, et par le fait même, aux lecteurs.

Par ses histoires familiales, Maryse témoigne aussi, entre autres, de ses préoccupations écologiques. Maryse est native de Montréal. Avec la

---

14. Il est intéressant de noter ici le système de l'héritage des biens de la famille. Selon l'auteure, en 1983, on était, en Gaspésie, comme dans le contexte rural du Québec des années 1940. « C'est pourtant cela, notre famille, cela existe encore : le partage des biens s'effectue selon un ordre figé, immuable, archi-prévisible. Pour Jean-Baptiste les choses sont simples : après sa mort, Gédéon sera le plus vieux des fils vivants, conséquemment, c'est à lui que la maison revient. L'idée que maman puisse en hériter ne semble pas l'avoir effleuré. Le fait qu'elle soit l'aînée ne compte pas, elle est seulement l'aînée des filles ! » (p. 267)

modernisation, la ville perd de son charme : certaines rivières sont enfouies sous la terre ; l'air et les eaux sont pollués ; les édifices qui rappellent la grandeur du passé sont démolis pour faire place à des aménagements fonctionnels ou à la spéculation immobilière ; les espaces verts rétrécissent ; les problèmes de la grande ville moderne : la prostitution, la drogue, la violence, le meurtre… sévissent et donnent l'impression de vivre dans l'insécurité.

> Pour la première fois de sa vie, elle trouve la ville laide et voudrait aller vivre ailleurs. Le quartier qu'elle connaît depuis son enfance et qu'elle aime bien, lui semble lamentable. Les maisons ont été démolies les unes après les autres et remplacées par des stationnements, des édifices bon marché ou des terrains vagues. Au fil des ans, la ville s'est effritée. Pendant ce travail de lente corrosion, pour s'en défendre, elle n'a pas vraiment regardé. Plusieurs Montréalais ont fait comme elle, s'exerçant à découper le réel et à imaginer, à partir d'un fragment épargné, d'une porte miraculeusement repeinte ou d'un pan de mur encore debout, comment c'était autrefois. Ils se retrouvent maintenant dans des parkings sordides, à évoquer des splendeurs passées : Montréal n'est plus une ville mais un souvenir que se partagent quelques-uns avec un vague sentiment de nostalgie coupable… Laurent prétend que le cœur de Montréal est en train de pourrir. Il dit cela sans aucune agressivité, mais il a raison ; il n'a pas, face à la ville, la tolérance de ceux qui y sont nés. Aujourd'hui, Maryse voit les choses comme lui, comme elles sont : laides – ou en train de le devenir – et violentes. Car la laideur est une forme de violence : entre l'érosion de la ville et le coup de poing infligé à la prostituée Barbara, il n'y a pas tellement de différence, c'est de la même chose qu'il s'agit : incurie et violence urbaine (p. 75-76).

Depuis que Myriam lui a dit que l'île de Montréal est de couleur rouge sur la carte géographique, Maryse saisit cette couleur symbolique et pense désormais à Montréal comme à une île de sang et de bouillonnements pourpres. Elle fait l'éloge de l'île Verte dont « le climat est plus sain que celui de l'île rouge » (p. 259), et porte une attention particulière à la pancarte plantée près de l'écluse Saint-Gabriel :

> Le niveau élevé de pollution des eaux du canal rend la pratique du canotage et de la baignade non sécuritaire… Signé Parcs Canada (p. 232).

Elle en prend note dans son carnet et trouve cet avertissement inepte, fade et édulcoré.

Dans une ville polluée et violente, il va de soi qu'une mère comme Marité se soucie de la sécurité de ses enfants en son absence. Elle habite près du parc Lafontaine, renommé pour la prostitution et la transaction des drogues. C'est pourquoi elle recommande aux enfants de rester ensemble et de ne parler à personne lorsqu'ils vont s'amuser au parc. Elle ne laisse jamais Myriam voyager toute seule en métro. Là, des voyous embêtent même une vieille dame comme Blanche qui se défend au moyen de son parapluie.

Les préoccupations environnementales et écologiques des adultes sont transmises aux enfants. L'auteure rapporte que Gabriel est « un des rares gars de son âge à connaître l'emplacement exact des usines nucléaires du bloc euro-américain, les principales composantes des pluies acides et la géographie détaillée du Nicaragua, des choses d'adultes » (p. 495). Il ne comprend pas bien sûr la nature de la guerre et ne distingue pas celle qui est juste de celle qui ne l'est pas. Mais il sait une chose : dans la guerre, on risque de perdre ou son mari, ou son enfant, ou son père ou son frère, ou son bien-aimé. La tendance pacifiste germe déjà dans le cœur de ce jeune adolescent de 13 ans. Il déclare qu'il sera plus tard objecteur de conscience. Nous touchons ici le problème de la socialisation des enfants et la transmission des valeurs. Nous y reviendrons plus loin en détail.

En bref, pendant les années 1980, le centre de préoccupations des Québécois se déplace vers les conditions d'existence de l'humanité, vers l'amélioration de la qualité de vie. Les Québécois suivent la tendance générale de l'Occident, luttent pour la protection de l'environnement social et écologique, du patrimoine naturel et du patrimoine bâti. Ils deviennent davantage individualistes et matérialistes, en même temps que leur conscience se planétarise grâce au mouvement écologiste ; ils se branchent sur la consommation, sur de petits bonheurs individuels. Le nationalisme subit un mouvement de ressac. La dépolitisation se généralise. Mais il y en a qui comme Marité et ses camarades du Parti, gardent toujours un rêve national et militent pour la souveraineté et l'indépendance. Connaissant la mentalité des Québécois, leur conception de vie, leur tendance politique et leurs préoccupations sociales, nous comprendrons mieux leur comportement au sein de la famille.

Une famille reconstituée : le cas de Marité et François

La fin de la résistance aux nouvelles formes de vie familiale

L'institution familiale des années 1980 se présente sans aucun doute sous formes variées : non légale (cohabitation) ou incomplète (famille monoparentale). Nous trouvons dans ce roman ces formes variées mais aucune forme conventionnelle. Cela ne veut pas dire que le mariage conventionnel n'existe pas. L'absence de la forme conventionnelle dans *Myriam première* qui, d'ailleurs, colle si bien à la réalité québécoise d'aujourd'hui, est un indice pour interpréter la réalité familiale. Nous concentrons, dans les pages suivantes, nos efforts sur l'analyse des relations interpersonnelles d'une famille reconstituée, famille composée de Marité, François, Gabriel (fils de Marité et de son ex-mari Jean Duclos) et Myriam (fille de Marité et de son compagnon François). C'est une famille nucléaire, quoique reconstituée et dont l'union des parents n'a pas été sanctionnée par la loi.

Cette famille existe déjà depuis huit ans. Les deux cohabitants sont de brillants professionnels. Marité est en passe de devenir une avocate célèbre. Elle sera députée si elle réussit à se faire élire aux prochaines élections. François parvient à faire accepter un de ses scénarios pour le tournage. Près du parc Lafontaine, ils ont une maison à deux étages, spacieuse et confortable avec une vaste cour donnant sur la rue Mentana. Gabriel a treize ans, et sa demi-sœur Myriam, huit ans. Voilà une famille de classe moyenne, menant une vie aisée, passant les vacances au bord de la mer.

Le grand-père Charles-Émile, dépassé par les événements, est mort quelques jours après la naissance de Myriam. Sa mort nous semble symbolique, marquant la fin de la résistance des Québécois qui s'en tiennent aux valeurs traditionnelles. Par rapport au juge Grand'maison, Blanche et Alice, les deux grands-mères de Myriam, ont l'esprit plus large et s'apprêtent à accepter la nouvelle chose. Elles n'aiment pas, bien sûr, le divorce, mais n'interviennent pas dans le choix de leurs enfants. « Alice dit que maintenant les enfants font leur vie à leur goût, ça les regarde. » (p. 50) Cette non-ingérence n'implique pas seulement une permissivité mais aussi une sanction des valeurs adoptées par leurs enfants quant à la manière d'organiser leur vie familiale. Les grands-mères entretiennent des liens fort serrés avec leurs enfants. Elles vivent séparément mais viennent régulièrement voir Marité et François, prennent part à leurs fêtes familiales et chérissent leur petite-fille Myriam.

La vie affective entre le compagnon et la compagne

Marité et François vivent en couple sans avoir célébré leur mariage civil ou religieux. Leur lien affectif n'est pas associé au lien légal. Le temps est révolu où le sentiment et le mariage se dissociaient, où l'union conjugale se présentait comme un arrangement d'intérêts ou comme une stratégie patrimoniale. Vivre en couple est aujourd'hui l'expression d'un sentiment mythifié : l'amour. Or, dans la vie de couple, c'est l'amour qui compte et pas autre chose. À quoi servirait la sanction juridique ou religieuse si l'on cessait de s'aimer ? Marité et François s'aiment toujours, de plus ils ont un enfant qui incarne leur amour et les lie étroitement. Ils peuvent vivre ensemble aussi longtemps qu'ils le veulent sans avoir besoin de légitimer leur alliance d'une façon ou d'une autre. Après tout, leur cohabitation est jusqu'ici une réussite.

Ils sont approximativement fidèles l'un à l'autre. François a eu quelques aventures avec ses étudiantes. Mais ce sont de petites histoires sans lendemain. De plus, François ne cache rien à Marité. Il se comporte comme s'il avait voulu qu'elle sache, de sorte que Marité se sent désarmée par sa franchise – est-ce la règle du jeu?

L'amitié entre Maryse et lui est subtile. Maryse l'a aimé et l'aime encore. Il ne passe pas un jour sans qu'elle ne pense à lui. Mais François ne lui est plus accessible maintenant. Maryse transfère alors son amour pour François à sa fille Myriam. « C'est François qu'elle retrouve à chaque fois en Myriam d'une façon troublante; la petite en est le double rajeuni, accessible. » (p. 149) François aime Maryse aussi. Mais il place son amour dans la lecture du manuscrit que Maryse lui confie et se fait le plaisir d'en être le premier lecteur. Marité constate qu'il y a quelque chose de latent entre François et Maryse comme entre elle-même et son collègue Rémy. Elle présume que François continue d'aimer Maryse en silence tout en l'aimant elle-même. Il n'est pas question de jalousie. Du reste, Marité n'a aucune envie de contrôler François. Maryse la rassure avec envie : « C'est toi qui vis avec François, finalement » (p. 349). En effet, François appartient à Marité.

> Il est là, attentif et aimant, fondamentalement fidèle. Il est, dans sa vie, une présence inéluctable comme celle d'une mère; il est sa sécurité, son destin (p. 391).

Il est à noter que Marité, comme l'Alphonsine de *Marie-Didace* et la Florentine de *Bonheur d'occasion* auprès de leurs maris, cherche la sécurité auprès de son compagnon. Ce qui distingue Marité de ses aînées, c'est qu'elle ne cherche pas une sécurité matérielle, mais plutôt affective. La société a évolué. Les femmes ont acquis beaucoup d'autonomie économique. Pourtant, c'est la Marité féministe qui cherche la sécurité affective auprès de François et non l'inverse. Peut-on affirmer que le sexe féminin est de nature fragile – bien sûr leur fragilité est due à une socialisation discriminatoire dans un monde où les pouvoirs sont aux mains des mâles – et qu'il a besoin de la protection masculine? Il semble que oui. L'auteure rapporte que, lorsqu'elle n'est plus sûre d'elle-même, tracassée par des ennuis quotidiens, c'est toujours dans les bras de François que Marité va s'endormir pour se réveiller calmée le lendemain.

Pour sa part, Marité a commis aussi une infidélité. Le jour de son 40ᵉ anniversaire, elle couche avec Rémy dans un hôtel de passe. Pour quelle raison? «Par simple désir, par une volonté de vivre», explique l'auteure.

> Mais ce n'est pas uniquement le cul et ce n'est pas non plus une histoire d'amour, c'est quelque chose entre les deux, un moment d'égarement des sens. Elle succombe, elle est en train de succomber dans ses bras, elle savoure les délices de sa chute! À cette minute même, elle frémit sous sa main et se jure de ne jamais regretter son plaisir, plus tard (p. 171).

Marité n'est pas aussi franche que François. Elle sait bien que son compagnon lui pardonnerait en retour puisqu'elle lui a pardonné. Dans ce cas-là, à quoi sert de lui faire des aveux? pense-t-elle. Surtout elle ne veut pas l'écœurer et lui donner l'impression qu'elle le trompe pour prendre sa revanche. Non, ce n'est pas vrai. Après huit années de «non-mariage», Marité comprend qu'elle aime encore François. Alors elle décide de se taire sur son égarement. Dans ce commerce, Marité comme François ne trouvent rien d'immoral. La notion de péché n'existe pas dans leur vocabulaire d'amour. On obéit à son désir, à sa volonté de jouir de la vie, de saisir le bonheur fugace. Les rapports sexuels extraconjugaux sont répandus dans la vie en couple. Mais cela n'empêche pas pour autant les gens comme Marité et François de s'aimer pour de bon et de vivre ensemble. Leur cohabitation semble stable et durable.

La division du travail au sein de la famille

Un compagnon doux et deux enfants beaux et intelligents devraient combler Marité de bonheur. Cependant, elle ne se sent pas toujours heureuse et se plaint parfois de la platitude de sa «vie ordinaire de femme ordinaire» (p. 336). Elle envie Maryse et Marie-Lyre, ses deux meilleures amies «créatrices», célibataires et donc disponibles. Elle voudrait bien raconter des histoires à ses enfants ou écrire des romans, mais elle n'a pas le temps. Au bureau, elle travaille fort. Ses collègues ne prennent pas soin de cette mère qui a une double charge: une charge publique et une charge domestique. Rentrée à la maison, elle doit s'occuper de ses enfants, de la lessive et de la cuisine. Ses clientes la dérangent souvent par des appels téléphoniques à la maison. Une femme de ménage vient une fois par semaine pour assurer la propreté et l'ordre de la maison et François prend l'initiative de préparer un gâteau le samedi. Voilà tout. Le reste, c'est Marité qui s'en occupe.

— Oui, dit Marité, j'ai la maison à tenir, mais quand j'arrive au bureau, mes collègues s'en fichent ! Ils sont sans pitié !

— Mais tu n'es pas seule, dit Marie-Lyre, t'as de l'aide, François est là !

— François est dans les nuages. Il fait des gâteaux, des gâteaux, des gâteaux, mais il ne sait même pas ce qu'on mange ce soir ! C'est moi qui ai la maison sur le dos ! C'est comme ça quand on a des enfants, le monde se divise en deux : celles qui en ont, et celles qui en ont pas ! On n'est pas rendues plus loin qu'au jour du jugement de Salomon ! (p. 335-336)

Quand elle rentre du travail, elle est tellement fatiguée qu'elle déparle. «C'est ça, le problème, dit Maryse, la fatigue, la surcharge, la course, la double journée, le temps volé!» (p. 336) Maryse a bien résumé le problème de Marité, et donc de toutes les femmes professionnelles. Il faut reconnaître que le sort des femmes s'est beaucoup amélioré grâce au mouvement de libération des femmes et au progrès social. Elles ont obtenu des gains dans les domaines politique, économique, social, culturel et sexuel. Elles sont devenues beaucoup plus autonomes qu'auparavant. Mais au sein de la famille, c'est toujours, semble-t-il, la femme qui joue le rôle de ménagère et d'éducatrice. Les femmes québécoises continuent cette tradition séculaire. Marité ne se distingue d'Alphonsine, de Rose-Anna, de Joséphine, que par son niveau d'éducation et son autonomie économique. Elle a moins de soucis pécuniaires que ses aînées. À part ça, elle n'est guère plus avancée, en tant que maîtresse de maison, si nous en croyons la représentation de l'auteure.

Les parents et les enfants, le frère et la sœur

Dans cette famille réorganisée, si les relations entre compagne et compagnon présentent une certaine subtilité sur le plan affectif et dans la division du travail, les relations entre parents et enfants, entre frère et sœur, ne semblent pas connaître de complications. Marité et François aiment autant Gabriel que Myriam. Gabriel aime autant sa mère que sa demi-sœur et respecte son beau-père. Célestin a dit du mal de Marité : pas mal bête, pas bien détendue, féministe, hystérique. Gabriel a honte de ne pas avoir réagi immédiatement et regrette de ne pas avoir défendu sa mère. Il se dit : «J'ai trahi ma mère, j'ai trahi ma mère.» (p. 151) Il aime bien sa demi-sœur. Quand la gardienne ne peut venir à la maison, il se propose de garder Myriam et de la protéger comme un grand frère. Un jour, Myriam tarde à revenir de l'école, Gabriel commence à s'inquiéter :

Depuis qu'il y a du Célestin dans l'air, elle est bizarre, changée. Célestin est un frais-chié et Gabriel éprouve tout à coup le besoin de protéger sa petite sœur. Si elle arrivait maintenant, avec son sac d'école, ses patins et une nouvelle tache sur son chandail, il ne lui ferait aucun commentaire, aucun reproche. Il serait seulement content de la voir là (p. 163).

Myriam tombe amoureuse de Célestin qui, prétentieux, ne répond même pas à ses lettres d'amour. Interpellé par Myriam dans le bar du Diable vert où se rencontrent souvent les enfants du quartier, Célestin fait semblant de ne rien savoir, nie avoir reçu des lettres. Gabriel trouve insultants l'orgueil et le mensonge de Célestin, se met en colère et décide de défendre sa sœur et de venger sa mère :

> — Ma sœur vaut bien mieux que toi ! Je sais pas ce qu'elle te trouve, t'es con, t'es prétentieux, pis t'es menteur ! Ce que t'as dit de Marité l'autre jour, tu vas le rentrer ! [...] (p. 341)
> — Ma mère est épatante ! hurle Gabriel. Je le dirai jamais assez ! (p. 342)

Il assène à Célestin un coup de poing sur la tête et lui donne un coup de genou dans les couilles. La bagarre s'engage. Le propriétaire du bar réussit à remettre de l'ordre et du calme en chassant Célestin. Celui-ci quitte définitivement la gang et Myriam aura toujours de la peine à cause de l'échec de son premier amour non réciproque. Elle pleure. Gabriel essaie de la consoler, en l'exhortant à prendre le liquide antidote (*cream-soda*) préparé par la sorcière Miracle Marthe pour qu'elle n'aime plus Célestin, en lui promettant toutes sortes de choses :

> Lentement, Myriam boit le liquide tiède. Elle dit : « J'aime plus ça, le cream-soda. »
> — On trouvera autre chose, dit Gabriel. Demain, je vas te montrer à jouer au bilboquet double, pis tu peux avoir mon bike pour toute la journée. Les apparences extérieures vont se clarifier, tu vas voir.
> — Je crois pas, dit Myriam. Je vas toujours avoir de la peine (p. 352).

Gabriel comprend ce qu'elle ressent et prend sa main dans la sienne. Tout en témoignant de son amour pour sa mère et pour sa sœur, il se sent digne de la fée Miracle qu'il aime en silence.

Un soir, Marie-Lyre a amené Gabriel et Myriam au théâtre pour assister à la répétition générale de la pièce écrite par Maryse. L'absence des deux enfants au moment du repas a affolé les parents. Ils téléphonent et cherchent partout. De retour à la maison, frère et sœur sont réprimandés pour avoir été dans un endroit « malséant », selon Marité. Leur soirée est gâchée. Ils vont se coucher sans que Marité vienne les embrasser comme d'habitude. Ne trouvant pas le sommeil, Myriam va rejoindre Gabriel dans son lit pour se faire consoler. Elle le trouve en train de pleurer. Elle soupire et lui dit : « Fais-moi une place, Gaby, je m'en viens te consoler » (p. 300). Marité regrette de ne pas avoir embrassé ses enfants. Quand elle va dans la chambre de Gabriel dans l'espoir qu'il s'éveillera avec ses yeux d'enfants et qu'elle pourra s'en excuser, elle les trouve endormis tous les deux dans le même lit.

Frère et sœur « fraternisant », ils se font complices l'un de l'autre dans la vie quotidienne. Un midi, au lieu de rentrer comme d'habitude, Gabriel va dîner chez son ami Olivier. Myriam sait que son frère va se faire chicaner, car le midi, Gabriel est responsable de sa sœur, dit Marité. Myriam décide de ne rien dire si les parents ne posent pas de question. « … faut s'entraider, c'est la solidarité fraternelle », pense-t-elle (p. 408). Marité se plaint parfois que les enfants aient plus de complicité ensemble qu'elle avec eux.

Les enfants sont affectueux. Ils ne font pas que des gaffes et des bêtises. Ils savent aussi encourager, consoler et aimer leurs parents. L'auteure nous raconte plusieurs épisodes savoureux et pittoresques à cet effet. Quand Marité confie à sa fille qu'elle s'est chicanée avec ses meilleures amies Maryse et Marie-Lyre, Myriam l'embrasse et la serre dans ses bras longtemps :

> — Je sais pas quoi faire, dit Marité.
> — C'est simple pourtant, dit Myriam : tu vas appeler et t'excuser ! C'est toujours ce que tu me dis, sois la plus fine, fais les premiers pas. Tu vas voir, ça va s'arranger.
> Marité regarda sa fille, amusée par son air sérieux. Myriam l'embrasse à nouveau et lui caresse les cheveux. Elle ajoute :
> — Fais donc pas ta fraîche, Maman ! Laisse-toi consoler ! (p. 367)

L'affection ne manque pas non plus entre les deux hommes de la maison, l'un, adulte qui reste toujours enfant face à sa propre mère, l'autre, adolescent qui arrive à maturité. L'affection masculine ne s'exprime peut-être pas aussi souvent publiquement que l'affection féminine. Mais dans certaines circonstances, les hommes sont autant expressifs que les femmes. Par exemple, Alice va mourir. François pleure sous le pommier dans le jardin. Il se sent soudain seul au monde, comme un petit garçon abandonné. Sa mère ne sera plus jamais là pour le protéger contre les fantômes de son enfance. Marité et Myriam sont allées assister à la première de *L'Œuf d'écureuil*. François est seul à la maison avec Gabriel qu'il aperçoit sur le balcon.

[…] Du fond du jardin, François lui parle. Il dit : « Descends me retrouver, Gabriel ! » C'est un ordre, mais on dirait un appel au secours, il y a quelque chose de blessé dans sa voix. C'est vrai, François est là ! Soudainement, Gabriel se sent plein de tendresse pour ce faux père toujours présent. Il dévale l'escalier et sort. Son vieux François émerge du noir et se tient un moment immobile à la frange de la zone éclairée. Il est trempé, ses mains et ses genoux sont maculés de boue, il a pleuré. Gabriel a besoin de le toucher : rien de mauvais ne peut sortir d'un homme qui pleure sous la pluie quand tout fout le camp et qu'on se retrouve seul avec lui, avec l'intention de le consoler, mais se laissant serrer dans ses bras musclés – des vrais bras d'hommes. La laine de sa veste est rugueuse.

— Pleure pas, dit Gabriel, je suis là !

Il remarque les souliers de François :

— Toi aussi t'as pas mis les bons souliers ! Tu vas te faire enguirlander.

François sourit (p. 498).

Le lecteur sourit aussi en entendant dire des mots de grandes personnes dans la bouche de Gabriel et Myriam. Cela fait chaud au cœur des parents. L'auteure rend bien ce que Marité ressent :

Tout compte fait, ses enfants ne lui donnent que du contentement. Ils sont tendres et sensibles, et il n'y a rien au monde qui puisse remplacer le sentiment de plénitude qu'elle éprouve en pensant à eux. Cela vaut tous les pouvoirs ! (p. 425)

En un mot, c'est une famille où règne l'amour, et donc l'harmonie.

Nous venons de montrer les relations interpersonnelles et de souligner le problème que Marité rencontre en tant que femme professionnelle dans la société moderne. Maintenant, nous allons voir comment les enfants sont socialisés et à quoi les parents doivent faire face.

Les enfants gâtés et les enfants de famille monoparentale – problème d'éducation et de socialisation

La dénatalité est une tendance générale de toutes les sociétés hautement industrialisées et la société québécoise n'y fait pas exception. Les raisons de la dénatalité sont multiples. Il ne nous appartient pas de traiter ici le problème démographique que la société québécoise rencontre aujourd'hui. Contentons-nous de relever trois raisons que l'auteure laisse entendre dans le roman.

D'abord, la conception de la maternité a évolué. Certaines Québécoises ne considèrent plus la maternité comme un devoir. Marie-Lyre le déclare ouvertement lors de la chicane entre les trois meilleures amies : « … maintenant, il y a celles qui ne veulent pas en avoir ! Des enfants, j'en veux pas, j'en ai pas, et je ne souffre pas de ne pas en avoir! Est-ce clair?» (p. 336) Marie Lyre n'est pas unique. L'enfant n'est plus l'aboutissement de la vie en couple, ni dans les esprits, ni dans les pratiques[15].

Ensuite, la liberté sexuelle a rendu moins stable la vie de couple. On passe facilement de l'union libre à la cohabitation, de la cohabitation à la séparation. La variation d'une forme à l'autre n'est toujours pas propice aux naissances. La porteuse éventuelle d'enfants se tient inconsciemment sur ses gardes, car elle risquerait d'élever toute seule son enfant si le père s'en allait. Le cas échéant, c'est souvent la mère séparée ou divorcée qui se retrouve dans une situation embarrassante, économiquement défavorisée, malgré des mesures sociales et judiciaires: allocations familiales, crédit d'impôt pour enfants, aide financière pour les services de garde, pension payée par le père, etc. Il y a aussi des pères qui rejettent leur responsabilité. Le poète Oubedon en est un exemple. Il a fait on ne sait combien d'enfants, au fil des ans, avec ses «chums», dont deux avec Elvire Légarée. Mais il n'en reconnaît qu'un, et ne paie qu'une seule pension. L'autre est à la charge de la mère.

Enfin, élever des enfants, cela coûte cher. La nourriture, le vêtement, la garde, l'éducation, les jouets… comptent pour une grosse part dans le budget familial. La société est bien loin de pouvoir prendre tout à sa charge de manière à ce que les parents se sentent compensés pour avoir élevé des enfants. De plus, on vit dans une société de consommation. La psychologie commerciale vise souvent les enfants comme clients cibles et les utilise pour la publicité. Les enfants, fascinés, réclament, alors que les parents déboursent. Si Marité, de classe moyenne, se plaint d'être considérée «comme une machine à produire, à fournir, à payer – à payer surtout!» (p. 328), les gens de classes moins favorisées, appréhenderaient davantage d'avoir des enfants.

---

15. Jessica Scale écrit: «On s'aime, on se marie, on fait des enfants». Une autre constance du couple, à laquelle le XXᵉ siècle ne déroge pas, est son étroite association avec la procréation. J.-G. Lemaître constate, au travers de son expérience psychosociale, que «le couple seul est géniteur; cette fonction procréative apparaît toujours à l'arrière-fond du vécu de la quasi-totalité des couples, y compris ceux qui affirment ne pas en désirer.» Selon une enquête de l'INED en 1978, 30% des femmes mariées de 20 à 24 ans n'ont jamais cherché à concevoir, tout en se croyant fertiles. Entre 35 et 45 ans, ce pourcentage tombe à moins de 1%. L'enfant demeure, dans les esprits et les pratiques, l'aboutissement du couple. (Voir son article «Couple et génération – une histoire de haine et d'amour», *Vingtième siècle*, nᵒ 22, avril-juin, 1989, p. 58-59). Le fait que la vie de couple est étroitement associée à la procréation ne démontre pas qu'il aboutit nécessairement à faire des enfants. Si l'affirmation de Jessica Scale correspond à la réalité française, nous ne croyons pas que c'est la réalité québécoise et nord-américaine.

Ces trois raisons expliquent bien, semble-t-il, pourquoi on fait moins d'enfants aujourd'hui.

La rareté fait la cherté. Moins on a d'enfants, davantage on les chérit, dorlote et gâte, qu'on soit ou non monoparental.

Les enfants gâtés

Dans la société hautement industrialisée, les enfants « baignent dans le sirop » si nous nous permettons d'utiliser l'expression chinoise pour imager leur bonheur. Les progrès scientifiques et techniques ne cessent de perfectionner les gadgets domestiques. La production de masse, la commercialisation et la promotion publicitaire font en sorte que ces produits de la civilisation moderne, de la culture de loisir, deviennent le niveau de vie après lequel court toute la classe moyenne. Dès le début des années 1980, le four à micro-ondes et le micro-ordinateur font partie du décor domestique et la câblodistribution dessert la plupart des foyers. Les enfants sont charmés par ces inventions modernes et se vantent à qui mieux mieux de jouir de ces conforts. Voyons comment les enfants de la rue Mentana en parlent au bar du Diable vert.

— C'est celui à convection qui est le meilleur, dit Marie-Belzébuth.

— Y en a en spécial à La Baie jusqu'au trente mai, marmonne Gabriel par-dessus son journal.

— Nous autres, on va peut-être en avoir un l'an prochain, dit Laurent-le-vrai.

— Nuzautres, on l'a! dit Célestin. C'est pratique pour les repas du midi.

Il fait rouler son skate devant lui. Il est arrivé chez le Diable Vert avec skate et ghetto blaster, qu'il a posés sur le comptoir pour que le Diable – et tout le monde – les voie bien.

— Tu me le passes-tu, ton skate? demande Olivier.

Célestin fait « oui, oui » évasivement et il allume le ghetto blaster...

— Tut, tut! fait le Diable. Le son, c'est moi qui le fournis ici.

Il éteint l'appareil et l'ambiance redevient normale, ce qui n'est pas si mal : la radio jouait déjà dix-huit virgule dix-huit, leur poste préféré qui ne diffuse que des commerciaux et des *hits*.

— Moi, je m'en sac des fours micro-ondes, dit Myriam. Ma tante Maryse dit que la bouffe cuite là-dedans goûte la bouette molle (p. 329).

[...]

— Je peux te le passer, mon skate, dit Célestin à Olivier, si tu m'invites à regarder des vidéos chez toi.

— Oké, dit Olivier.

Il fait une pause et ajoute en rougissant :

— Mais on n'a pas, de magnétoscope, par exemple.

— Vous n'avez pas ? dit Célestin. Comment vous faites ? Ma mère trouve ça tellement pratique !

— C'est vrai, ça, dit Myriam (p. 330).

[...]

— Je voulais vous demander ça, dit Gabriel au Diable, *Le Popol Vuh* des Mayas Quichés, ça vous dit quelque chose ?

— Peut-être, répond le Diable en s'essuyant les mains sur son tablier. Pourquoi ? Et d'où le connaissez-vous ?

— C'est Laurent-à-Maryse qui y a montré ça, dit Myriam, c'est du charabia.

— Ces jours-ci, j'essaie de l'entrer dans votre TRS 80, pis ça bugge, dit Gabriel. Ils ont pas assez de K, vos ordinateurs, c'est décevant. Le nôtre en a plus.

[...]

— Chez nous, on a un 620K, dit Célestin.

— Le nôtre, c'est un Apple Two, dit Marie-Belzébuth.

— Vous n'avez donc ben des gadgets ! dit Ariane. Moi, tout ce que je voudrais, c'est revoir mon piano.

— Un piano ? dit Célestin. C'est pas ben ben utile. Tu peux pas te faire à manger avec ça, pis y a même pas d'images ! Avez-vous vu le dernier vidéo de Stevie Wonder ?

— Vidéos ! 620K ! dit le Diable. Pis quoi encore ? Vingt-trois canaux de tévé, des gants Michael Jackson, un tee-shirt Ghostbusters, un rouli-roulant, trois jeux électroniques, Sutton l'hiver pis Cape Cod l'été ! Bullshit ! (p. 331)

[...]

— Chips, coke, chocolat ! continue le Diable, Univers de gomme balloune ! O Tempora ! (p. 331-332).

L'esprit mauvais, psyché infantile imagée par l'auteure, ajoute à l'énumération du Diable :

— Mets-en : bike, moto, motocross, mobilette, radio réveille-matin, cadran qui jappe, deuxième tévé couleur, câble-ô-sélecteur, « transformer », « converse », gilet Benetton, tourne-disque au laser, cassettes vidéo, beaucoup de cassettes vidéo, patins Bauer neufs de cette année… jeu de billard, jeu de ping-pong, jeux électroniques, cours de ballet-jazz, cours de natation, cours de banjo, cours de saxo, magnétoscope, répondeur automatique, téléphone cellulaire, chalet quatre saisons, hors-bord, piscine autonettoyante, sauna, skis alpins dix vitesses, bottines Fisher pivotantes, monte-pente, billets de saison, ski de fond… (p. 332)

La liste est longue. Les gadgets modernes fournissent des commodités, modifient le style de vie, divertissent toute la famille et constituent aussi des instruments de socialisation. C'est avec ces gadgets que les enfants sont élevés et acquièrent même une certaine habilité. Les parents qui aiment les enfants font tout pour les satisfaire. Mais cela n'empêche pas Marité de se plaindre :

> Vous ne pouvez pas savoir comment ils sont décevants parfois : ils disent de plus en plus de platitudes et de choses blessantes, ils me considèrent comme une machine à produire, à fournir, à payer – à payer surtout ! – c'est terrible, des enfants, ça use, ça gruge, ça divise !... Je leur fournis le gîte et le couvert, je lave leur linge, mais ça s'arrête là. C'est tout ce que je peux pour eux, des choses matérielles, je suis la mère-auberge ! Vous pensez peut-être que j'exagère, mais vous pouvez pas comprendre. Vous les gâtez, vous voyez pas leurs défauts (p. 328).

Il est vrai que ses deux enfants sont gâtés et ont des défauts. Comme Maryse et Marie-Lyre le font remarquer, ils n'ont pas de manières à table, ils mangent la bouche ouverte, ils sont *ostineux* sur les mots, tatillons, prétentieux, snobs, paresseux, fouines... Myriam, une fois rentrée de l'école, ne touche plus à son cartable au point qu'elle oublie parfois où elle l'a laissé la veille. Elle fait l'école buissonnière. La grand-mère la surprend dans la rue mais ne lui en fait aucun reproche. Elle se fait écrire des lettres mensongères par Elvire Légarée pour justifier son retard en classe. Elle sait des choses qu'elle n'aurait pas dû savoir à son âge, à cause du manque de discrétion des adultes. Par exemple, elle feuillette le magazine *Penthouse*, au sous-sol de chez Marie-Belzébuth, et surprend Maryse et Laurent qui font l'amour dans la matinée.

Marité a l'intention de bien élever ses enfants. Dynamique mais irascible, elle se montre souvent répressive, utilise la menace. Voici quelques exemples de son emportement :

> — Myriam Grand'maison ! hurle tout à coup la voix de Marité. Si je m'enfarge encore une fois dans tes patins, je les jette ! Ça fait cinq fois que je vous demande de serrer vos traîneries. Madame Tremblée vient faire le ménage demain mais prenez-la pas pour votre servante ! (p. 94)
>
> [...]
>
> On salue les gens quand ils entrent, dit elle. T'es traîneuse et tu mérites une punition (p. 95).
>
> Myriam avale son bol de céréales en disant « ouache ».
>
> — Arrête de dire ouache, dit Marité. Les céréales sont bonnes et obligatoires.

Elle lui rappelle de nourrir la chatte avant de partir, ça aussi c'est obligatoire.

— Mouiais, fait Myriam (p. 374-375).

[...]

— Es-tu encore sur la ligne, Myriam Ladouceur? Espèce de faticante! J'ai droit à ma vie privée, moi aussi! Je vais te reconduire à l'école par les oreilles si tu te grouilles pas (p. 389).

Entre parenthèses, Marité appelle sa fille tantôt Myriam Grand'maison, tantôt Myriam Ladouceur. Cette confusion inconsciente fait écho à une revendication d'égalité entre les hommes et les femmes : les enfants peuvent porter le nom de leur mère ou celui de leur père, ou un nom composé de celui du père et de celui de la mère (Guillaume Lemay-Thivierge, par exemple). Cependant que l'usage est toujours de porter le nom du père.

Pour sa part, François dicte, sporadiquement, des interdictions aux enfants. Mais doux de nature, il n'a pas tellement d'autorité. Professeur de littérature, il surveille plutôt le langage des enfants, indique les mots mal utilisés.

Myriam... aperçoit des moineaux en train de baiser. Elle a dit ça, l'autre jour, « baiser », et cela a provoqué une longue explication avec Marité, comme quoi, on doit plutôt dire « faire l'amour ». « C'est des différences lexicales et sémantiques, a expliqué François, et de contexte. Par exemple, dans le contexte de l'école, il est préférable de ne pas parler de baisage » (p. 48).

De toute façon, l'éducation de Marité et François est peu efficace. Si Marité dit à sa mère Blanche devant Myriam : « Mauvais cul » (p. 21), comment peut-on exiger de Myriam de soigner son langage? Rien d'étonnant si elle dit à sa grand-mère : « J'ai pas une bonne école. Les maîtresses sont toutes des poches » (p. 393).

Les parents qui ont vécu la Révolution tranquille, rejeté les contraintes familiales, sociales et religieuses, semblent incapables d'imposer à leurs propres enfants de nouvelles normes de comportement. La permissivité, l'indulgence et la cajolerie sont à la source d'une éducation négligée. Marité est consciente du problème. Elle demande à ses deux amies Maryse et Marie-Lyre de ne pas nuire au semblant d'éducation qu'elle essaie de donner aux enfants. Elle se plaint :

On fabrique des monstres branchés uniquement sur la consommation et l'argent, dit Marité. On ne le dit pas. En parler, ce serait reconnaître que toute l'Amérique du Nord s'est trompée dans la façon d'élever ses petits et d'envisager l'avenir! (p. 336)

Et Marité souligne, non sans raison, que l'éducation est la chose la plus importante dans une société. Elle pose la question, sans savoir exactement comment la résoudre. Elle ne sait pas mieux élever les enfants que les autres mères. « De toute façon, personne ne sait comment se comporter avec eux ! », pense Marité (p. 336). Les enfants des années 1980 sont élevés librement. Que deviendront-ils une fois adultes en l'an 2000 ? Personne ne peut prédire.

Peut-être aussi soucieuse de ce problème, matante Maryse raconte, tout le long du roman, plusieurs histoires familiales aux enfants pour leur faire connaître le passé des familles québécoises et ainsi le passé du Québec. Citons quelques faits que Maryse communique aux enfants dans ses histoires :

- Les enfants d'autrefois n'avaient pas de télévision, ni de stéréo ;
- Les enfants de la campagne ne pouvaient pas toujours se rendre à l'école, même ceux qui avaient des souliers. Ils ne fréquentaient l'école que dans la mesure où la température et les travaux de la ferme leur laissaient le temps, parce que l'école n'était pas, à l'époque, une priorité pour eux ;
- Les jeunes personnes n'étaient pas libres de choisir leur conjoint ou conjointe. Elles étaient obligées parfois de se révolter contre la volonté de leurs parents en fuyant loin de la maison paternelle pour réaliser leur bonheur personnel ;
- Les filles-mères étaient méprisées. Elles accouchaient à la Miséricorde sous le même patronyme, Leclerc par exemple, dans des conditions déplorables. Quand les parturientes hurlaient de douleur, la bonne sœur leur disait : « Endurez, mademoiselle Leclerc, c'est pour racheter votre faute que le bon Dieu vous envoie cette épreuve ! » (p. 253) Certaines religieuses disaient méchamment qu'elles étaient « punies par où elles ont péché » (p. 250).

Maryse leur raconte aussi tant d'autres choses que les enfants d'aujourd'hui ignorent et ont du mal à croire.

Tout en faisant connaître aux enfants le passé du Québec, Maryse transmet des valeurs : l'amour maternel, le choix libre, la réalisation du bonheur individuel, l'amour du métier, l'indépendance personnelle, le pacifisme, l'antipathie contre la religion, l'importance de la protection de l'environnement, etc. Les enfants sont influençables. Ils ont beaucoup appris avec l'excellente conteuse, la tante « surnaturelle » Maryse. Cela montre que la socialisation des enfants est aujourd'hui encore loin de se jouer seulement au sein de la famille. Les grands-parents, les amis, les voisins contribuent à cette tâche d'autant plus que les deux parents travaillent et que les enfants sont souvent de famille monoparentale.

Les enfants de famille monoparentale

Nous avons indiqué que l'instabilité de la vie de couple est une des raisons pour lesquelles on fait moins d'enfants. Les enfants qui sont nés de l'union libre, de la cohabitation ou même du mariage conventionnel, se retrouvent souvent dans une situation monoparentale après la séparation ou le divorce de leurs parents. Ces enfants constituent un fait social dont on s'occupe beaucoup pendant les années 1980. On en parle souvent à la télévision et dans les journaux. L'auteure se fait l'écho de ce phénomène, avec une vision féministe, nous semble-t-il. Jean Duclos, Oubedon, le père d'Ariane et le chum de sa mère sont montrés du doigt par l'auteure. On a l'impression que le père est moins responsable que la mère. Ce n'est pas toujours vrai, sans aucun doute.

Le problème des enfants dont les parents sont séparés entraîne plusieurs conséquences.

Sur le plan affectif, les enfants sont souvent tiraillés entre le père et la mère. Ils peuvent bien les aimer tous les deux, ils vivent pourtant tour à tour chez leur père et chez leur mère, ou avec un parent et reçoivent les visites de l'autre. Pour avoir un développement psychologiquement équilibré, les enfants ont besoin à la fois de l'attention délicate de la mère et de l'affection virile du père. Par suite de l'absence de la mère ou du père dans la vie quotidienne, la formation de la personnalité de l'enfant pourrait être affectée. Selon les théories de Freud et d'Erikson, l'enfant de 6 à 12 ans se trouve dans un stade de développement qui correspond à la période d'identification au parent du même sexe. Il est donc possible de croire que pendant cette période de développement, la présence ou l'absence d'un parent du même sexe joue un rôle prépondérant dans l'adaptation de l'enfant. Voyons le cas de Gabriel.

Ce dernier vit avec sa mère, son beau-père et sa demi-sœur. Il fréquente les enfants du quartier. En apparence il n'a rien d'anormal. Mais au fond, l'absence de son père est pour lui une obsession. Dès qu'il a su écrire, à l'âge d'à peine six ans, il a entrepris une correspondance *à sens unique* avec son père. Au début, Marité a transmis quelques-unes de ses lettres à Jean et suggéré à celui-ci d'y répondre. Mais Jean ne répond pas à son fils sous prétexte d'être débordé. Au fil des années, Marité a accumulé un énorme cartable de lettres, non postées, de Gabriel. Elle pense les remettre un jour à Gabriel pour mémoire. Gabriel essaie aussi de rejoindre son père par téléphone, histoire de chasser sa solitude, d'apaiser son envie de parler à son père, de lui communiquer sa vie quotidienne, ses pensées, son amour. Il compose l'un après l'autre les trois numéros de son père, mais aucun ne fonctionne. Que c'est décevant! Ou bien maître Jean Duclos a quitté le bureau, ou bien le répondeur dit machinalement qu'il est présentement absent, ou bien la ligne est occupée. Son père est ainsi inaccessible, un homme toujours « présentement absent ». Voilà la face tourmentée de l'enfance de Gabriel, comme l'a dit Marité. Gabriel, solitaire, devient distant et fermé. Marité le voit, de loin, se débattre avec des amitiés compliquées et ne peut rien faire pour lui. Il parle de moins en moins et mène une vie parallèle au sein d'une famille reconstituée. Petit à petit, il se fait une idée plutôt noire de la vie. Le monde est peut-être en effet une « gamick » absurde, pense-t-il. La vie n'est rien d'autre qu'une suite de compromis, de déceptions, de menteries. Et son père ne s'est jamais occupé de lui, il le sait bien. « C'est ça, les vacheries de la vie, a dit Fred, ça et les gamicks de tes contemporains... » (p. 478) C'est, pour ainsi dire, une protestation exprimée par la psyché de l'enfant contre les parents qui ne s'attachent qu'à leurs propres bonheurs individuels sans penser aux conséquences néfastes pour leurs progénitures lors de leur séparation ou leur divorce.

Heureusement, bien qu'abandonné de son père, Gabriel trouve plus ou moins une compensation par l'amour maternel, la douceur de son beau-père, la solidarité fraternelle de sa demi-sœur, les amitiés de ses matantes, l'attention de sa grand-mère. À part tout cela, il ne souffre pas de privations, grâce à une bonne situation financière de la famille. À la fin, dans la scène rapportée plus haut, il est plus proche de François qu'Antoine ne l'a jamais été de monsieur Plamondon.

Sur le plan matériel, tous les enfants de famille monoparentale ne sont pas aussi chanceux que Gabriel. Ariane est une enfant de garde conjointe. Sa mère cohabite avec un caissier surnuméraire d'une coop naturaliste, tandis que son père a refait sa vie sur la rue Durocher. Elle doit faire la navette entre la rue Durocher et la rue Mentana, d'une semaine à l'autre. C'est marrant comme organisation, dit Blanche. Mais c'est une nouvelle tendance, vraisemblablement influencée par l'idéologie d'égalité des sexes en matière de garde. Le retour des femmes sur le marché du travail et l'engagement du père dans l'éducation des enfants représentent de nouvelles réalités sociales qui justifient cette idéologie actuelle[16]. Encore enfant, Ariane doit faire face à des situations compliquées.

Ses parents ne travaillent que six mois par année et leurs revenus fluctuent en conséquence. Ariane n'a pas de jeux électroniques comme d'autres enfants. Pour aller à Outremont chez son père, elle voyage toute seule en métro parce que sa mère n'a pas d'auto. Elle est douée pour la musique, mais son père ne paie pas ses leçons de piano. Elle ne mange pas bien à la maison : il n'y a rien de bon à manger chez elle. Le *chum* de sa mère, un écologiste enragé, a foutu en l'air tout gadget domestique moderne : la balayeuse, le lave-vaisselle, la télévision, le grille-pain et le mixeur. Dans le frigidaire épargné, il n'y a que « des graines plus ou moins germées, plus ou moins blettes » (p. 99). Ariane mange souvent chez Marité qui l'aime bien et trouve agréable sa présence soutenue à sa table d'autant plus qu'elle fait toujours trop de nourriture. Ariane préfère le steak et l'escalope de dinde panée de chez Marité aux aliments naturels de sa mère. Si Myriam ne l'invite pas à passer les vacances avec sa famille à Ogunquit, Ariane les passera sur l'asphalte. Lorsqu'elle séjourne chez sa mère, c'est avec Myriam qu'elle passe la plupart de son temps de loisir. Elles jouent ensemble, patinent dans le parc Lafontaine, dansent et jasent dans le bar du Diable vert, participent à la randonnée de bicyclette organisée par Maryse et Marie-Lyre, assistent à des séances d'histoires de Maryse. Elles aiment toutes les deux Célestin et font le même rêve. Elles sont « des amies-à-mort-intense » (p. 415), « des sœurs de rêve ».

> — On est des sœurs de rêve, annonce Ariane d'une voix émue. On est une dynastie liée par le rêve, dit Ariane (p. 412).
> — On est dynastiques ! dit Myriam. On est Ariane et Myriam premières, Sultanes en chef paritaire.
> — Oui ! dit Ariane (p. 415-416).

C'est en dehors du foyer qu'Ariane trouve l'affection et l'amitié. Et sa socialisation est largement due au concours du voisinage.

---

16. Aux États-Unis, 30 États ont déjà adopté des lois régissant la garde conjointe… Au Canada, ce concept de garde fait encore face à de nombreuses résistances de la part des gens de loi. Toutes les cours des provinces canadiennes refusent de considérer la garde conjointe comme un choix possible, sauf dans des circonstances exceptionnelles. De fait, la situation de garde conjointe n'est pas prévue dans la loi canadienne. (Voir Cl. Rivest et C. Ruth Solomon, « La garde de l'enfant à la suite de la séparation parentale : quel est le meilleur choix ? », *Revue québécoise de psychologie*, vol. 9, nᵒ 7, 1988, p. 44). La législation reste en arrière par rapport à la réalité. Elle ne fait, la plupart du temps, que légitimer les pratiques existantes.

Un cas particulier : l'enfant abandonné

Miracle Marthe était une enfant abandonnée. Elle ne connaît que sa mère dont elle garde un vague souvenir. Elle a passé son enfance et son adolescence dans des familles d'accueil. Trois des huit foyers nourriciers qui l'ont acceptée se trouvent dans le quartier Centre-Sud, un des quartiers où se concentrent les populations les plus pauvres de Montréal et qui détient le record de criminalité pour toute la communauté urbaine en 1982[17]. Dès l'âge de huit ans, Miracle Marthe s'est éprise des jeux électroniques : « Chaque fois qu'elle fuguait d'un foyer nourricier avec le portefeuille du chef de famille, elle commence par aller aux arcades. » (p. 83) Elle a étudié jusqu'en cinquième secondaire. Mais un jour, elle abandonne ses études, devient vagabonde, et se fait punk. Elle habite dans un *squatter*, et découche souvent. L'auteure laisse entendre qu'elle se prostitue au parc Lafontaine. « Le parc est payant : derrière chaque buisson poussent trente piastres faciles à cueillir, c'est un truc de sorcière. Avec l'argent ramassé, elle ira jouer aux arcades. » (p. 83) Par les jours de grand froid, elle se met à l'abri à la Bibliothèque municipale ou dans la salle des archives de l'hôtel de ville. Elle y passe de belles journées surchauffées à compulser des annales et des registres de paroisses. Elle est tenaillée par la question des origines, puisqu'elle ne connaît pas la sienne, et par la « cellule familiale élargie » (p. 104). C'est pourquoi elle connaît par cœur l'arbre généalogique de la famille de Myriam et peut énumérer l'ascendance de Myriam jusqu'au dix-septième siècle. Quand Ariane lui demande son vrai nom, elle ne sait pas comment répondre et après un moment d'hésitation, elle dit : « Nous autres sorcières... nous menaçons l'ordre social, d'où que nous venions, que nous soyons punks, rockers, preppies, new wave ou skinhead » (p. 240). Elle se mêle aux enfants de la rue Mentana, mais elle ne leur fait rien de mal. Elle est plutôt gentille et sympathique. Débrouillarde, elle connaît des trucs qui émerveillent les enfants. Les parents et les matantes de Myriam éprouvent de la sympathie pour elle. Marie-Lyre se demande à quoi elle s'intéresse, trouve qu'elle exprime, roulant toujours sur ses patins, on ne sait quel vide affolant, quelle angoisse, et qu'elle est volontairement cassante et froide. Mais sous la laque noire de son uniforme punk, Marie-Lyre sent une incommensurable détresse. La comédienne apprend par la lecture que certains auteurs québécois déplorent que les jeunes contemporains se complaisent dans l'insignifiance et qu'ils n'aient plus d'âme

---

17. *La Presse*, 22 avril 1987.

ni de culture. Marie-Lyre demande à ses deux amies si elles trouvent Miracle Marthe insignifiante. «Maryse déclare que Miracle Marthe est tout, sauf insignifiante. C'est une enfant bizarre et elle aimerait bien savoir d'où elle vient.» (p. 246)

Miracle Marthe souffre d'anorexie. Marité se documente sur cette maladie, en discute avec Elvire Légarée qui l'engage comme auxiliaire, et pense la guérir. Elle propose à Miracle de coucher chez elle, des fois. Mais Miracle se méfie de ces dames qui ont l'âge de sa mère hypothétique.

> Elle devrait les sacrer là et aller faire un tour au parc, il doit y avoir un piège là-dedans, le coup de la gentillesse, on le lui a déjà fait! Ça sent trop la com-préhension ici, ça sent l'abondance, la compassion, le bourgeois et l'ordre; ils y croient du moins, ils essaient! C'est un piège, elles vont la stooler, elles seraient capables de la dénoncer au DPJ! Elle vient pour se lever, mais cela lui semble terriblement compliqué, tout à coup (p. 444).

Le cas de Miracle Marthe n'est pas exceptionnel. Selon le relevé de 1987 du Conseil canadien de développement social, il y aurait 10 000 itinérants à Montréal (100 000 pour tout le Canada, selon l'estimation). De ceux-ci, près de 50% sont considérés comme jeunes, soit des adultes de moins de 30 ans. Ils vivent sans revenu d'emploi et sans attache familiale. Ils sont, pour la plupart, peu instruits. Leur état de santé est mauvais et ils sont souvent alcooliques (plus des deux tiers du groupe). Ils ont une espérance de vie inférieure à la moyenne mais, curieusement, connaissent un taux de suicide inférieur à la population globale. On les retrouve surtout aux abords des centres-villes[18]. Ainsi quand on parle des enfants gâtés et des enfants de famille monoparentale, on ne doit pas oublier l'existence de ces jeunes vaga-bonds. Aux bas-fonds de la société postindustrielle, ces sans-famille, sans-abri sont souvent des progénitures d'un amour irresponsable, d'une cohabitation échouée ou d'un divorce précoce.

L'existence de Miracle Marthe et ses consorts peut s'expliquer par toutes sortes de raisons: l'insuffisance de projets sociaux, l'inadaptation à la nou-velle compétence exigée en fonction du virage technologique, l'inflation, le chômage, l'absence des logis à prix modique, etc. Mais si on l'envisage dans l'optique de l'institution familiale l'instabilité de la vie de couple et la varia-tion de la forme familiale, sont, dans une grande mesure, responsables de ces jeunes anarchistes accoutrés et coiffés d'une manière insolite et

---

18. Voir Jean Gagné et Henri Dorvil, «L'itinérant: le regard sociologique», *Revue québécoise de psychologie*, vol. 9, n° 1, 1988, p. 74.

extravagante. Loin d'être une menace pour l'ordre social, comme le croit Miracle Marthe, leur existence constitue plutôt, nous semble-t-il, une mise en garde pour tous ceux et toutes celles qui se branchent uniquement sur leurs petits bonheurs individuels. Elle nous rappelle l'importance de la famille dans la socialisation des enfants et dans la formation de leur identité et de leur personnalité. Nous voyons, par là, un des messages que l'auteure voulait peut-être nous transmettre par le truchement de ce personnage malheureux qui donne l'impression d'être une intruse dans un milieu de petite bourgeoisie, dans une gang d'enfants gâtés et heureux.

Bilan

Ce roman nous permet d'observer quatre caractéristiques qui marquent une société postindustrielle : le haut niveau d'éducation de la population, la tertiarisation des activités économiques (70 % des salariés québécois travaillent dans le secteur tertiaire), le grossissement de la classe moyenne et l'abondance des biens et des services disponibles.

Ce n'est pas par hasard si l'auteure a pris des professionnels comme personnages principaux de son roman : Marité, Maryse, Marie-Lyre et François ont tous un niveau d'instruction universitaire, travaillent dans le secteur tertiaire avec un bon salaire, font partie de la classe moyenne et partagent l'abondance de la société postindustrielle. Chez eux, on observe bien la tendance générale de l'évolution des mentalités et des comportements dans la vie familiale. Militants actifs pour le changement social des décennies précédentes, ils deviennent bénéficiaires et défenseurs des acquis de la Révolution tranquille. De la politisation des années 1960 et 1970 à la dépolitisation des années 1980, ils ont parcouru un bout de chemin qui les amène sur le plan politique de l'infantilisme au réalisme. Ils atteignent la maturité tant sur le plan physique que sur le plan mental, comme Marité a dit avec raison : « [...] la maturité, on y est » (p. 347).

L'échec du référendum de mai 1980 ne signifie point la fin du mouvement indépendantiste. Non, loin de là. Seulement, la stratégie a changé. Une nouvelle régulation et une nouvelle adaptation y sont intervenues en fonction de la nouvelle réalité postindustrielle. La conscience nationale reste toujours en éveil chez les Québécois qui ne sont plus des *ploucs*, mais des *hommes modernes* des années 1980. L'exorde improvisé par Marie-Lyre lors de la répétition générale, devant le metteur en scène européen, rend bien compte de la confiance et de la fierté des Québécois modernes :

Tu ne nous impressionnes pas avec ta culture impériale venue de là où tu prétends que cela se passe. Ça se passe là où on vit, là où on veut, ça se passe ici maintenant, si on veut! Ce n'est plus le vieux style. Ce n'est pas mieux, ce n'est pas pire, c'est différent. Ici, on adapte, on transforme, on assimile. On n'est pas nécessairement amnésiques, seulement, on n'a pas le temps de regarder en arrière, on est ce qu'on continue, au-delà de la nostalgie, ce qui survit (p. 281-282).

L'auteure du roman souligne que ce discours ne s'adresse pas seulement à ce metteur en scène arrogant, mais aussi à tous les envahisseurs culturels.

Les Québécois ne sont jamais aussi fiers, aussi agressifs. Ils vont de l'avant, pleins de confiance en eux-mêmes. Avec ses performances économique et culturelle, le Québec s'impose en tant que société distincte. Il va désormais vers le monde entier. Le départ de Laurent et de Maryse pour le Nicaragua est symbolique en ce sens que le missionnaire d'autrefois est aujourd'hui remplacé par le coopérant.

Avec ses biens et services abondants, la société postindustrielle du Québec accroît les possibilités de choisir selon le goût et les revenus de chacun, et offre ainsi plus de loisirs, plus de voyages, plus de consommation. Le fait que l'individualisme et l'hédonisme se développent chez la population québécoise témoigne du changement survenu dans les mentalités. Les nouvelles valeurs et les nouvelles normes de comportement qui ont fait leur apparition pendant les deux décennies précédentes sous le signe de la révolte, se banalisent au cours des années 1980. La société les sanctionne au lieu d'y résister. Elle devient plus tolérante, plus permissive, et donc on bénéficie d'une liberté plus grande.

Sur le plan familial, non seulement on est libre de choisir différentes formes de vie de couple, mais les deux partenaires deviennent aussi plus tolérants l'un pour l'autre : le rapport sexuel extraconjugal est banalisé. On est libre de cohabiter, de se marier ou de se séparer[19]. Lors du choix du (de la) partenaire, les intérêts matériels n'entrent guère en ligne de compte. C'est l'amour qui est le facteur décisif dans l'organisation ou la réorganisation de la vie de couple. Cela ne signifie pas la mort de la famille. Edward Shorter affirme que l'augmentation du nombre des divorces n'annonce pas la fin de

---

19. Selon Edward Shorter, l'instabilité de la vie du couple est due à la recherche de la jouissance érotique, qui devient «un élément central de la vie commune», et à l'indépendance économique acquise par les femmes, qui prennent conscience de leur droit à l'épanouissement personnel, et osent s'arracher à une union insatisfaisante. (Voir son livre, *Naissance de la famille moderne, XVIIIe-XXe siècle*, Paris, Seuil, 1977, p. 337.)

la famille, puisque la plupart des divorcés se remarient. « Ce n'est donc pas l'institution légale du mariage qui touche à sa fin, écrit-il, mais simplement l'idée que le mariage est *pour la vie*[20]. » Selon nous, en tant qu'institution sociale, la famille s'assouplit et adopte des formes variées.

La famille reste le centre d'affection et de consommation. On trouve plus d'harmonie dans les relations interpersonnelles au sein de la famille. En effet, la famille non traditionnelle de Marité et François est la plus heureuse de toutes celles rencontrées dans notre analyse. La solidarité parentale est toujours indispensable pour parer aux coups de la vie. Cependant, la vie urbaine semble resserrer davantage les liens amicaux et les liens entre les voisins que les liens parentaux. Quand les deux partenaires travaillent à l'extérieur du foyer, le voisinage offre plus de commodités que la parenté au cas où on aurait besoin de secours. Maryse, Marie-Lyre et Elvire sont toutes d'excellentes gardiennes au besoin, alors que Blanche et Alice habitent loin de chez Marité. Les tantes *surnaturelles* et les *sœurs de rêve* se substituent aux tantes et aux frères et sœurs naturels à cause de la dénatalité. La parenté élargie disparaît, puisque la taille de la famille se rétrécit.

Le rapport parents-enfants est marqué par la disparition de l'autorité et par la permissivité parentale. C'est un changement fondamental dans l'administration ménagère et dans la conception de l'éducation. On insiste davantage sur le développement libre de la personnalité et des goûts de l'enfant, sur le respect mutuel entre parents et enfants. Cela devient possible grâce à une bonne situation financière des parents qui permet de satisfaire les enfants quand ils réclament quelque chose.

La famille continue de remplir la fonction de socialisation des enfants. Marité essaie toujours de donner une bonne éducation à ses enfants. Mais il faut dire que la famille n'est pas la seule à remplir cette tâche. Les médias de masse sont tellement développés et perfectionnés que ni l'enfant ni l'adulte ne peut y résister. Les enfants apprennent beaucoup plus avec les journaux et la télévision qu'avec leurs professeurs et leurs parents. Olivier, le meilleur ami de Gabriel, « a douze ans de télévision dans le crâne » (p. 32), alors que Gabriel est un lecteur zélé des journaux. Le voisinage contribue beaucoup à la socialisation des enfants. Les histoires édifiantes de Maryse ne distraient pas simplement les enfants, elles transmettent des valeurs et forment la conscience nationale en même temps. Cela est d'autant plus significatif que l'invasion de la culture américaine est une menace réelle pour la conservation

---

20. *Ibid.*, p. 337.

et le développement de l'identité québécoise, avant et après la signature de l'accord du libre-échange.

L'abondance de la société postindustrielle peut diminuer, mais ne peut pas faire disparaître l'inégalité et l'injustice sociales. La pauvreté, la violence, la prostitution, la toxicomanie, la détérioration des conditions écologiques, etc., existent depuis toujours, mais sont mises au premier plan au cours des années 1980. Et de nouveaux efforts sont fournis pour résoudre ces problèmes engendrés en partie par le développement économique et social. Les préoccupations collectives s'orientent désormais vers l'amélioration de la qualité de vie, le rétablissement de l'équilibre entre la consommation et la protection de l'environnement écologique, la répartition équitable des richesses, l'égalité des deux sexes sur tous les plans et la réalisation de la justice sociale.

L'identité québécoise
et son évolution au XXe siècle

Nous avons effectué quatre coupes dans l'histoire du Québec au XXe siècle et analysé huit romans québécois dont les toiles de fond correspondent respectivement à chacune de ces coupes. Une centaine de personnages créés par les auteurs de ces romans ont été soumis au regard sociologique. Nous avons examiné les valeurs qui les animent et leurs comportements en famille, dans l'objectif de cerner leur identité culturelle. Chacune de ces images littéraires est particulière et généralisante. Euchariste Moisan se distingue de Didace Beauchemin ; Azarius Lacasse, de Théophile Plouffe ; Antoine Plamondon, de Maryse O'Sullivan ; et Marité Grand'maison, de Marie-Lyre Flouée. L'identité de ces Québécois et Québécoises est à la fois individuelle et sociale dans le milieu physique et socioéconomique où ils sont apparus. La spécificité de chacune de ces représentations littéraires nous permet d'affirmer que leur identité individuelle est tangible. Un Québécois moyen n'aura pas de mal à se reconnaître dans ces romans et à s'identifier à l'une ou l'autre des représentations. Et la résultante des identités individuelles de ces personnages constitue bel et bien une des expressions de l'identité québécoise qui ne serait pas, une fois définie et clarifiée, abstraite.

Au début du XXe siècle, la société canadienne-française est essentiellement une société agricole. La majorité des Canadiens français vivent dans les campagnes. Il va donc de soi que la recherche de l'identité parte des cultivateurs.

La formation de la conscience collective

Cela fait trois cents ans, au début du XXᵉ siècle, que les colons français se sont installés en Nouvelle-France. Les efforts continuels de plusieurs générations en vue de conquérir le nouveau continent – au fait, le mot Québec dans sa transcription chinoise : Kui Bei Ke, peut signifier «les premiers conquérants du Nord» –, de s'adapter au nouveau milieu de vie et de s'intégrer à une communauté multiethnique, finissent par les transformer en Canadiens français. Le sevrage précoce en 1763 par la mère patrie les a précipités dans un gouffre d'allégeance à la reine d'Angleterre. Jetés dans les bras des conquérants anglophones, ils se sentent abandonnés, orphelins. De l'état de conquérants et de colonisateurs à l'état de vaincus et de colonisés, ils essuient une cruelle humiliation et se cabrent contre toute tentative d'assimilation. Coupés des liens avec la mère patrie, ces *enfants abandonnés* deviennent précocement autonomes et indépendants. Les activités productives, matérielles et non matérielles, menées en commun dans le Bas-Canada par cette colonie courageuse et opiniâtre, font naître chez elle la conscience de son existence collective, vécue sous le signe d'un nationalisme étroitement lié à la conservation de son identité culturelle, c'est-à-dire l'identité canadienne-française par opposition à l'identité française tout court et à l'identité canadienne-anglaise. L'histoire de la famille Beauchemin est une histoire de luttes continuelles de six générations dans la même paroisse que les coparoissiens ont construite en commun et *avec tant de cœur*. Le roman raconte une partie de cette histoire familiale et rend bien compte de la formation de la conscience collective des Canadiens français.

La complexité du caractère national

Essentiellement agricole, le Québec de l'époque est intégré à un système économique capitaliste dit libéral, et politiquement représentatif, dit démocratique. Il n'a pas connu la Révolution française accompagnée d'un mouvement anticlérical. Il n'a pas non plus de tradition féodale : le système seigneurial de courte durée n'a pas laissé d'empreinte sur l'esprit des gens. Certes, la démocratie n'est pas immanente à la société agricole, mais la féodalité n'a non plus rien à voir avec le Québec rural. Ainsi, chez les cultivateurs canadiens-français, s'affrontent la tendance spontanée à la démocratie et l'obéissance respectueuse à l'Église.

Les premiers colons français ne sont pas poussés seulement par le désir de fuir la misère du vieux continent, mais aussi par le goût de connaître de nouveaux horizons, la répugnance face aux contraintes féodales et l'aspiration à la liberté. Le désir d'agir et de penser librement implique en un sens l'esprit d'aventure. Cela contraste avec l'attachement à la terre, la courte vue, le contentement de soi et la satisfaction des acquis. L'esprit d'ouverture vers le monde extérieur et celui de fermeture sur soi-même coexistent chez les Canadiens français. D'une part, chaque ferme familiale constitue un *îlot d'humanité*, isolé des autres, d'autre part, l'esprit de clocher fait en sorte que les cultivateurs vivent dans une grande famille paroissiale, administrés spirituellement par le curé et temporellement par le maire. Tout cela est un peu paradoxal et apparemment incompatible. Tout dépend des circonstances. L'un et l'autre font partie de l'image des cultivateurs.

L'identité peut comprendre en son sein certains aspects contradictoires. Les Canadiens français peuvent avoir en même temps la fierté d'être descendants des colons français courageux et un complexe d'infériorité face aux conquérants anglais, l'esprit d'aventure et la tendance conservatrice. Cette complexité du caractère national est due à l'héritage spirituel des premiers colons : le courage de construire un pays dans le nouveau continent et la curiosité d'explorer l'inconnu d'une part, et d'autre part, le mode de production de l'exploitation familiale de la terre et le besoin de se protéger contre l'assimilation. On trouve différentes manifestations de ce caractère national chez des cultivateurs en raison de leur personnalité respective. Euchariste Moisan et Pierre-Côme Provençal incarnent le conservatisme, alors que le Survenant et Ephrem font preuve d'esprit d'aventure. Les Moisan se sentent isolés par les piquets le long des bornes de la ferme, alors que les Beauchemin se sentent toujours intégrés à la communauté paroissiale. Par ailleurs, l'esprit d'aventure peut se transformer en acte téméraire (Ephrem va tenter sa chance aux États-Unis), ou en esprit d'initiative et de concurrence (le Survenant part toujours vers l'inconnu, se mesure avec le lutteur français, se propose de fabriquer un nouveau canot pour le vieux Didace). Et la tendance conservatrice sous-tend une prudence parfois inutile, parfois nécessaire : le père Moisan dépose ses économies chez le notaire plutôt qu'à la banque impersonnelle ; les Moisan et le maire Provençal entretiennent de la méfiance à l'égard des étrangers. Mais que ce soit le père Moisan, son fils Ephrem ou le Survenant, ce sont tous des Canadiens français *pure laine*. On ne peut préférer les uns aux autres.

L'identité peut se manifester différemment chez les membres d'un peuple et l'intensité de l'identification varie selon la personnalité de chacun et la position de ses porteurs sur l'échelle sociale. Dans la vie de tous les jours, les Canadiens français sont d'une part travailleurs, vaillants, économes, réalistes, bons vivants, généreux, bons chrétiens et pacifiques, et d'autre part, nonchalants, velléitaires, méfiants, têtus, jaloux, chicaniers, conservateurs et bigots. Voilà l'image que Ringuet et Germaine Guèvremont se sont faite des cultivateurs canadiens-français et que nous avons déduite de leurs constructions imaginaires.

L'identité québécoise au début du XXᵉ siècle

Le dépouillement des données tirées de *Trente arpents* et du *Survenant* suivi de *Marie-Didace* indique que ces cultivateurs canadiens-français n'ont qu'un souvenir lointain de leur pays d'origine. Seules les affinités culturelles maintiennent encore un lien affectif entre ces Nords-Américains d'origine européenne et le vieux continent. Leur identité se distingue par la croyance catholique, par l'esprit de paroisse, par l'attachement à la terre et à la langue française, par la valorisation de la famille nombreuse, ainsi que par les mœurs et coutumes. Et ces mœurs et coutumes sont engendrées par leur mode de vie dans le froid septentrional et dans le vaste territoire riche en cours d'eau, en gisements miniers et en terrains boisés. Ainsi, les paysans ont-ils les maisons d'habitations disposées en « rang », les veillées du long hiver ; le magasin général sert de lieu d'échange d'informations ; les femmes font la piqûre de la courtepointe et la corvée de savon ; les jeunes montent dans les montagnes pour couper du bois quand il n'y a plus de travaux à faire dans les champs en hiver ; la terre ancestrale se transmet à un seul descendant de la famille… L'intrusion d'Albert, un objecteur de conscience français, chez les Moisan et celle du Survenant chez les Beauchemin, le séjour du père Moisan chez son fils Ephrem aux États-Unis mettent immédiatement en évidence l'identité de ces « habitants » qui défrichent, cultivent et restent sur leur propre terre.

L'évolution de l'identité québécoise
dans le domaine des valeurs et sur le plan familial

L'identité québécoise que nous venons de préciser n'est pas de nature figée. Comme nous l'avons montrée selon ses constructions imaginaires, elle mue continuellement. Nous allons essayer de récapituler son évolution à travers le temps sur les plans suivants : la foi catholique ; la mentalité et le nationalisme ; la conception centrale de l'existence : l'individualisme et l'hédonisme ;

la famille : taille et forme ; les relations époux/épouse ; les relations parents/enfants ; les relations entre parents, voisins et amis.

La foi catholique

L'Église catholique a joué un rôle déterminant dans la conservation de l'identité culturelle des Canadiens français, et a protégé ceux-ci de l'invasion de la culture anglo-saxonne. C'est derrière l'Église que ces colons se sont réfugiés culturellement. C'est dans le catholicisme qu'ils ont puisé leur force spirituelle pour lutter contre les intempéries, pour défricher les terres vierges, pour trouver la sérénité et la tranquillité d'une vie dure, pour minimiser la forte pression d'un encerclement culturel américano-anglo-saxon.

La croyance religieuse est profonde chez les cultivateurs canadiens-français. Les pratiques religieuses font partie de leur vie quotidienne. Les images saintes meublent leur intimité. Pour eux, l'Église est la figure de la mère et le prêtre, celle du père. Malgré leurs calculs égoïstes et leurs intérêts immédiats quelquefois menacés, ils se montrent profondément attachés à la foi catholique et obéissants envers l'Église.

Jusqu'aux années 1940, l'industrialisation et l'urbanisation n'affectent pas beaucoup la croyance des Canadiens français, qui ont changé en majorité de vocation, passant de petits exploitants agricoles sur leur propre terre à des prolétaires citadins vivant uniquement de leur force physique. Ils continuent d'être pratiquants, fournissent leurs enfants aux différents ordres religieux et participent au syndicat confessionnel. Cependant, des nuances apparaissent dans leur dévotion. La misère dont souffrent les chômeurs pendant la crise des années 1930 ébranle leur croyance en Dieu. Les contestations se multiplient aussi bien chez les parents que chez les enfants. On devient sceptique à l'endroit du Bon Dieu qui n'améliore pas le sort des pauvres. On marchande avec lui les vœux à exaucer, on discute les sermons du curé, on interprète à sa façon les affaires politiques et on critique même la dîme. L'Église a de plus en plus de mal à diriger et à contrôler la conscience de ses ouailles. Sous la plume de Roger Lemelin, le curé est contredit et ridiculisé par ses paroissiens. Bien que le père Folbèche contrôle encore leur comportement, intervienne dans leurs affaires personnelles et familiales, dans leurs conflits avec le patron, conflits de nature nationale ou anticommuniste, son influence décline malgré ses efforts.

La Révolution tranquille porte un coup fatal à l'Église. L'étatisation de l'éducation, de la santé et des services sociaux fait chuter brusquement son influence dans ces institutions sociales. La décléricalisation est vécue comme un mouvement de libération. Les jeunes en particulier s'empressent d'envoyer en l'air les contraintes religieuses et les valeurs véhiculées par l'Église. On constate un défoulement extraordinaire sur le plan sexuel et l'éclatement de la famille traditionnelle. La chute de l'influence de l'Église chez les jeunes Québécois et Québécoises choque et scandalise les parents qui s'accrochent toujours aux valeurs traditionnelles.

Pendant les années 1980, les écrivains ne se donnent plus la peine de représenter la religion, dans leurs productions romanesques, si ce n'est pour ridiculiser, comme dans *Maryse*, les vieilles pratiques religieuses sans lesquelles l'image des Québécois d'il y a 50 ans aurait manqué de vraisemblance littéraire. Nous ne voyons plus de trace laissée par l'Église dans la vie quotidienne des personnages de *Myriam première*. L'attention de l'auteure est maintenant attirée par d'autres préoccupations politiques et sociales. Mais l'absence de cet aspect de la vie sociale dans la production romanesque ne signifie pas, bien sûr, la disparition de l'influence de l'Église catholique dans la vie de tous les jours au Québec.

La mentalité et le nationalisme

Le Québec francophone est, en Amérique du Nord, un îlot culturel encerclé par la culture anglo-saxonne et américaine. Les Canadiens français sont très conscients de la menace permanente qu'est l'acculturation. Ainsi, la survivance culturelle est un thème récurrent des partis politiques du Québec. La conservation de la foi catholique et de la langue française, la promotion de la vocation agricole et de la famille nombreuse constituent pendant de nombreuses années les principaux contenus d'un nationalisme défensif. L'indépendance est un vieux rêve des Canadiens français. Ceux-ci regrettent l'échec de la tentative des patriotes de 1837, entretiennent l'anglophobie, font beaucoup d'enfants, se soucient de faire durer le nom et la terre de la famille, surestiment la terre nourricière, considèrent la désertion de la terre comme un acte de lâcheté et de trahison, s'unissent autour de l'Église paroissiale. Ils tendent à se replier sur eux-mêmes. C'est cette mentalité des cultivateurs que Ringuet et Germaine Guèvremont nous décrivent admirablement dans leurs romans.

Pendant les années 1930 et 1940, le gros de la population du Québec se déplace vers les centres urbains et industriels. Les nouveaux venus vivent dans des quartiers pauvres, comme les Lacasse dans Saint-Henri, à Montréal, ou forment des «villages» dans les villes, comme les Plouffe et leurs voisins dans Saint-Sauveur, à Québec. La nouvelle manière de se procurer les moyens d'existence exige une adaptation difficile. Les sources d'inadaptation sont multiples. Les citadins d'origine rurale n'ont pas suffisamment d'instruction pour accéder aux postes bien rémunérés qui requièrent des compétences professionnelles. Ils éprouvent une profonde aversion et une grande jalousie à l'endroit des Anglais, étant donné que l'oppression de nation et celle de classe se confondent chez eux. Ils sont les plus affectés par la crise des années 1930. Malgré la misère causée par le chômage, ils continuent à faire beaucoup d'enfants qu'ils n'arrivent plus à nourrir et à vêtir convenablement, ils chérissent l'espoir de s'enrichir et conservent une confiance aveugle en la démocratie du système capitaliste. C'est pourquoi Azarius Lacasse et Théophile Plouffe sont présentés, sous la plume de leurs créateurs, comme idéalistes et *rêveurs*.

Cependant, dans *Les Plouffe*, nous remarquons de nouveaux éléments. L'esprit de paroisse trouve une nouvelle expression dans Saint-Sauveur : le sport. L'esprit sportif, c'est l'esprit de concurrence. Cela traduit l'envie collective de sortir de la fermeture et de l'anonymat. Une nation qui souffre d'un complexe d'infériorité ose maintenant afficher son ambition dans les compétitions sportives. C'est un pas de géant vers l'affranchissement.

Il faut pourtant attendre la mort de Duplessis en 1959 pour que les élites intellectuelles et politiques corrigent les retards du Québec sur le plan institutionnel par rapport au développement économique. Le conservatisme qui définit toujours le Québec comme rural et catholique ne correspond plus à la réalité industrielle et commerciale. La Révolution tranquille que le Parti libéral a déclenchée au début des années 1960 met un point final à ce conservatisme anachronique et promeut un nationalisme de style offensif. Le gouvernement libéral entreprend une série de mesures réformistes. Cette réforme tant sur le plan institutionnel que législatif, qu'on résume en interventionnisme étatique, finit par transformer l'aspect du Québec à la fin des années 1970.

Cette révolution dite tranquille est en réalité très houleuse. La décléricalisation des institutions sociales donne libre cours à toutes les tendances idéologiques et politiques qui pénètrent au Québec, y engendrent des répercussions à différents degrés et gagnent une partie de la population. Le pluralisme remplace le catholicisme dominant et le nationalisme étroit qui régissaient jusqu'ici les comportements des Canadiens français. Aux valeurs traditionnelles se substituent celles qui mettent l'accent sur l'individualité, le libre choix et la réalisation de soi. Ces nouvelles valeurs se manifestent surtout dans les comportements des jeunes instruits qui constituent le fer de lance du changement et de la promotion sociale. Les jeunes remettent en cause l'ordre établi et le système capitaliste, réclament la justice sociale, l'indépendance du Québec, etc. Antoine Plamondon critique avec véhémence l'injustice sociale, le système de l'exploitation de l'homme par l'homme et l'esprit borné des gens qui ne voient pas plus loin que leur paroisse. Révolté contre l'autorité parentale, il part à la recherche de la liberté et de l'indépendance en quittant la maison paternelle et la ville de Montréal. Les copains et les copines de Maryse radicalisent leur position politique, spéculent sur le changement du système *pourri* dans les restaurants, font la révolution en assistant à des rassemblements politiques, en téléphonant à certains ministères, aux banques, aux postes de radio et aux grands magasins à propriété anglophone pour se plaindre de l'absence du français dans les services, du racisme et de bien d'autres choses. Certains d'entre eux passent même à l'action terroriste. Mais la plupart restent révolutionnaires «en paroles», «révolutionnaires de salon». Ils démontrent de l'immaturité sur le plan politique et de la désorientation sur le plan idéologique. Ils se montrent idéalistes et *rêveurs*. En ce sens, ils ne se démarquent pas beaucoup de l'image de leurs aînés tels que Théophile Plouffe et Azarius Lacasse. À la fin de cette époque, tant du point de vue politique qu'idéologique, le Québec arrive à maturité en suivant sa propre voie de développement. Il se débarrasse de l'anglophobie séculaire en faveur d'une ouverture sur le monde.

Le Québec des années 1980 marque la phase dite de développement «postindustriel». L'échec du référendum de mai 1980 refroidit l'enthousiasme politique des «révolutionnaires de salon», qui sont d'âge mûr et les principaux bénéficiaires des acquis de la Révolution tranquille. Cette strate sociale a une formation professionnelle poussée, constitue l'élite de la société contemporaine et le gros de la classe moyenne. C'est dans cette strate qu'on observe l'évolution des mentalités. Les principaux personnages de *Myriam première* appartiennent à cette classe montante. La plupart d'entre eux font preuve d'un détachement politique, sauf Marité, qui continue de militer au sein du Parti québécois. Leur conscience nationale reste cependant toujours très éveillée. Ils sont fiers d'être Québécois et constituent de farouches défenseurs de leur culture franco-nord-américaine. Si Théophile Plouffe exprime l'envie des Canadiens français de se faire connaître à l'étranger, Marie-Lyre Flouée affirme la culture québécoise sans dédaigner ni réclamer la reconnaissance du fameux metteur en scène de l'Europe. Cette confiance en soi est sans précédent dans l'histoire du Québec. Elle fait écho à l'état d'esprit de la nouvelle bourgeoisie francophone qui, ayant grandi grâce à l'intervention étatique, devient expansive et agressive, prête à partir à la conquête du marché américain et du marché mondial. Nous n'avons pas d'indice dans le roman sur l'attitude de Marie-Lyre Flouée et de ses amis à l'endroit de l'accord du lac Meech et de celui du libre-échange avec les États-Unis. Nous savons que la nouvelle bourgeoisie québécoise soutient en majorité cette entente constitutionnelle et cet accord commercial. La présence dans les pays du tiers-monde des coopérants québécois – ingénieurs, spécialistes, techniciens, professeurs et chercheurs impliqués dans différents programmes de coopération (Laurent et Maryse partent, en effet, à titre de coopérants, pour le Nicaragua) –, nous rappelle bien ce néonationalisme expansif. On se débarrasse définitivement de son complexe d'infériorité.

Les Québécois suivent bien pendant les années 1980 le courant occidental sur le plan idéologique. Leurs préoccupations changent de direction. Désormais, la sauvegarde de l'environnement écologique, la pollution, les violences urbaine et familiale, la toxicomanie, la justice sociale, l'équité salariale, la construction d'une société civique… – tout ce qui pourrait affecter ou détériorer la qualité de vie – font l'objet de discussions publiques. On élève la voix et on passe à l'action. Face à l'invasion massive de la culture américaine, les conscientisés protestent. Maryse est l'une de ces conscientisés qui passe à l'action à sa propre manière. Elle choisit de raconter des histoires familiales aux enfants de Marité et à leurs amis du quartier dans le double objectif de les distraire et de leur inculquer une conscience nationale et familiale. En effet, une nation sans mémoire est susceptible d'être complètement acculturée et risque de perdre son identité culturelle. On comprend pourquoi la devise du Québec est *Je me souviens*.

La conception centrale de l'existence : l'individualisme et l'hédonisme

Quand les Canadiens français vivaient majoritairement à la campagne, la ferme familiale était le centre des activités productives. Tous les membres de la famille piochaient en commun pour la prospérité familiale. La famille urbaine a perdu cette fonction productive. On n'a plus de terre à transmettre aux enfants qui devront désormais se frayer eux-mêmes un chemin dans la société. La progéniture des classes moins favorisées ne peut compter sur les parents ou sur le bien familial pour s'établir. Pour elle, le moyen le plus sûr de réussir dans la vie est de s'instruire. Jean Lévesque et Denis Boucher sont deux précurseurs de la jeunesse québécoise des années 1980, qui comprennent l'importance de l'éducation pour se hisser sur l'échelle sociale. Mais on remarque aussi l'individualisme qui se développe chez eux, à tel point que tous les moyens leur semblent bons pour améliorer leur statut social et pour réaliser leur ambition personnelle. Ce genre d'individu ambitieux et peu scrupuleux était déjà présent dans *Le Père Goriot* de Balzac. Il faut attendre à peu près un siècle pour qu'on aperçoive sa silhouette dans la littérature québécoise.

À la fin du XXᵉ siècle, les « ploucs » économes et les ouvriers « chiches » qui comptent chaque sou deviennent des professionnels nantis, dépensiers et même gaspilleurs malgré l'existence des illettrés, des gagne-petit, des pauvres et des itinérants. Très attachés aux biens matériels, ils ont une conception matérialiste et hédoniste de la vie. Ils déplorent la courte durée d'une vie et la fugacité du bonheur. Ils veulent vivre le présent et jouir de la vie. Cette conception de la vie était absente chez les cultivateurs ou chez les ouvriers de la première moitié du XXᵉ siècle.

L'hédonisme comme l'individualisme se développent dans la population et se manifestent dans la course à la satisfaction personnelle, à la jouissance matérielle et intellectuelle. Cela correspond à l'esprit de l'économie libérale qui encourage, entre autres, par toutes sortes de publicités séduisantes, la consommation de biens et services produits en grande quantité. L'abondance de la société postindustrielle accroît les possibilités de choisir selon les goûts et les revenus de chacun d'une part, et d'autre part, rend dépendants les consommateurs et consommatrices aux biens et services fournis.

Chacun est limité par ses moyens. Pour acquérir le bonheur individuel ou maintenir un niveau de vie, on choisit de se soustraire à la maternité qui n'est plus obligatoire. Car, élever des enfants, cela coûte très cher et demande beaucoup d'énergie. L'État-providence est loin de pouvoir fournir suffisamment de services de garde ou d'allocations pour que les parents-éducateurs se sentent récompensés. Cela fait que la natalité baisse d'année en année depuis le *baby boom* de l'après-guerre, si bien que la croissance de la population devient déficitaire au Québec, comme dans le reste du Canada et dans tout l'Occident. On se voit obligé de recourir à l'immigration de toutes origines, et cela, plutôt pour combler le déficit démographique que pour accroître la population, qui vit maintenant plus longtemps grâce à une qualité de vie améliorée, aux progrès réalisés dans le domaine de la médecine et aux soins médicaux accessibles pour tout le monde.

L'augmentation du nombre de retraités et de personnes du troisième âge devient une charge lourde pour la population active qui manquera de renfort et de jeune main-d'œuvre à la longue.

La dénatalité et le vieillissement de la population sont des phénomènes généralisés dans les sociétés postindustrielles pour lesquels le Québec se classe dans le peloton de tête. Les raisons en sont multiples. L'individualisme en est une, semble-t-il, fondamentale. Chacun pour soi, l'État-providence pour tous. L'individu ne pense qu'à ses intérêts personnels, de sorte que la survivance de la nation n'est guère considérée dans la perspective démographique. On ne doit pas s'en remettre aux femmes qui ne veulent pas avoir d'enfants comme Marie Lyre Flouée le déclare publiquement. Il y a aussi des hommes comme Michel Paradis qui somme sa femme Maryse, d'ailleurs brûlant d'envie d'avoir un enfant, de prendre la pilule. Et dans des familles monoparentales où les pères sont absents comme chez Elvire Légarée, les femmes seules se débattant avec leurs faibles revenus, ne sont pas encouragées à avoir beaucoup d'enfants.

La famille : taille et forme

En dépit de la dénatalité et du vieillissement de la population, la famille reste non seulement une institution sociale de base, mais aussi une valeur que l'on soulignait, et souligne encore. Dans l'histoire du Québec, la famille nombreuse était un quasi-consensus social pour la survivance de la nation. Sous l'impulsion des autorités religieuses et civiles, les Canadiens français faisaient beaucoup d'enfants. Une famille de cinq ou six enfants, même de dix ou douze enfants était monnaie courante. Ainsi, la fécondité est, au Québec, moins un besoin de bras et de continuation de la famille – contradictoire avec le système d'héritage de non-partage de la terre ancestrale – qu'un outil de survie collective d'où la fameuse revanche des berceaux. *Trente arpents* et *Bonheur d'occasion* révèlent que les femmes québécoises acceptent comme devoir et avec résignation de faire des enfants, *d'avoir leur nombre*, jusqu'à l'épuisement. Cette tradition se maintient, chez les femmes des Moisan, chez Laure Provençal, chez madame Laplante et sa bru Réséda, et jusque chez Rose-Anna en ville.

À l'approche de la Deuxième Guerre mondiale, la famille est encore une institution très forte. Si elle n'est plus une unité de production, elle reste l'unité de consommation et le centre de solidarité. Le chômage et la misère qui sévissent durant la crise économique obligent les membres de la famille à se serrer les coudes pour pouvoir survivre. La famille nombreuse est un fardeau trop lourd pour les parents et ne correspond plus à la réalité urbaine. La taille de la famille va se rétrécir forcément. Les jeunes femmes de cette époque n'ont plus les mêmes idées que leurs mères sur les problèmes du mariage et de la maternité. La notion de famille change tout doucement. La grande famille traditionnelle s'atomise et la taille de la famille diminue.

Pendant les années 1960 et 1970, la vraie révolution accomplie par les jeunes Québécois est, pour ainsi dire, la libération sexuelle. Ils font éclater, au nom de la liberté, les anciennes contraintes éthiques et religieuses. Ils cherchent à s'épanouir à la fois physiquement et mentalement. Le besoin affectif et intellectuel prime sur le besoin d'un soutien mutuel sur le plan économique. L'union libre et la cohabitation se répandent. Le divorce et le remariage se multiplient. La natalité baisse en même temps que la grossesse prénuptiale augmente. Une réadaptation de l'institution familiale s'impose, de sorte que la famille se présente finalement sous des formes variées.

Edward Shorter a écrit dans son livre *Naissance de la famille moderne*: «Depuis 1960, la structure de la famille a commencé de changer de fond en comble. La famille nucléaire tombe en ruine, et je crois qu'elle sera remplacée par le couple à la dérive, une dyade conjugale sujette à des fissions et fusions spectaculaires et privée de tout satellite – enfants, amis ou voisins[1]…» Si nous en croyons la représentation romanesque de Francine Noël, auteure de *Maryse* et de *Myriam première*, la réalité de la famille québécoise contredit la prévision d'Edward Shorter sur la famille postmoderne.

La résistance aux valeurs et normes de comportement que les jeunes ont imposées durant la Révolution tranquille n'existe plus pendant les années 1980. Les différentes formes de famille sont acceptées et généralisées. C'est l'État qui les légitime en amendant les lois, qui protège la famille monoparentale et les enfants nés hors mariage, et qui reconnaît la vie en couple de fait des deux partenaires qui décident de vivre ensemble sans avoir célébrer leur mariage. Aujourd'hui, la famille est davantage un centre de consommation et d'affection. On insiste sur l'amour qui devrait régir les relations interpersonnelles au sein de la famille lorsqu'on est libre de se séparer et de se divorcer.

Les relations époux/épouse

Même à l'époque de l'agriculture, les deux époux contractent le mariage par libre consentement et par amour, et non par intérêt, bien que les intérêts de choisir un *bon parti* entrent en ligne de compte. Le mariage chez les cultivateurs canadiens-français fait preuve du respect de la volonté des enfants concernés. Dans une famille ainsi constituée, les relations entre l'époux et

---

1. Shorter, *op. cit.*, p. 339.

l'épouse sont en général harmonieuses. Le Québec rural n'est pas une société à système féodal. Les femmes canadiennes-françaises n'éprouvent pas l'oppression phallocratique. L'autorité maritale se manifeste surtout dans la gestion de la ferme, dans les travaux des champs et dans les affaires politiques et non dans les affaires domestiques qui sont le domaine exclusif de la maîtresse de maison. La division du travail au sein de la famille est nette entre les deux époux : l'homme s'occupe de l'extérieur, la femme, de l'intérieur.

Dans les familles ouvrières de la ville, les relations interpersonnelles connaissent un changement important. Étant donné que le père salarié n'arrive pas à assurer aux siens la sécurité économique, la mère de famille assume la responsabilité de gérer la misère avec le petit salaire de son mari et les pensions payées par ses enfants qui travaillent. Le rôle de la mère devient plus important et l'autorité parentale se déplace de son côté. Pourtant dans les affaires politiques, c'est toujours l'homme qui a le dernier mot. Il est à noter que les femmes du Québec n'ont le droit de vote qu'en 1940. Pendant une longue période, elles sont écartées de la vie politique. Lorsque l'on se réunit chez le père Blanchard, dans *Trente arpents*, pour parler des élections prochaines, les femmes se tiennent à l'écart et ne prennent pas part à la discussion des hommes. On comprend l'importance du personnage de Marité qui fait de la politique et pose sa candidature pour les élections provinciales.

Depuis la fin de la guerre, l'accès des femmes au marché du travail et l'autonomie économique exigent une nouvelle régulation des relations entre l'homme et la femme qui s'aiment pour de bon et se décident à vivre en couple. Il est à noter que le mouvement féministe y a contribué considérablement.

La famille reste une valeur fondamentale de la société québécoise. Mais la vie de couple est construite désormais sur un pied d'égalité. Les deux conjoints, cohabitants ou partenaires, se partagent les responsabilités et les devoirs dans la vie familiale. Pourtant, sur ce point, le comportement du sexe masculin laisse à désirer. Le sexe féminin, soutenu par la vague du mouvement féministe, se sent plus à l'aise dans la nouvelle relation égalitaire que son partenaire entraîné par la force de l'habitude.

L'égalité s'étant établie entre les deux conjoints, les femmes qui travaillent à l'extérieur de la maison, continuent d'assumer les travaux domestiques et l'éducation des enfants avec l'aide des hommes qui ne sont pas trop « macho ».

Les relations parents/enfants

Dans les familles paysannes, l'autorité parentale est respectée. Le pouvoir décisionnel revient au chef de famille lorsqu'il s'agit des affaires importantes à trancher ou de la gestion de la ferme. Nous avons constaté les tourments dont Étienne Moisan souffre quant aux décisions importantes à prendre pour une meilleure gestion de la ferme, devant l'entêtement de son père. Cependant, lorsqu'il s'agit de l'avenir personnel : choix du métier, de la vocation, du conjoint ou de la conjointe, la volonté et les dispositions des enfants sont plus ou moins respectées. Didace Beauchemin et Euchariste Moisan sont deux exemples complémentaires. L'un insiste sur son autorité absolue parce que son fils est un « flanc mou », un cultivateur dégénéré qui ne puisse assurer la continuation de la famille et la conservation de la terre ancestrale, tandis que l'autre respecte plutôt la volonté de ses enfants parce que le système d'héritage et le manque de la terre cultivable ne contribuent pas à les retenir à la campagne, et les obligent à se trouver un emploi dans les centres urbains et industriels ou aux États-Unis.

Le fossé des générations commence à s'élargir dans les villes. L'autonomie économique rend indépendants les enfants adultes qui gagnent leur vie avant de fonder leur propre foyer. Ils n'ont plus la même mentalité que leurs parents. Sous l'influence de leur *peer group*, des vitrines éblouissantes des grands magasins, des médias de masse, ils sentent la lourdeur des contraintes familiales et religieuses peser sur leur conscience. Ils tendent à s'en débarrasser. Mais l'époque de la Deuxième Guerre mondiale, c'est la transition et la vieille mentalité résiste. Ainsi les jeunes adultes sont-ils tiraillés entre la soumission à la volonté des parents, aux enseignements du curé et l'envie de se défouler, de réaliser leur bonheur personnel. Les tourments de l'Ovide amoureux et de la Florentine enceinte illustrent bien cet état d'esprit.

La Révolution tranquille permet aux jeunes Québécois et Québécoises de se débarrasser des contraintes familiales et religieuses. Ils se révoltent et négocient une égalité avec leurs parents qui souffrent de leurs *frasques*, essaient d'abord d'y résister, ensuite de s'en accommoder, et enfin de se réconcilier avec. Les parents finissent par traiter leurs enfants en égaux et deviennent permissifs. Le lien du sang et la solidarité parentale n'en demeurent pas moins forts.

La famille continue à jouer un rôle important dans la première formation identitaire des enfants. Malgré les conflits des générations qui s'accentuent, les enfants révoltés ne se défont pas des empreintes que leur origine sociale a laissées chez eux. Pendant les années 1980, l'autorité parentale est remplacée par la permissivité, tendance générale chez les parents. Les enfants peuvent développer librement leurs goûts personnels et leur personnalité si la situation économique de leurs parents leur permet un soutien matériel. Les enfants deviennent exigeants. Ils se vantent à qui mieux mieux d'avoir des gadgets modernes sophistiqués. Les jouets, les jeux électroniques et les activités de loisir coûtent cher à leurs parents qui font tout pour les satisfaire.

D'une part, la socialisation des enfants dépasse de loin le cadre familial, d'autre part, la télévision en couleurs et le micro-ordinateur les retiennent à la maison et contribuent à leur socialisation. Prenons comme exemple le micro-ordinateur qui équipe maintenant de nombreux foyers. Certains psychologues prévoient son impact sur la formation de la personnalité des enfants et l'interaction familiale. Les enfants pourraient devenir plus solitaires qu'auparavant à force de rester trop longtemps devant le petit écran pour jouer ou travailler et pourraient trouver l'ordinateur plus logique, plus rationnel, plus patient, plus constant, plus disponible que leurs parents[2]. Peut-être les parents devraient-ils repenser encore une fois leurs relations avec les enfants.

Les relations entre parents, voisins et amis

La solidarité parentale va de concert avec la solidarité paroissiale dans la vie rurale. Marie-Amanda est toujours prête à revenir à la maison paternelle pour donner un coup de main. La solidarité paroissiale est un principe de vie et prévaut sur les intérêts personnels dans la paroisse du Chenal du Moine. Rose-Anna reçoit encore l'aide de sa mère sous forme de cadeaux et appelle sa voisine quand elle a besoin d'aide pour l'accouchement. Madame Paradis aide aussi son fils Michel et Maryse en leur prêtant de vieux meubles quand ces deux étudiants décident de vivre en couple.

Mais dans les grandes villes comme Montréal, les résidents sont plus ou moins isolés dans leurs appartements. Les enfants quittent la famille parentale et vivent séparément. Les membres de la famille se dispersent dans les quatre coins de la ville, et le travail ou la distance ne leur permettent pas de se voir souvent. En cas de besoin, des amis et voisins disponibles, plutôt que

---

2. Richard Cloutier, « L'ordinateur : une nouvelle personne dans la famille ? », *Nouvelles technologies et la société*, actes du Colloque du 45e anniversaire de fondation, Faculté des sciences sociales de l'Université Laval, Marc-Adélard Tremblay, rédacteur, Québec, Presses de l'Université Laval, 1985, p. 181-192.

des parents, sont appelés à la rescousse. Ainsi, le réseau d'amis et le voisinage deviennent plus importants que la parenté en cas de besoin. C'est au moins la solidarité que Francine Noël représente entre les personnages de *Myriam première*[3].

En moins d'un siècle, le Québec passe d'une société agricole à une société postindustrielle. L'institution familiale a franchi trois étapes dans son évolution pour arriver à la postmodernité. Les autres sociétés occidentales ont mis à peu près trois cents ans pour faire le même parcours. Le chemin que le Québec a parcouru est cahoteux. Il y a eu des hauts et des bas, des accélérations et des décélérations, dans son développement économique et social. Les composantes de son identité se renouvellent à chaque étape pour s'adapter à la nouvelle réalité. Des cultivateurs aux professionnels en passant par les ouvriers et les intellectuels en herbe, les Québécois et Québécoises ont suivi leur propre trajectoire. Leur identité a évolué avec le changement social. Sa stabilité est relative et sa mutation est permanente. On peut trouver chez eux des valeurs, des conceptions, des préoccupations, des comportements de consommation semblables à ceux des Américains, des Anglais ou des Français. La foi catholique et la langue française ne sont pas une propriété exclusive du Québec. L'attachement à la terre et l'idée de faire durer le nom et le bien de la famille ne sont pas non plus une propriété exclusive du Québec rural. Mais tout cela ne prouve pas l'absence de l'identité québécoise. Nous avons montré, selon les données fournies par les huit romans ayant fait l'objet de notre analyse, la formation de la conscience collective, l'évolution du nationalisme québécois, l'affaiblissement de l'impact de l'Église catholique, le développement de l'individualisme, l'apparition de l'hédonisme dans la classe moyenne, l'expansion de la nouvelle bourgeoisie et le changement des mentalités. Tout cela s'est accompli au cours de la modernisation du Québec. Le caractère distinctif de la société québécoise ne se limite pas aux traits particuliers de son identité, elle s'impose aussi par son historicité et par son cheminement particulier vers la modernité. Les Québécois sont un peuple qui a sa propre histoire, sa conscience collective, son projet national et sa culture nord-américaine à base de culture française.

Il est à noter que l'évolution de l'identité culturelle ne se fait pas de façon équilibrée ou synchronisée dans toutes les régions du Québec. L'identité des

---

3. Ici, l'observation de l'écrivain contredit le résultat de l'enquête effectuée par des sociologues québécois. Selon nous, les deux tendances existent conjointement. Tout dépend de la disponibilité et de la distance entre les lieux de résidence des membres d'une famille.

citadins et de ceux qui vivent dans des régions industrialisées diffère de celle des ruraux et de ceux qui vivent dans des régions sous-développées. Francine Noël note bien que dans le bas Saint-Laurent, la mentalité des gens d'aujourd'hui ressemble à celle des années 1940. L'égalité des sexes ne semble pas impressionner les ruraux de l'île Verte, sur le problème de la succession du bien ancestral.

En terminant, nous tenons à souligner que les représentations romanesques des Québécois et Québécoises que nous avons analysées ne sont pas exhaustives. Elles sont limitées par le sujet que l'auteur s'est fixé lors de sa création littéraire. Il y a des lacunes et des partialités. L'influence de l'Église, par exemple, diminue depuis la Révolution tranquille, mais le catholicisme continue d'être le support spirituel d'une partie de la population québécoise. Quand on ne sait plus à quoi s'accrocher, certains principes éthiques et l'esprit humanitaire du christianisme sont toujours bons pour régir les comportements des gens, pour promouvoir la solidarité des déshérités entre eux et la solidarité de toutes personnes de bonne volonté avec ceux qui subissent la violence et ceux qui souffrent de l'injustice. Le clergé et les paroissiens pratiquants se trouvent souvent au premier rang dans la solidarité sociale, dans la lutte pour la justice sociale et contre la destruction de l'environnement et du patrimoine. Les romanciers québécois voient surtout le côté négatif de l'Église catholique et passent sous silence sa présence assidue dans la vie quotidienne.

Ensuite, l'image des femmes sous la plume de Ringuet et d'André Major est pâle, de même que l'image des hommes, sous la plume de Gabrielle Roy et surtout sous celle de Francine Noël, l'est également. Francine Noël manifeste en effet une tendance féministe visible dans *Myriam première*. Elle a réussi à créer les images des femmes québécoises pleines de vivacité et de dynamisme. Mais François Ladouceur, père de Myriam, est un peu féminisé, créé selon l'idéal de l'auteure, idéal d'un homme plein de douceur. La création de ce personnage idéalisé peut très bien être la réaction de l'auteure face à la violence subie par les femmes battues ou violées comme on en parle beaucoup dans les médias.

En dépit de ces lacunes et partialités, les productions imaginaires de ces écrivains rendent bien compte de l'identité culturelle des Québécois et des Québécoises. Les images que les auteurs se font de leurs compatriotes sont à peu près symétriques à celles qui existent réellement à chaque époque, comme nous l'avons supposé au début de notre recherche. Les images romanesques font partie de l'imaginaire d'un peuple. Une fois créées, elles contribuent, à leur tour, à enrichir son répertoire. Grâce à leurs fonctions communicative, cognitive, éducative et esthétique, elles peuvent aussi renouveler l'imaginaire chez les lecteurs, si bien que l'identité de ceux-ci se retrouve consolidée et développée.

Notre quête de l'identité québécoise dans ses représentations romanesques est fructueuse. Nous n'avons pas forcé les données fictives à nous rendre service. Nous les avons dépouillées et cataloguées. Et elles parlent d'elles-mêmes. Voilà l'utilité de la création littéraire pour l'étude sociologique de l'identité culturelle d'un peuple.

Enfin, nous voulons aussi indiquer que les données contenues dans ces romans analysés sont loin d'être épuisées et complètement exploitées. On peut encore travailler longuement avec ces romans pour vérifier d'autres éléments identitaires. La question reste ouverte. Faute d'espace dans ce livre qui est déjà volumineux, nous voudrions laisser la quête des autres éléments aux soins des chercheurs qui s'intéressent à une bonne compréhension de ce peuple sympathique.

Bibliographie

ANGENOT, Marc (dir.). *Théorie littéraire : problèmes et perspectives*. Paris, Presses universitaires de France, 1989.

ARGUIN, Maurice. *Le roman québécois de 1944 à 1965 : symptômes du colonialisme et signes de libération*. Québec, Centre de recherche en littérature québécoise, Université Laval, 1985.

ARON, Raymond. *Dix-huit leçons sur la société industrielle*. Paris, Gallimard, 1962.

BAKHTINE, Mikhaïl. *Esthétique et théorie du roman*. Paris, Gallimard, 1978.

BASSANA, Michel et GUINDANI, Silvio, « Maldéveloppement régional et luttes identitaires », *Espaces et Sociétés*, n° 42, janvier-février, Paris, Anthropos, 1983.

BEAUCHARD, Jacques (dir.). *Identités collectives et travail social*. Toulouse, Privat, 1979.

BELLAING, Louis-Moreau de, « Identité collective et champ social », dans *Identités collectives et travail social*. Toulouse, Privat, 1979.

BERGERON, Gérard. *Le Canada français après deux siècles de patience*. Paris, Seuil, 1967.

BLANCHARD, Louise, et autres. *Douze essais sur l'avenir du français au Québec*. Montréal, Conseil de la langue française, 1984.

BLOUIN, Jean. *Le libre-échange vraiment libre ?* Québec, Institut québécois de recherche sur la culture, 1986. Coll. « Diagnostic ».

BOISMENU, Gérard, MAILHOT, Laurent et Jacques ROUILLARD. *Le Québec en textes : 1940-1980*. Montréal, Boréal Express, 1980.

BOURDIEU, Pierre. *La Distinction : critique sociale du jugement*. Paris, Éditions de Minuit, 1982.

CHANG, Yuho. *Identités culturelles et intégration des immigrés*. Québec, Institut de recherche et de formation interculturelles de Québec, 2004.

CHARPENTIER, Jean-Michel, « Langue française et civilisation de l'oralité », dans *Dialogue pour l'identité culturelle*. Paris, Anthropos, 1982.

CLOUTIER, Richard, « L'ordinateur : une nouvelle personne dans la famille ? », dans *Nouvelles technologies et la société*, actes du colloque du 45e anniversaire de fondation, Faculté des sciences sociales de l'Université Laval, Marc-Adélard Tremblay, rédacteur. Québec, Presses de l'Université Laval, 1985.

COALITION QUÉBÉCOISE D'OPPOSITION AU LIBRE-ÉCHANGE CEQ, CSN, CTQ, UPA. *Danger Libre-échange*. 1987.

COOPER, David. *Mort de la famille*. Paris, Seuil, 1972.

COURNOYER, Jean. *La Mémoire du Québec de 1534 à nos jours : répertoire de noms propres*. Montréal, Stanké, 2001.

DUBUC, Alain. *Simple… comme l'économie*. La Presse, 1987.

DUMONT, Fernand et FALARDEAU, Jean-Charles. *Littérature et société canadienne-française*. Québec, Presses de l'Université Laval, 1964.

DUMONT, Fernand (dir.). *Idéologies au Canada français*, tome I : 1900-1929 ; tome II : 1930-1939. Québec, Presses de l'Université Laval, 1974, 1978.

ESCARPIT, Robert. *Le littéraire et le social : éléments pour une sociologie de la littérature*. Paris, Flammarion, 1970.

FALARDEAU, Jean-Charles. *Notre société et son roman*. Montréal, HMH, 1967.

—. *Imaginaire social et littérature*. Montréal, Hurtubise HMH, 1974.

FICHTER, Joseph-H. *Sociologie*. Paris, Éditions universitaires, 1960.

FISCHER, Hervé. *L'Oiseau-chat : roman-enquête sur l'identité culturelle*. La Presse, 1983.

FORTIN, Andrée, « La famille ouvrière d'autrefois », *Recherches sociographiques*, vol. XXVIII, nᵒˢ 2 et 3, 1987.

FREUND, Julien, « Petit essai de phénoménologie sociologique sur l'identité collective », *Identités collectives et travail social*. Toulouse, Privat, 1979.

GAGNÉ, Jean et DORVIL, Henri, « L'itinérant : le regard sociologique », *Revue québécoise de psychologie*, vol. 9, nᵒ 1, 1988.

GENTIL-BAICHIS, Yves de. *La famille en effervescence*. Paris, Centurion, 1981.

GOFFMAN, Erving. *Les rites d'interaction*. Paris, Éditions de Minuit, 1974. Coll. « Sens commun ».

GOLDMANN, Lucien. *Pour une sociologie du roman*. Paris, Gallimard, 1964.

—. *Marxisme et sciences humaines*. Paris, Gallimard, 1970.

—. *Sociologie de la littérature*. 2e édition, Bruxelles, Université de Bruxelles, 1973.

GRAND'MAISON, Jacques, « Plus qu'un outil… une force historique instituante », *Douze essais sur l'avenir du français au Québec*. Montréal, Conseil de la langue française, 1984.

HAMELIN, Jean (dir.). *Histoire du Québec*. Toulouse, Éd. Privat, 1976.

Herskovits, M. J. *Les Bases de l'anthropologie culturelle*. Paris, Payot, 1967.

Hoggart, Richard. *La culture du pauvre*. Paris, Éditions de Minuit, 1970.

Hughes, Everrett C. *Rencontre de deux mondes*. Montréal, Boréal Express, 1972.

Institut France-Tiers-Monde. *Dialogue pour l'identité culturelle, Actes de la première conférence internationale pour l'identité culturelle*. Paris, Anthropos, 1982.

Jauss, Hans Robert. *Pour une esthétique de la réception*. Paris, Gallimard, 1978.

Joyal, Renée. *Famille et rôles sexuels, paroles d'adolescents*. Montréal, Éditions Convergence, hors série, 1986.

Kymlicka, Will et Mesure, Sylvie (dir.). *Comprendre des identités culturelles*. Paris, Presses universitaires de France, 2000.

Lacoursière, Jacques, Provencher, Jean et Denis Vaugeois. *Canada-Québec, 1534-2000*. Québec, Septentrion, 2001.

Lafortune, Monique. *Le roman québécois: reflet d'une société*. Laval, Mondia, 1985.

Le Cornée, Jacques, «Langue et identité culturelle», *Dialogue pour l'identité culturelle*. Paris, Anthropos, 1982.

Lemire, Maurice (dir.). *Dictionnaire des œuvres littéraires du Québec*. Tomes I-VII, Montréal, Fides, 1983 à 2003.

Lévi-Strauss, Claude (dir.). *L'Identité*. Paris, Grasset, 1977.

Linteau, Paul-André et autres. *Histoire du Québec contemporain*. Tome I: *De la Confédération à la crise, 1867-1929*. Tome II: *Le Québec depuis 1930*. Montréal, Boréal, 1979, 1986.

Lukacs, Georges. *La Théorie du roman*. Paris, Gonthier, 1963.

Marcotte, Gilles, «Notre littérature en question», *Le Devoir*, samedi 30 octobre 1954.

Marx, Karl et Engels, Friedrich. *L'Idéologie allemande*. Paris, Éditions sociales, 1970.

McRoberts, Kenneth et Posgate, Dale. *Développement et modernisation du Québec*. Montréal, Boréal Express, 1983.

Michel, Andrée. *Sociologie de la famille et du mariage*. Paris, Presses universitaires de France, 1978.

Miner, Horace. *Saint-Denis: un village québécois*. Lasalle, Hurtubise HMH, 1985.

Monière, Denis. *Le Développement des idéologies au Québec*. Montréal, Québec Amérique, 1977.

Morin, Edgar. *Sociologie*. Paris, Fayard, 1984.

Provencher, Jean. *Les quatre saisons dans la vallée du Saint-Laurent*. Montréal, Boréal, 1988.

Rioux, Marcel. *La Question du Québec*. Montréal, Parti Pris, 1977.

RIESMAN, David. *La foule solitaire : anatomie de la société moderne.* Arthaud, 1964.

RIVEST, Cl. et SOLOMON, C. Ruth, « La garde de l'enfant à la suite de la séparation parentale : quel est le meilleur choix ? », *Revue québécoise de psychologie*, vol. 9, nº 7, 1988.

ROCHER, Guy. *Le Québec en mutation.* Montréal, Hurtubise HMH, 1973.

RUANO-BORBALAN, Jean-Claude (coordonné par). *L'identité(s) : l'individu, le groupe la société.* Auxerre, Sciences humaines, 1998.

SCALE, Jessica, « Couple et génération - une histoire de haine et d'amour », *Vingtième siècle*, nº 22, avril-juin, 1989.

SÉGALEN, Martine. *Mari et femme dans la société paysanne.* Paris, Flammarion, 1980.

—. *Sociologie de la famille.* Paris, Armand Colin, 1981.

SERVAIS-MAQUOI, Mireille. *Le roman de la terre au Québec.* Québec, Presses de l'Université Laval, 1974.

SHORTER, Edward. *Naissance de la famille moderne, XVIIIᵉ-XXᵉ siècle.* Paris, Seuil, 1977.

SMOLICZ, J.-J., « Valeurs fondamentales et identité culturelle », *Identité culturelle : approches méthodologiques.* Québec, Centre international de recherche sur le bilinguisme, 1982.

TOCQUEVILLE, Alexis de. *De la démocratie en Amérique.* Paris, 10/18, 1963.

TOFFLER, Alvin. *Le Choc du futur.* Paris, Denoël, 1971.

TOURAINE, Alain. *La société post-industrielle.* Paris, Denoël-Gonthier, 1969.

TREMBLAY, Marc-Adélard. *L'Identité québécoise en péril.* Sainte-Foy, Éditions Saint-Yves, 1983.

VEBLEN, Thorstein. *Théorie de la classe de loisir.* Paris, Gallimard, 1977.

ZALAMANSKY, Henri, « L'étude des contenus, étape fondamentale d'une sociologie de la littérature contemporaine », Robert ESCARPIT (dir.). *Le littéraire et le social : Éléments pour une sociologie de la littérature.* Paris, Flammarion, 1970.

Romans analysés

RINGUET. *Trente arpents.* Montréal, Fides, 1938.

GUÈVREMONT, Germaine. *Le Survenant.* Montréal, Éditions Beauchemin, 1945.

GUÈVREMONT, Germaine. *Marie-Didace.* Montréal, Éditions Beauchemin, 1947.

ROY, Gabrielle. *Bonheur d'occasion.* Montréal, Éditions Stanké, Québec 10/10, 1977.

LEMELIN, Roger. *Les Plouffe.* Québec, Institut littéraire du Québec, 1954.

MAJOR, André. *Le Cabochon.* Montréal, Parti Pris, 1980.

NOËL, Francine. *Maryse.* Montréal, VLB Éditeur, 1983.

NOËL, Francine. *Myriam première.* Montréal, VLB Éditeur, 1987.

Fiches biographiques et bibliographiques des auteurs dont le roman fait l'objet de l'analyse

Ringuet, pseudonyme de Philippe Panneton (1895-1960)

 Né à Trois-Rivières. Médecin de formation, spécialiste en ortho-rhino-laryngologie. Pratique son métier à l'Hôpital Notre-Dame de Montréal entre 1923 et 1940 et enseigne à la Faculté de médecine de l'Université de Montréal entre 1935 et 1956. Membre fondateur de l'Académie canadienne (1944). Ambassadeur du Canada au Portugal (1956-1960). Écrit sous le pseudonyme Ringuet.

PUBLICATIONS ESSENTIELLES : *Trente arpents* (roman, 1938), *Un monde était leur empire* (essai sur l'histoire des Amériques, 1943), *L'Héritage et autres contes* (nouvelles, 1946), *Fausse monnaie* (roman, 1947), *Le poids du jour* (roman, 1949), *L'Amiral et le facteur ou comment l'Amérique ne fut pas découverte* (essai sur l'histoire des Amériques, 1954).

HONNEURS REÇUS : le prix David (1924 et 1942), le Prix de l'Académie canadienne-française (1939), le Prix littéraire du Gouverneur général du Canada (1940), le Prix de la province du Québec (1940), le prix Ludger-Duvernay (1955), la médaille Lorne-Pierce de la Société royale du Canada (1959), doctorat *honoris causa* de l'Université Laval (1952) et professeur émérite de l'Université de Montréal.

Commentaires sur *Trente arpents* :

- « Dans la production de l'auteur et dans l'ensemble de notre littérature, *Trente arpents* constitue un sommet » (Antoine Sirois).
- « Ringuet décrit un temps et un espace renfermés sur eux-mêmes, mais qui éclatent sous la pression des forces extérieures, progrès, technique, exotisme, urbanisation, qui investissent le cœur même du royaume jusque-là suffisant. Cette thématique reflète l'époque charnière où se déroule l'action, celle de l'urbanisation du Québec » (Antoine Sirois).
- « L'auteur a su […] se dégager du contexte régional pour s'élever à la destinée universelle de l'homme de la terre dans un monde en mutation qui passe de l'époque agraire conservatrice à l'ère technique progressive » (Antoine Sirois).
- « Tout dans le récit est préparé de longue main, justifié, de telle façon que la vraisemblance interne s'associe à la rigueur de composition. Le récit s'insère aussi dans l'histoire de l'époque et les allusions à la Première Guerre mondiale, à la conscription, à la crise économique, par exemple, correspondent à des événements réels qui se complètent l'une l'autre ; là encore nous trouvons la parfaite cohérence de tous les éléments » (Antoine Sirois).
- « *Trente arpents*, classé aujourd'hui parmi les quelques classiques de notre littérature, a connu à l'époque de sa parution un accueil aussi large que varié » (Antoine Sirois).

Germaine Guèvremont (1893-1968)

Née à Saint-Jérôme, Terrebonne. Femme de lettres et romancière. Correspondante de *The Gazette* (1926), puis collaboratrice au *Courrier de Sorel* (1928-1935). Collaboratrice à la revue *Paysana* où elle publie des entrevues, des articles sur la culture, des contes et des romans feuilletons jusqu'en 1945. Collabore également à *L'Œil*, *La Revue moderne*, *La revue populaire* et au *Nouveau Journal*. Écrit aussi des adaptations pour la radio et pour la télévision.

PUBLICATIONS ESSENTIELLES : *En pleine terre* (nouvelles, 1942), *Le Survenant* (roman, 1945), *Marie-Didace* (roman, 1947), *Le Plomb dans l'aile* (roman, 1959).

HONNEURS REÇUS : le prix Ludger-Duvernay (1945), le prix David (1946), la Médaille de l'Académie canadienne-française (1947), le Prix du Gouverneur général du Canada (1950), doctorat *honoris causa* de l'Université Laval et de l'Université d'Ottawa, membre de l'Académie canadienne-française (1949), membre de la Société royale du Canada (1961).

Commentaires sur *Le Survenant* :

- « *Le Survenant* souffle comme un vent dévastateur. Il reçut, dès sa parution, le prix Duvernay, puis le prix David et après sa publication à Paris, chez Plon, le prix Sully-Olivier de Serres, de l'Académie française. La critique d'ailleurs accueillit fort bien le roman. Dès le début, *Le Survenant* avait l'unanimité » (André Vanasse).
- « *Le Survenant* au même titre que *Manaud, maître-draveur*, *Trente arpents* et, bien sûr, *Un homme et son péché* s'inscrit dans l'âge d'or du roman du terroir. D'une certaine façon il en exprime le point culminant. Après lui s'amorce le déclin de l'esthétique du terroir : plus jamais on ne pourra retrouver le ton puissant des années 1930-1945 » (André Vanasse).

Commentaires sur *Marie-Didace* :

- « Avec cette œuvre de Germaine Guèvremont, c'est exactement un siècle de roman québécois traditionnel qui s'achève ; roman paysan, du terroir, régionaliste, de fidélité : sous ces appellations diverses, nos cent premières années de création romanesque sont très largement dominées par le thème de la terre » (Jean-Pierre Duquette).

- « Elle [l'auteure] regarde avec une certaine nostalgie sans doute les traditions qui se perdent, les vieilles dynasties de la glèbe qui s'éteignent, un rythme de vie séculaire qui s'arrête » (Jean-Pierre Duquette).

- « Quelques mois avant sa mort, elle avait confié à Alice Parizeau : "Non, je ne refuse rien, je ne rejette rien, tout est précieux de ce qui est vrai et de ce qui est authentiquement québécois. Je tiens à remplir jusqu'au bout mon rôle de témoin. À raconter ce qui est en voie de disparaître dans l'espoir qu'un jour un jeune y puise sa force" » (cité par Jean-Pierre Duquette).

Gabrielle Roy (1909-1984)

Née à Saint-Boniface, Manitoba. Romancière. Détentrice d'un brevet d'enseignement à l'école normale de Winnipeg. Institutrice dans sa province entre 1927 et 1937. Séjourne en France et en Angleterre pendant deux ans pour étudier l'art dramatique. S'établit ensuite au Québec et collabore jusqu'en 1945 à titre de journaliste pigiste à différents journaux. Vit de nouveau en Europe de 1947 à 1950, puis revient définitivement à Québec.

PUBLICATIONS ESSENTIELLES : *Bonheur d'occasion* (roman, Paris, Flammarion, 1945 ; Montréal, Beauchemin, 1945), *La petite boule d'eau* (roman, Montréal, Beauchemin, 1950 ; Paris, Flammarion, 1951), *Alexandre Chenevert* (roman, Paris, Flammarion, 1954 ; Montréal, Beauchemin, 1954), *Rue Deschambault* (roman, 1955), *La montagne secrète* (roman, 1961), *La route d'Altamont* (roman, 1966), *La rivière sans repos* (roman, 1970), *Cet été qui chantait* (récits, 1972), *Un jardin au bout du monde* (nouvelles, 1975), *Ces enfants de ma vie* (roman, 1977), *Fragiles lumières de la terre* (essais, 1978), *De quoi t'ennuies-tu, Éveline ?* (récits, 1982), *La Détresse et l'enchantement* (autobiographie, 1984).

PUBLICATIONS POSTHUMES : *Ma chère petite sœur* (lettres à Bernadette 1943-1970, 1988), *Le temps qui m'a manqué* (suite de l'autobiographie, 1997), *Contes pour enfants* (*Ma vache Bossie, Courte-queue, L'Espagnole et la pékinoise, l'Empereur des bois*, 1998), *Mon cher grand fou* (lettres à Marcel Carbotte, 1997), *Le Pays de* Bonheur d'occasion (Nouvelles, textes brefs, correspondance, 2000), *Ma petite rue qui m'a mené autour du monde* (récits autobiographiques, 2002), *Rencontres et entretiens avec Gabrielle Roy 1947-1979* (2005), *Femmes de lettres* (correspondance, 2005), *Heureux les nomades et autres reportages 1940-1945* (reportages, 2007).

HONNEURS REÇUS : la Médaille de l'Académie canadienne-française (1946), le Prix Fémina (1947), le Prix du Gouverneur général du Canada pour son premier roman *Bonheur d'occasion* (1947), le Prix de la Literary Guild of America (New York, 1947), le Prix Lorne Pierce de la Société royale du Canada (1948), le prix Duvernay pour l'ensemble de son œuvre (1956), le Prix du Gouverneur général pour *Rue Deschambault* (1957) et pour *Ces enfants de ma vie* (1977), le prix Athanase-David (1970), le prix Molson du Conseil des arts du Canada (1977), le prix Gibson littéraire (1978), le Prix de littérature de jeunesse du Conseil des arts pour *Courte-Queue* (1980), membre (première femme) de la Société royale du Canada (1947), compagnon de l'Ordre du Canada (1967), membre d'honneur de l'Union des écrivaines et des écrivains québécois (1977), membre de l'Ordre des francophones d'Amérique (posthume, 1986).

Commentaires sur *Bonheur d'occasion* :

- « *Bonheur d'occasion* est un événement majeur dans l'histoire de la littérature québécoise et canadienne, où il représente une rupture décisive que la critique a abondamment commentée » (François Ricard, biographe de Gabrielle Roy).
- « Avec *Bonheur d'occasion,* elle est la première à décrire la population urbaine, et plus particulièrement montréalaise, frayant ainsi le passage aux générations suivantes d'écrivains francophones, tel que Michel Tremblay, par exemple. Purement romanesques ou autobiographiques, ses romans décrivent avec tendresse des milieux modestes et l'absurdité de leur destinée » (Katia Stockman).
- « À sa parution, *Bonheur d'occasion* a pratiquement fait l'unanimité élogieuse de la critique canadienne-française dans les journaux et les revues. On salue le plus grand ou l'un des plus grands romans du Canada français et on souligne en particulier son caractère d'innovation par son inspiration urbaine et non rurale, courante jusque-là » (Antoine Sirois).
- « Ce roman marque un temps nouveau et original dans notre littérature » (René Garneau).
- « Une authentique romancière qui a brossé de la condition ouvrière un tableau qui vaut pour tous les peuples du monde, et non pas seulement pour Montréal » (Francis Ambrière).

Roger Lemelin (1919-1992)

Né à Québec. Écrivain et journaliste, éditeur et éditorialiste. Étudie à l'école Saint-Joseph et à l'Académie commerciale de Québec. Gagne sa vie très jeune en travaillant dans l'industrie et en faisant du journalisme. Encouragé par le succès de son premier roman *Au pied de la pente douce* (1944), — premier roman de mœurs urbaines de la littérature québécoise, — il se consacre à l'écriture et publie des articles, des chroniques et des essais dans les périodiques québécois et collabore à *Time, Life et Fortune* entre 1948 et 1952. Se lance dans les affaires en 1961, en créant sa propre maison de publicité et la Société Dubuisson. Assume le poste de PDG du quotidien *La Presse* entre 1972 et 1981.

PUBLICATIONS ESSENTIELLES : *Au pied de la pente douce* (roman, 1944), *Les Plouffe* (roman, 1948) qui est adapté pour la télévision de Radio-Canada en un téléroman intitulé *La famille Plouffe*, *Pierre le magnifique* (roman, 1952), *Le Crime d'Ovide Plouffe* (roman, 1982), *Fantaisies sur les péchés capitaux* (nouvelles, 1949), *Les Voies de l'espérance* (essais, 1979), *La Culotte en or* (souvenirs, 1980), *Autopsie d'un fumeur* (souvenirs, 1988).

HONNEURS REÇUS : le prix David (1944), la Médaille de la langue française de l'Académie française (1965), doctorat ès lettres *honoris causa* de l'Université Laurentienne de Sudbury (1978), doctorat en droit *honoris causa* de l'Université de Windsor (1978), compagnon de l'Ordre du Canada (1980), officier de l'Ordre national du Québec (1989), membre de la Société royale du Canada (1949), membre correspondant de l'Académie Goncourt (1978), membre du Temple de la renommée de la presse canadienne (1978), membre de l'Académie des Grands Québécois (1989).

Commentaires sur *Les Plouffe* :

- « Le quartier Saint-Sauveur qui sert au roman de toile de fond est comme "une agglomération de maisons culbutées les unes contre les autres, une flotte de vieux bateaux français abandonnés à l'Amérique et formant un village dans un port asséché" [...] Dans ce village se télescopent des persistances du passé et des innovations urbaines. [...] Si les personnages des *Plouffe* demeurent traditionnels sous plusieurs rapports, ils sont urbains malgré eux dans la mesure où la ville est le lieu du déplacement et la porte de sortie. Mais ils ne sont urbains que parce qu'ils habitent la ville. Leurs réflexes demeurent semblables à ceux des gens de la campagne. En cela, ils correspondent aux étapes historiques de l'arrivée en ville des habitants québécois» (Jean-Charles Falardeau).

- « Le critique le plus acerbe vis-à-vis de cette œuvre a sans doute été Victor Barbeau : "*Les Plouffe*, écrit-il, sont farcis de ces à peu près sur la politique, sur la guerre, etc. Ils sont... une sorte de la philosophie des fonds de cours". Il est vrai qu'il ajoute : "C'est... ce don de la vie grouillante, pullulante qui lui a permis [à Roger Lemelin] de créer le roman faubourien [...]. Il est sans conteste, le plus réaliste de nos romanciers". » (cité par Jean-Charles Falardeau).

André Major (1942-)

 Né à Montréal. Écrivain engagé, critique littéraire et journaliste. Études collégiales non complétées. Expulsé du collège à cause de ses idées de gauche (1960). Membre fondateur de la revue indépendantiste *Parti Pris* (1963), cofondateur de l'Union des écrivains québécois (1977). Séjourne à Toulouse en 1970, grâce à une bourse de création littéraire du Conseil des arts du Canada. Lecteur de manuscrits aux Éditions du Jour et collaborateur régulier aux Éditions HMH, de retour à Montréal en 1971. Réalisateur d'émissions culturelles pour Radio-Canada de 1973 à 1998. Poursuit sa carrière d'écrivain tout en dirigeant la collection «L'Écritoire» chez Leméac.

PUBLICATIONS ESSENTIELLES : *Le froid se meurt* (poésie, 1961), *Holocauste à 2 voix* (poésie, 1961), *Le Cabochon* (roman, 1964), *La chair de poule* (roman, 1965), *Félix-Antoine Savard* (essai, 1968), *Le vent du diable* (roman, 1968), *Poèmes pour durer* (poésie, 1969), *L'Épouvantail* (roman, 1974), *Une soirée en octobre* (théâtre, 1975), *L'Épidémie* (roman, 1975), *Les Rescapés* (roman, 1976), *Histoire de déserteurs* (roman, 1981), *La Folie d'Elvis* (nouvelles, 1987), *L'Hiver au cœur* (1992), *Le sourire d'Anton : carnets 1975-1992* (2001), *L'Esprit vagabond : carnets 1993-1994* (2007).

HONNEURS REÇUS : le Prix littéraire du Gouverneur général du Canada (1967), le Prix littéraire Canada-Communauté française de Belgique (1990), le prix Athanase David (1992).

Commentaires sur *Le Cabochon* :

- «André Major compte parmi les écrivains de sa génération qui ont le plus contribué à l'émergence d'une littérature qui soit à l'image du peuple québécois. Si la société constitue le fondement de son œuvre, il préfère la voie du questionnement et de la recherche à celle de la dénonciation» (Yolande Coté et Claude Janelle dans leur présentation du lauréat du Prix Athanase-David 1992, catégorie culturelle, sur le site Prix Athanase-David).
- «Coïncidant avec la fondation d'une revue qui se propose de démystifier un certain nombre d'idéologies ambiantes au Québec et d'attaquer les idées reçues, tant dans le domaine éducatif, culturel que politique, *Le Cabochon* ouvre la voie à cette littérature critique qui fera la spécificité de *Parti Pris*» (Lise Gauvin).

Francine Noël (1945-).

 Née à Montréal d'une famille modeste, fait ses études classiques chez les Sœurs de Sainte-Anne à Lachine et obtient une licence, une maîtrise et un doctorat en lettres (Université de Paris VIII). Enseigne depuis 1969, au Département de théâtre de l'Université du Québec à Montréal. Commence à écrire à trente-cinq ans et pratique divers genres (roman, théâtre, scénario), tout en enseignant à l'UQAM.

PUBLICATIONS ESSENTIELLES : *Maryse* (roman, 1983), *Chandeleur* (théâtre, 1985), *Myriam première* (roman, 1987), *Babel, prise deux - ou Nous avons tous découvert l'Amérique* (roman, 1990), *La princesse aveugle* (théâtre, 1995), *La conjuration des bâtards* (roman, 1999), *La femme de ma vie* (récit, 2005), *J'ai l'angoisse légère* (roman, 2008).

HONNEURS REÇUS : *Maryse*, finaliste pour le Prix du Gouverneur général du Canada (1983), *Chandeleur*, finaliste pour le Prix du Gouverneur général du Canada, *Myriam première,* finaliste pour le Prix du Gouverneur général du Canada (1987), distinction reçue pour son premier roman *Maryse* par le jury de la Petite Bibliothèque du parfait Montréalais.

Commentaires sur *Maryse* :

- « Cette première œuvre romanesque de Francine Noël a reçu un accueil des plus chaleureux tant de la part de la critique littéraire que du vaste lectorat, qui se retrouvaient dans l'image de la période des années 1968-1975 québécoises que peignait l'auteure et y ont reconnu le talent et l'étoffe d'une grande écrivaine. Ce succès fulgurant est donc en grande partie tributaire du caractère quelque peu réaliste – quoiqu'il existe une bonne part de fiction – de l'histoire qu'elle présente avec beaucoup d'humour et d'ironie » (Bernadette Kidiobra Kassi).
- « Premier roman de Francine Noël, surtout connue dans le milieu théâtral, *Maryse* occupe d'ores et déjà une place de choix au panthéon de la littérature québécoise ; la première, en fait, à côté d'œuvres aussi significatives que *Bonheur d'occasion*, de Gabrielle Roy, par exemple, ou de *L'Hiver de force*, de Réjean Ducharme, en ce sens qu'il s'agit de témoignages soutenus chaque fois par une écriture magistrale. [...] Une écriture nerveuse,

drolatique, tendre et passionnée, proprement québécoise dans ses structures sans passer par le joual d'il y a quinze ans. Une génération entière se reconnaîtra dans cet extraordinaire roman » (Michel Beaulieu dans *Le livre d'ici, revue des professionnels de l'Édition*).

- « Foisonnent donc, dans ce texte novateur, plusieurs thèmes, dont la quête d'identité de Maryse qui représente, selon Aurélien Boivin, "l'image de toutes les femmes qui, au cours des décennies 60-70, ont choisi de se dire pour modifier leur condition de vie" » (Bernadette Kidiobra Kassi).

Commentaires sur *Myriam première* :

- « *Myriam première* (1987), le deuxième roman de Francine Noël, s'annonce comme une suite à son premier roman *Maryse* (1983). [...] Le rapport de filiation entre les deux textes et l'énorme succès, tant populaire que critique, qu'a connu *Maryse* ont fait en sorte que *Myriam première* a été laissé dans l'ombre, suscitant peu d'attention de la critique. Or, ce long récit (532 pages!) abonde en figures colorées, en récits emboîtés et, surtout, en de nombreuses réflexions sur l'historiographie et sur la construction de la mémoire collective nationale. Il constitue le lieu d'entrecroisement de deux tendances marquées de l'écriture contemporaine au Québec et en Amérique du Nord, à savoir le récit historiographique postmoderne et celui qui tente, par le biais de la fiction, d'inscrire le passé des femmes dans l'Histoire officielle. Les années quatre-vingt ont vu croître au Québec une écriture proche du *historiographic metafiction*, décrit par Linda Hutcheon (Poetics, 105-123 et Canadian, 61-77). Autoréférentielles, imprégnées d'éléments de réalisme magique, non linéaires du point de vue de la narration, mais enracinées dans une réalité historique et politique, ces œuvres romanesques explorent la tension continuelle entre l'incertitude épistémologique de l'époque postmoderne qui remet en question l'Histoire en tant que métarécit et la volonté d'insister sur une version autre du passé historique (Vautier 52) » (Catherine A. Roberts, « *Myriam première* de Francine Noël : Le patrimoine au féminin et la réécriture de l'histoire nationale », *Études en littérature canadienne*, volume 22, 1997, p. 55-68).
- « Face à l'impasse où se retrouve le Québec en ce mois de mai 1983 postréférendaire, les personnages féminins doivent prendre en charge la transmission des valeurs, la préservation de la mémoire collective. Le projet de Maryse, qui est également celui de Francine Noel, vise à raconter une version ouverte et plurielle de l'histoire des Québécoises où le passé

n'est pas notre maître comme le pensait Lionel Groulx, mais un moyen de reconstituer une culture au féminin, jusqu'à présent refoulée, oubliée. [...] Comme écrira Arlette Farge à propos des revendications du mouvement féministe, pour exister, revendiquer, il faut avoir une mémoire, retrouver dans le passé enfoui celles qui nous ont précédées et que l'histoire jamais n'a prises en compte. Le Québec imaginé par *Myriam première* relève ce défi, suggérant que son avenir culturel réside dans cette interprétation plurielle du passé et, surtout, dans l'incorporation d'éléments féminins au rêve national. » (Catherine A. Roberts, *op. cit.*).

Sources : *Dictionnaire des œuvres littéraires du Québec* (DOLQ) tomes I-VII, Montréal, Fides ; Jean Cournoyer, *La Mémoire du Québec de 1534 à nos jours, répertoire de noms propres,* Montréal, Stanké, 2001 ; Catherine A. Roberts, «*Myriam première* de Francine Noël : Le patrimoine au féminin et la réécriture de l'histoire nationale», *Études en littérature canadienne,* volume 22, 1997, p. 55-68.

Sites Web : L'Île. L'infocentre littéraire des écrivains québécois, http://auteurs.contemporains.info ; Encyclopédie canadienne ; Club des rats de biblio-net ; http://Livredici.com.

Table des matières

CET OUVRAGE EST COMPOSÉ EN ADOBE GARAMOND PRO CORPS 11.3
SELON UNE MAQUETTE RÉALISÉE PAR JOSÉE LALANCETTE
ET ACHEVÉ D'IMPRIMER EN SEPTEMBRE 2009
SUR LES PRESSES DE L'IMPRIMERIE MARQUIS
À CAP-SAINT-IGNACE, QUÉBEC
POUR LE COMPTE DE GILLES HERMAN
ÉDITEUR À L'ENSEIGNE DU SEPTENTRION